sches

Höchsttemperatur (beim radeln): 53°C
Tiefsttemperatur (beim radeln): -23°C
Gewicht Fahrrad: ca. 23 kg
Gewicht Hänger: 15 kg
Gewicht Rad + Gepäck: ca. 75 kg
Täves Gewicht am Ende der Tour: 25 kg

Weltsichten

in Zusammenarbeit mit

Jack Wolfskin

Brümmer & Glöckner

WELTSICHTEN

FÜNF JAHRE MIT DEM FAHRRAD UNTERWEGS

Weltsichten

Reihe Weltsichten

Impressum

Titelbild: Moschee in Turfan / Turkestan
Rückseite: In der Steppe Mittelasiens
Hintergrundbild: Thailand
Vordere Umschlagklappe: Freundlicher Junge / Indien

Das Kinderheim ›Mano Amiga‹ in Samaipata kann von Ihnen durch Spenden auf das Konto des Vereins Saalfeld - Samaipata e.V., Kontonummer 21864 bei der Sparkasse Saalfeld - Rudolstadt, Bankleitzahl 83050303, Kennwort ›Kinderhilfe Bolivien‹, unterstützt werden. Vollständige Adresse für Spendenquittung nicht vergessen.

Die Namen von Personen und weniger Orte wurden verändert, wenn es aus Gründen der Rücksichtname oder des Schutzes notwendig erschien.

Die Schreibweise geographischer Bezeichnungen entspricht dem Stand von 1999 oder ist den Tagebuchaufzeichnungen entnommen.

Fotos: Axel Brümmer & Peter Glöckner

1. Auflage 2000

Lektorat: Sabine Krätzschmar, Thomas Spanier, Jörg Buhl
Umschlaggestaltung: Susanne Bunne, EPM Werbeagentur, Meiningen
Satz und Layout: EPM Werbeagentur, Meiningen
Herausgeber: Verlag Weltsichten, Axel Brümmer & Peter Glöckner GbR
Druck und Bindung: Wiener Verlag, Himberg bei Wien

ISBN 3-934996-00-0
www.weltsichten.de

Inhalt

Vorwort

Vor zehn Jahren kamen zwei große Jungen die Straße entlang geradelt – in einer kleinen Stadt in der Türkei. Der eine zog eine Karte hervor. Er beugte sich darüber und ließ seinen Finger suchend über das Papier gleiten. Ich ging zu ihnen hin und fragte, woher sie kämen.

Die beiden waren Axel Brümmer und Peter Glöckner. Vor wenigen Wochen hatten sie Deutschland verlassen. Die Mauer war gefallen und der ostdeutsche Staat, in dem sie aufgewachsen waren, hatte sich aufgelöst. Das Leben der Menschen hatte sich völlig verändert. Axel und Peter waren einige der ersten, die den großen Sprung wagten. Als ich sie in der Türkei traf, wollten sie nicht nur einfach in den Westen. Nein sie wollten die ganze Welt erleben, nicht weniger.

Ich fragte, ob ich sie einige Tage auf meinem Rad begleiten dürfte.

Später habe ich Axel und Peter mehrmals getroffen. Einmal, als wir am Stillen Ozean zusammen geradelt waren, haben sie mir einen ihrer ganz großen Träume anvertraut: Den Australischen Kontinent auf dem Rad zu durchqueren. Nicht entlang einer asphaltierten Straße, die gibt es in der Mitte Australiens nicht. Quer durch. Einige Jahre danach standen wir tatsächlich gemeinsam am Strand des Indischen Ozeans. Vor uns lag Australien, zu dessen östlichstem Punkt, Cape Byron, die Reise gehen sollte. Ein einmaliges Naturerlebnis und eine eindrucksvolle Erinnerung an gemeinsame Sorgen und Freuden bleiben mir bis heute.

Ich möchte, daß diese Seiten es schaffen, etwas von der Stimmung zu vermitteln, die wir gemeinsam erlebten, in der Türkei, in Süd- und Nordamerika und später in Australien. Von dem klaren Sternenhimmel, der sich über dir wölbt, während du daliegst, von der Erschöpfung nach vielleicht hundert Kilometern durch Sand und Steinen, von den Tieren, die plötzlich vor dir stehen, ehe sie zum Sprung ansetzen und in den Busch fliehen. Verstehen Sie den einseitigen Kampf der Naturvölker, die um ihre eigene Kultur und ihre Traditionen ringen, und sich gleichzeitig der über sie drängenden modernen Gesellschaft anpassen. Versuchen Sie zu verstehen, wie es ist, wenn man Tag für Tag auf sich allein gestellt verbringt und Zeit genug hat, sein eigenes

Leben gründlich zu überdenken. Wenn man sich selber fragt, wozu benutzt du es eigentlich?

Vor zehn Jahren traf ich Axel und Peter zum ersten Mal. Haben sie sich verändert? Nein, gar nicht. Wenn wir uns jetzt zu neuen Touren treffen, sind sie immer noch die zwei jungen Männer, die Freundlichkeit und gegenseitige Achtung mit sich bringen. Ich wußte, daß sie ihre Stärke nie ausnutzen. Ich weiß, daß ich den beiden vertrauen kann, und daß sie eine Lebensart besitzen, die es einfach macht, mit ihnen ins Unbekannte zu reisen. Es gibt wohl wenig Menschen, die so umfassende Kenntnisse der verschiedenen Kulturen und Traditionen anderer Völker besitzen, wie Axel und Peter. Ich habe mich gefreut, daß sie ihre Erfahrungen mit mir geteilt haben. Ihnen, liebe Leserinnen und Leser, wünsche ich dies auch.

Dr. Gunnar Bøemer, Oslo

Arbeit kündigen. Herkommen!

»Privatreisen nach dem Ausland können ohne Vorliegen von Voraussetzungen beantragt werden. Die Genehmigungen werden kurzfristig erteilt.«

Beschluß des Ministerrates der DDR vom 9. November 1989

Angefangen hatte alles irgendwann im Wendefrühjahr 1990, mit zwei Telegrammen. Weil jedes Wort Geld kostete, faßten wir uns kurz. Aus dem sächsischen Torgau eilte die Nachricht nach Saalfeld in Thüringen:

›Habe Interesse an Welt-Fahrradtour. Peter Glöckner‹

Die Antwort war so kurz wie deutlich:

›Arbeit kündigen. Habe Job für uns. Herkommen. Axel Brümmer‹.

Zwei Tage später stand ich, Peter Glöckner, frisch gekündigter Landmaschinenschlosser, im Regen vor der Tür meines künftigen Radelpartners. Der erzählte zunächst wahnsinnig viel. Von seinen Plänen, seinen Erfahrungen. Ich hörte einfach zu. Manchmal kam er mir fast überheblich vor. Sicher, er hatte sich belesen, Informationen für die Reise gesammelt. Aber auch ich war nicht so blauäugig, wie er vielleicht glaubte. Axel beobachtete mich. Ich versuchte, in seinen Gedanken zu lesen. ›Dieses Milchgesicht will mit mir um die Welt fahren?‹ mag er damals gedacht haben.

Ja, ich wollte. Und ich tat es.

›World Bike Tour - Zwei DDRler mit dem Fahrrad um die ganze Welt‹. Diese Worte standen wenige Wochen nach unserer ersten Begegnung auf den Einladungen für die Abschiedsfeier am Hohenwarte-Stausee, die am 29. Juni 1990 steigen sollte. Der See liegt etwa zehn Kilometer von unserem Startort Saalfeld entfernt. ›Die ganze Welt‹ war für uns damals eine gestrichelte Linie auf dem Globus, die in der DDR ihren Anfang nahm und uns Jahre später in ein Land zurückführte, das so bekannt, aber auch so eigenartig fremd für uns sein sollte wie die meisten der etwa sechzig Länder, in die wir kamen. Die im Voraus geplante Reiseroute hat sich trotz der vielen, nicht vorhersehbaren Abweichungen bestätigt.

Es sollte eine Reise voller Abenteuer werden, die keiner von uns je bereute. Wir haben gelitten, geflucht, uns geschunden und um unser Leben gebangt. Aber wir haben auch gelacht, gefeiert, gesungen, gearbeitet, geliebt. Und wir hatten Momente jenes großen Glücksgefühls, das den ganzen Körper ausfüllt. Im nachhinein kommt es uns wie ein Wunder vor, daß wir heil zurückgekommen sind.

Bei der Abschiedsfeier auf dem Zeltplatz ›Alter‹ interessierte uns das alles noch wenig. Es goß den ganzen Abend, der Himmel schickte zum Abschied ein Gewitter. Hundertfaches Schulterklopfen mischte sich mit Skepsis.

»Bis Weihnachten seid ihr zurück«, prophezeiten die Optimistischsten.

Daß es tatsächlich ein Abschied für viele Jahre werden sollte, glaubte kaum einer. Zu verrückt klang die Idee, mit dem Fahrrad, kaum Geld in der Tasche, einmal um die Welt zu fahren. Zwölf Freunde von Axel, von denen ursprünglich jeder einzelne mitfahren wollte, sprangen alle wieder ab. Einer redete sich damit heraus, daß seine Freundin ihn nie fahren lassen würde, andere fürchteten sich vor Heimweh, Gefahren und Krankheiten oder hatten nicht den Mut, ihre Arbeit aufzugeben.

Mit dem Mauerfall am 9. November 1989 war Axel an die konkreten Planungen für die Tour gegangen, die er seit Jahren im Kopf hatte. Er knüpfte Kontakte zu Fahrrad- und Automobilclubs, besorgte Adressen in der ganzen Welt, plante Flüge und Überfahrten, kümmerte sich um Sponsoren und ging seinen Freunden auf die Nerven, die zu dieser Zeit ganz andere Sorgen hatten.

Über meinen Freund Detlef, den Axel während seiner Armeezeit kennengelernt hatte, erfuhr ich von diesen Plänen. In Saalfeld sollte es einen 23jährigen geben, der genauso sportbegeistert ist wie ich, Bergsteigen und Segeln liebt, auf extreme Unternehmungen steht, eine Fahrradtour um die Welt plant und dafür noch einen Partner sucht. Ich mußte nicht lange überlegen. Mein Job als Schlosser war nicht gerade das, was ich den Rest meines Lebens ununterbrochen machen wollte. Axel ging es als Lehrer und Heimerzieher wahrscheinlich nicht viel anders. Ich hatte inzwischen schon den zweiten Einberufungsbefehl zur Nationalen Volksarmee erhalten, der mir rot unterstrichen mitteilte:

›Bei Nichterscheinen kann die kostenpflichtige Zuführung durch die Volkspolizei erfolgen.‹

Ich wollte aber weder irgend etwas bezahlen noch irgendwohin zugeführt werden. Und schon gar nicht zur Armee.

In Frankfurt und München hatte uns Axel Jobs bei Ausrüstungsfirmen besorgt. Während ich mir als ›Mädchen für alles‹ mein Geld verdiente, verkaufte er Schlafsäcke. Aus einfachen, gebrauchten Mountainbikes mit Kettenschaltung bauten wir uns stabile Spezialfahrräder zusammen, die soviel Gepäck tragen konnten wie in den Kofferraum eines Trabis paßte. Zelt, Schlafsack und Thermomatte mußten ebenso verstaut werden wie die Fotoausrüstung, persönliche Sachen und Bekleidung für alle Klimazonen und Jahreszeiten. Erst unterwegs merkten wir aber, was wir wirklich brauchten und wie überflüssig vieles war.

In den HO- und Konsumgeschäften hatten wir uns massenhaft mit Müsli, Suppen und Büchsenbrot eingedeckt, dazu Aufbaunahrung aus dem Reformhaus. Damit wollten wir bis Istanbul kommen, ohne größere Summen für Essen auszugeben, weil wir diesen Abschnitt der Reise für sehr teuer hielten.

Mit Verpflegung und Kochausrüstung, Werkzeug und Ersatzteilen brachten es Räder und Gepäck zusammen auf etwa 75 Kilogramm. Schon vor der Abfahrt merkten wir, daß man nicht alles mitnehmen kann, was man bei einer Weltumradlung gebrauchen könnte. Es würde die Zeit kommen, da wir improvisieren müssen. Das aber sollte uns nicht schwerfallen. Ein übermütiger Schlosser aus Sachsen und ein verkrachter Sportlehrer aus Thüringen – wer sollte uns schon bremsen?!

Bewußt wollten wir die Welt abseits der großen Straßen erleben. Autos oder Flugzeuge täuschen über die wirklichen Entfernungen.

»Mit dem Fahrrad begreife ich, wie groß die Welt ist«, hat Axel oft gesagt. Damals erschien mir das recht großspurig. Daß er trotzdem recht hatte, sollten wir in den Jahren unserer Tour später immer wieder feststellen.

Axel ist zwei Jahre älter als ich. Er hatte mehr Erfahrung, was das Reisen anging. Mit 13 war er das erste Mal mit einem Freund durch Mecklenburg gepaddelt, mit 16 fuhr er mit seinem Vater per Fahrrad von Saalfeld an die bulgarische Schwarzmeerküste. Bootsfahrten auf dem sibirischen Ob, Klettern im Elbsandsteingebirge und im Altai, eine zweiwöchige Tour durch die Karakumwüste hatte er ebenfalls hinter sich.

Ich war mit 15 Jahren über das Bergwandern zum Felsklettern gekommen. Alle anderen Sportarten habe ich von dem Moment an vernachlässigt – ich ging nicht mehr surfen oder segeln, nur noch klettern. Dafür fuhr ich sogar im Winter in ein rumänisches Braunbärenreservat in den Karpaten.

Axels Vater erzählte damals gern eine Episode, die auch heute noch bezeichnend für das unbändige Fernweh seines Sohnes ist. Schon als Axel in die zweite Klasse ging, unternahm er Welttouren auf dem Atlas. Mit dicken Filzstiften zeichnete er die Route ein, nach der er quer über den Atlantik segeln wollte. Die Karte zeigten die Eltern jedem, der sie sehen wollte. Auch ich war oft mit dem Zeigefinger im Atlas in den südlichsten Zipfel Südamerikas gefahren. Dort wollte ich hin. Nach dem Fall der Mauer konnte all das Wirklichkeit werden, was bisher nur als Traum existierte.

Wir träumten von Pyramiden und Mayaruinen, kämpften uns durch den tropischen Regenwald und die australische Wüste, sahen uns am Grand Cañon und auf der mystischen Osterinsel. Einmal unter einem Kaktus schlafen, Kokosnüsse und Bananen frisch ernten, mit einem Bumerang auf Jagd gehen und auf einem Elefanten reiten. Den Kopf hatten wir voller Träume. Wir machten sie alle wahr.

Immer konkreter wurden die Planungen, immer detaillierter die einzelnen Etappen. Axel hatte eine genaue Vorstellung davon, welches Ziel er an welchem Tag erreichen wollte. Fünfzig Kilometer sollten es im Schnitt pro Tag werden, insgesamt ungefähr sechzigtausend Kilometer. Auch hier unterschieden wir uns. Ich hielt die Vorbereitungen in dieser Hinsicht für leicht überzogen und wollte mich auf meine Spontaneität verlassen können. Aber auch Axel sollte sich als offen für andere Ideen und neue Wege erweisen.

In Sydney planten wir ein Vierteljahr Pause ein, einen Monat in den Anden, ein Vierteljahr im Amazonasbecken und drei Monate, in denen wir wegen Krankheit nicht würden weiter fahren können. Zwar sollte alles von uns bedacht werden, es war allerdings schon damals klar, daß wir das gar nicht konnten.

Je näher unsere Abreise rückte, desto mehr stellte sich dieses Kribbeln ein, das einen vor einem großen Ereignis befällt. Irgendwann wollten wir nur noch weg. Weg aus unserer Heimat, in der die Uhrzeiger zu rasen begannen. Wo sich nahezu täglich alles änderte. Diesem grauen, vertrauten Land, in dem über Nacht alles bunt geworden war, in dem es nach Westschokolade schmeckte und wo es roch wie in einem riesigen Intershop. Das war es nicht, was wir uns von der Grenzöffnung versprachen. Wir hatten andere Pläne. Wir waren weder scharf auf den Geschmack noch den Geruch und mochten schon gar nicht die Glücksritter, die sich in der Hoffnung auf die schnelle Mark oder den Karrieresprung auf den Weg in den Osten machten.

Nein, das war nicht mehr unser Land. Von den mutigen Demonstrationen der Wendezeit, dem Akt der friedlichen Selbstbefreiung eines ganzen Volkes, schien nur ein einziger armseliger Satz übrig geblieben zu sein:

›Wenn die D-Mark nicht zu uns kommt, gehen wir zur D-Mark.‹

Wir ahnten, daß die Währungsunion das Leben in der DDR endgültig verändern würde. Das Land lag in seinen letzten Zügen. Am 30. Juni 1990, einen Tag vor dem Ende des Alu-Chips, radelten wir los.

Kapitel Eins

Über die Alpen

Nach der Abschiedsfeier und vier Stunden Schlaf fand ich mich in einem fremden Zelt wieder. Pünktlich morgens um acht ging es los. Bis 16 Uhr wollten wir in Kulmbach sein, Saalfelds fränkischer Partnerstadt. Als wir in Probstzella an die deutsch-deutsche Grenze kamen, waren die Soldaten gerade dabei, die letzten Grenzkontrollen abzubauen. Mit Mühe fanden wir noch einen Grenzer, der sich mit uns fotografieren ließ.

»Wahnsinn«, sagte Axel. »Alles weg! Vorbei!«

Dort, wo vor einem Jahr noch bis an die Zähne bewaffnete Soldaten den ›antiimperialistischen Schutzwall‹ bewachten, fuhren wir einfach weiter. Hinein nach Bayern, hinaus in die Welt.

In sengender Hitze begleiteten uns Axels Eltern auf dem Tandem bis Kulmbach. Der dortige Oberbürgermeister steckte uns ein Empfehlungsschreiben und jedem hundert Mark zu. Über das Schreiben freuten wir uns besonders, allerdings halfen uns letztendlich die hundert Mark weiter. Wir verabschiedeten uns und fuhren noch bis kurz hinter Bayreuth. Dort trafen wir einen Mann, dem unsere vollbepackten Räder auffielen und der uns ansprach:

»Wo wollt ihr denn hin?«

»Einmal um die Welt«, antwortete Axel.

»Kommt ihr da auch durch Australien?«

»Natürlich. Aber das dauert noch ein Jahr.«

»Okay, dann gebe ich euch jetzt zwanzig Mark mit und ihr stoßt in Australien auf mich an. Dorthin wollte ich nämlich immer schon mal«, erklärte er in einem Tonfall, als kämen täglich Weltumradler durch diesen Vorort von Bayreuth.

Wir waren beide platt. Zum ersten Mal hatte uns jemand zugetraut, daß wir tatsächlich mit unseren Rädern soweit kommen würden. Der unbekannte Mann aus dem Frankenland war der Erste, der an uns glaubte. Dieses Vertrauen gab uns Kraft für die nächsten Wochen. Viel später, in Australien erinnerten wir uns wieder und tranken nach australischer Manier eiskaltes Bier auf sein Wohl.

In den nächsten zwei Tagen erreichten wir München und mußten dabei feststellen, daß sich das Militär auch im Westen Deutschlands riesige Gebiete reserviert hat, die wir mühsam umfuhren. Ich war sauer darüber. Außerdem stürzte Axel bei dem Umweg. Sein Fotoapparat ging kaputt. Zwar konnte ich ihn reparieren, gab aber natürlich dem Militär die Schuld an dem Schaden.

Über den Achenpaß ging es nach Österreich. Die Alpen und das erste fremde Land ließen unser Bergsteigerherz höher schlagen und forderten uns als noch untrainierte Radfahrer bis an die Leistungsgrenze heraus. Für die Fahrt nach Italien wählten wir den Weg über das Pfitscherjoch, weil uns ein Senner gesagte hatte, dort entlang würden alle Mountainbiker fahren. Bis zum Schlegeisstausee waren 1500 Höhenmeter auf einer Serpentinenstraße zu überwinden. In den Fonds der Limousinen drückten sich die Kinder die Nasen platt.

»Was glotzen die so?« keuchte Axel. »Ich komme mir vor wie im Zoo.«

Ich glaubte, die Antwort zu wissen.

»Die können es nicht fassen, daß jemand diesen Berg mit einem voll bepackten Fahrrad hinauffährt. Für die sind wir das achte Weltwunder.«

Die Hälfte der Strecke mußten wir unsere Räder schieben. Am Stausee angekommen war die Straße zu Ende. Bis zum Paß hatten wir aber auf acht Kilometern noch einen Höhenunterschied von rund vierhundert Metern zu überwinden. Ein kleiner Pfad machte selbst das Schieben zur Tortur. Wir trugen und zerrten die Räder den Trampelpfad und über Felsen hinweg. Siebzig Kilo wiegen verdammt schwer. Im Nu waren die T-Shirts durchgeschwitzt, alle Flüche der Welt halfen nicht. Am Paß waren wir körperlich restlos am Ende. Auch der wunderschöne Blick über Gipfel und Gletscher konnte nicht mehr entschädigen. Wir mußten uns eingestehen, daß der Unterschied zwischen Mountainbikes und Tourenrädern doch größer ist, als wir dachten.

In einem Dorf kurz vor Treviso erlebten wir etwas Wunderbares. Auf der Suche nach einem Schlafplatz luden uns Italiener zu einer Fete ein, die wegen der Fußballweltmeisterschaft in Italien ausgerichtet wurde. Sechs Familien waren an einer langen Tafel versammelt, die mit leckeren Speisen gedeckt war. Wir sind beide keine großen Fußballfans – eigentlich wußten wir bis zu diesem Zeitpunkt nicht einmal, daß Weltmeisterschaft war – und konzentrierten uns mehr auf Essen und Trinken als auf das Endspiel Deutschland gegen Argentinien. Nachdem die Deutschen durch einen Elfmeter von Andi Brehme gewonnen hatten, wurden wir beide gefeiert, als hätten wir gespielt. Es hagelte Prankenhiebe, anschließend zogen wir noch in eine Kneipe, wo ›unser‹ Sieg kräftig mit den Tifosi, den italienischen Fußballfans, begossen wurde. Nach der Sause waren wir beide überzeugt, daß wir den Pokal gewonnen hatten. Mann, waren wir gut.

Am nächsten Morgen gab es den ersten Stunk mit Axel. Früh aufstehen war sowieso noch nie mein Ding, außerdem brummte mir der Schädel.

»Mußt du immer so lange schlafen?« fuhr er mich an.

»Mach doch keine Hektik. Es ist noch nicht mal um acht. Wir haben noch den ganzen Tag vor uns«, fauchte ich im Halbschlaf genervt zurück.

»Aber ich bin schon zwei Stunden wach«, Axel gab nicht nach. »Außerdem fährt es sich in der Morgenkühle am besten.«

Meine Antwort und das, was folgte, möchte ich an dieser Stelle lieber verschweigen.

Ohne Frühstück fuhren wir los Richtung Venedig. Die Lagunenstadt war die erste große Enttäuschung unserer Tour, was vielleicht auch mit dem Hunger und dem Ärger kurz zuvor zusammenhing. Hier hatten wir Romantik erwartet, Beschaulichkeit, architektonische Vollendung. Statt dessen verstopfte ein nie enden wollender Strom von Touristen mit Videokameras und bunten Shorts die engen Straßen. Während die Touristenattraktionen am Canale Grande und am Markusplatz herausgeputzt sind, sieht es in den Seitenstraßen und den abgelegenen Kanälen schlimmer aus als in den dreckigsten Ekken von Leipzig. Der Touristennepp funktioniert in Perfektion. Ich glaube bis heute nicht, daß Venedig zu retten ist.

In Triest, unsere Haut hatte sich bis dahin schon das dritte Mal geschält, sündigten wir richtig. Bisher sahen wir den Touristen in den Straßencafés immer nur beim Essen zu, während wir mit knurrendem Magen und bei größter Hitze vorbeifuhren.

»Denkst du, was ich denke?« fragte mich Axel plötzlich vor einer kleinen Gaststätte.

Ich wußte sofort, was er meinte. Mir lief das Wasser im Mund zusammen.

»Scheiß drauf«, sagte ich, und schon lehnten unsere Fahrräder an der Wand der Trattoria und wir gemütlich an den Lehnen zweier Holzstühle.

Für zwei Pizzas und zwei Cola legten wir umgerechnet dreißig Mark auf den Tisch. Axel, der immer noch in Ostpreise umrechnete, flippte bald aus. So, als ob ich ihn übers Ohr gehauen hätte.

»Das ist über dem Wochenlimit«, grollte er noch Stunden später.

Für Vier-Sterne-Zeltplätze mit Animateuren und Swimmingpool, die wir hier zum ersten Mal sahen, hatte er nur Kopfschütteln übrig. Gerade in den ersten Wochen unserer Tour achteten wir peinlichst genau auf unsere mageren Finanzen. Ständig machten wir uns Sorgen, vielleicht einmal nicht genug zu haben. Noch konnten wir ja nicht wissen, daß und wie leicht wir später an Jobs kommen würden.

In Jugoslawien fielen uns die schlechten Straßen auf, die sich durchaus mit den Schlaglochpisten in unserer Heimat messen konnten. Viele Autos aus russischer, tschechischer und DDR-Produktion waren zu sehen, und auch der Lebensstandard gegenüber Italien nahm rapide ab.

Um die Kosten für die Fähre zu sparen – schließlich hatten wir uns gerade verausgabt – fuhren wir nicht über die Halbinsel Istria, sondern auf direktem Wege nach Rijeka. Die Küstenstraße Richtung Split bewegt sich am Felsen entlang, der zu unserer Linken lag. Die Berge reichen bis ans Meer, die Klippen bis zu zweihundert Meter hoch. Gäbe es nicht hier und dort etwas Gras oder einen Busch, könnte man meinen, man sei in einer Steinwüste gelandet.

Obwohl die Strecke für Radfahrer offiziell gesperrt war, wurden wir nicht zurückgeschickt. Ein Polizist winkte uns sogar freundlich zu. Viel gefährlicher sind die Straßenränder. Ohne Leitplanken fällt die rechte Fahrbahnseite steil bergab. Dutzende Autowracks liegen als rostende Mahnmale fünfzig Meter weiter unten zwischen den Klippen.

Die Autos überholten zuweilen äußerst knapp. Durch den Sog, vor allem bei Bussen, pendelten wir bei böigem Seitenwind auf der Straße bis zu zwei Metern. Das Hupen nervte noch ärger als in Italien. In dieser Hinsicht war die Küstenstraße in Jugoslawien die schlimmste Strecke der bisherigen Tour. Wir waren einfach noch nichts gewöhnt. Das sollte sich ändern.

Dafür gab es ab Rijeka die grellbunt gekleideten, hochmodischen Rennrad- und Mountainbikefahrer nicht mehr, die uns von München an und ohne Gepäck laufend begegneten. Hier traf man nur noch Fernradler, also Artgenossen.

Vom Fahren in der Mittagshitze hatten wir in Kroatien endgültig die Nase voll. Deshalb beschlossen wir, ab sofort früh zeitig loszufahren und mittags Siesta zu halten. Der Tagesablauf war in diesen Tagen alles andere als aufregend. Nach dem Strampeln, wir fuhren im Schnitt so 120 Kilometer am Tag, suchten wir uns gegen sieben oder acht Uhr abends ein Plätzchen, an dem es halbwegs gemütlich war. Wir achteten darauf, daß Häuser in der Nähe waren, weil wir Wasser brauchten und uns nicht zuletzt bei Menschen sicherer fühlten.

Während Axel den Juwelkocher herausholte – der übrigens noch in Jugoslawien wegen des schlechten Benzins den Geist aufgeben sollte – bereitete ich mein Nachtlager und überprüfte noch einmal die Räder. Zum Abendessen wurde irgendein Süppchen gekocht. Meistens gab es Haferflocken mit Brühwürfeln, dazu einen Tee. Danach krochen wir in unsere Schlafsäcke, sahen uns den Sonnenuntergang über der Adria an, schrieben Tagebuch oder Briefe an Verwandte und Freunde. Bis es dunkel wurde, hörten wir Radio. Viel geredet wurde dabei nicht.

Axels Isomatten und das Zelt hatten wir zu diesem Zeitpunkt schon mit nach Hause geschickt. Beides hatte sich als unnötiger Ballast erwiesen. Wir schliefen im Schlafsack auf einer Plastikplane, die leider meistens über Geröll ausgebreitet wurde. Unsere Hintern gewöhnten sich schon in dieser Zeit an die Strapazen, die unbequemen Fahrradsättel und den harten Untergrund in der Nacht. Irgendwann taten sie kein bißchen mehr weh. Wenn es regnete, suchten wir eine trockene Stelle. Buswartehäuschen und Brücken gab es fast überall.

Mit dem Morgengrauen wachten wir auf, blieben noch eine Weile liegen und kochten unser Müsli, was im Grunde genauso aussah wie das Abendsüppchen, nur daß wir die Haferflocken morgens mit Zukker ›verfeinerten‹. Nach dem Frühstück räumten wir Schlafsäcke und Plastikplane zusammen und packten alles auf die Räder. Hektik kam dabei selten auf.

Was die Verständigung betrifft, waren wir bis dahin halbwegs zurecht gekommen. Viele Italiener verstehen Deutsch, wir ein wenig Englisch, sonst konnte man sich auch mit Zeichensprache verständigen. An einem Strand in Kroatien hatte Axel sein Aha-Erlebnis in

Sachen Sprache. Wir schoben unsere Räder am Ufer entlang. Zwei hübsche Engländerinnen lagen barbusig in der Sonne. Das Gespräch kam schnell in Gang, ging aber nicht über ein paar Floskeln hinaus, weil es an unseren mangelnden Englischkenntnissen scheiterte.

»How are you? Wie geht es euch?« fragte Axel zögernd.

»Where do you live? Wo kommt ihr her?«

Damit hatten sich unsere sprachlichen Möglichkeiten so ziemlich erschöpft. Enttäuscht drehten sich die beiden von uns weg und würdigten uns keines Blickes mehr. Daraufhin beschlossen wir, beim Radfahren mindestens zwei Stunden täglich Englisch zu lernen.

Als wir fünf Jahre später nach Deutschland zurückkamen, konnten wir fließend Englisch und Spanisch. Unser Schulrussisch, die einzige Fremdsprache, die wir vor der Reise gelernt hatten, half uns erst gegen Ende der Fahrt, als wir die ehemalige Sowjetunion durchquerten. Wenn man sich den Menschen gegenüber öffnet, ihre Lebensweise und ihre Eigenarten zu verstehen und zu akzeptieren versucht, gibt es so etwas wie Sprachprobleme ohnehin kaum. Allein mit Mimik und Gestik, notfalls auch noch mit Stift und Zettel, läßt sich fast alles verständlich machen und ›bereden‹.

Es zeigte sich bald, daß Axel sehr schnell in der Lage war, bis dahin fremde Sprachen und die Gestik der Leute zu verstehen. Seine freundliche Art, auf die Menschen zuzugehen, öffnete uns so manche Tür. Ich beschäftigte mich später mehr mit den Schriftzeichen. Während unseres Aufenthaltes in China hatte ich beispielsweise an die hundert Schriftzeichen gelernt.

Mit zunehmender Dauer der Tour machten wir es uns immer mehr zur Regel, uns in jeder neuen Sprache, in jedem neuen Dialekt einen gewissen Grundwortschatz anzueignen. Etwa zehn Worte von ›hallo‹ über ›gut‹ bis ›danke‹ schrieben wir auf einen Zettel und paukten sie. Je nachdem, wie lange wir uns in einem Sprachraum aufhielten, kamen noch viele weitere Wörter hinzu. Ein paar solcher Worte anwenden zu können, hielten wir für sehr wichtig. Selbst wenn dann das Gespräch in einer anderen Sprache weitergeführt wird. Es zeigt einfach, daß wir uns Mühe gaben, uns mit dem Gastland und seinen Menschen auseinanderzusetzen.

Dubrovnik war eine Offenbarung. Die Stadt, die später im Krieg zwischen Serben und Kroaten komplett zerstört wurde, begeisterte uns. Kein Regierungsgebäude war zu majestätisch, kein feudaler Palast zu vornehm, kein bescheidenes Haus ohne Sorgfalt. Die Anordnung der Straßen und Plätze wurde in vollendeter Harmonie geplant.

Die Spannungen im Vielvölkerstaat Jugoslawien wurden uns damals im Kosovo bewußt. Egal, ob Kosovaren oder Serben, jeder grüßte mit dem Siegzeichen. Vor allem die Albaner schimpften oft mit beleidigenden Ausdrücken auf die Serben. Doch auch diese waren nicht fein zu ihren Nachbarn.

Eines Abends wurden wir zu einem Richtfest eingeladen. Ein betrunkener Typ, ein Serbe, der sich als Polizist ausgab, wollte ständig unsere Ausweise sehen. Als wir sie ihm nicht zeigten, holte er plötzlich eine Pistole aus seiner Hose, entsicherte sie und fuchtelte damit vor meiner Nase herum. Irgendwann konnten ihn die anderen dazu bewegen, nach Hause zu gehen. Die Feiernden waren alle Serben. Immer wieder mußten wir uns anhören: ›Albaner dumm, Albaner pengpeng‹.

Keiner von uns beiden ahnte damals, daß der Haß später in einen mörderischen Krieg ausarten würde.

Eine weitere Begebenheit gab es in Jugoslawien, die sich als Schlüsselerlebnis für unsere gesamte Tour herausstellen sollte. Wir saßen an einem Strand, als Axel mir aus heiterem Himmel mitteilte:

»Von jetzt an fahren wir getrennt weiter. Das Gepäck wird aufgeteilt.«

Bisher hatte ich beispielsweise das gesamte Reparaturzeug an meinem Rad. Ich stand mit offenem Mund daneben, als Axel sich das beste Material und alles Notwendige heraussuchte, das sich nicht teilen ließ. Er ist bis heute ehrlich der Meinung, daß wir damals gerecht geteilt hatten.

»Die Trennung erfolgt für mich aus rein wirtschaftlicher Hinsicht. So sind wir voneinander unabhängig, falls wir mal ein paar Tage allein fahren wollen«, erklärte er mir.

Ich sagte kein Wort dazu.

Mich beschlich das Gefühl, daß auf Dauer kein Auskommen zwischen uns beiden sein würde. Zu unterschiedlich sind unsere Charaktere. Was verband uns schon außer den gemeinsamen sportlichen Interessen und einer Riesenportion Fernweh? Axel wollte seinen Reiseplan schaffen, ich hätte mir gern viele Dinge intensiver angesehen, wäre gern einmal länger an einem Ort geblieben. In Griechenland fuhren wir zum Beispiel unbewußt und einfach so an der Schule des großen Aristoteles vorbei, weil keine Zeit blieb, sich vorher zu informieren.

Ich hatte mich innerlich schon damit abgefunden, nach einer ausgedehnten Afrikatour nach Deutschland zurückzukehren. Allein war die Weltumradlung kaum zu meistern. Davon war ich überzeugt, während ich einschlief. Komischerweise war am nächsten Morgen kein Wort mehr von Trennung zu hören. Dabei hatten wir uns während der ganzen Fahrt durch Jugoslawien fast ständig in den Haaren. Es wurde gestichelt und geschmollt. Die Streitereien hatten uns das Land geradezu verdorben. Vieles Schöne war uns entgangen. Wahrscheinlich hatte Axel jetzt einfach nur das Gefühl gebraucht, er könne auch alleine weiterfahren. Und auch für mich war diese Auseinandersetzung, die eigentlich keine war, eine Art innere Befreiung. Ich fühlte mich von nun an nicht mehr an Axel gebunden, innerlich von ihm gelöst und dadurch unbelastet. Nur so lernten wir im späteren Verlauf der Tour, Kompromisse einzugehen und Abstriche zu machen. Jedenfalls hatten wir von diesem Tag an ›zufällig‹ den gleichen Weg. Im übrigen bis zum Schluß.

Auto gedreht und schön lange mit monotoner Gleichmäßigkeit den Gummibalg geknetet, bis der Autofahrer plötzlich genervt die Fensterscheibe hochgeleiert hat. Was für ein Genuß! Ich habe mich für dich gleich mit gerächt.«

»Da bin ich dir echt dankbar«, sagte ich ehrlich.

In Izmir hatten wir uns entschieden, wegen des Golfkrieges die ursprünglich geplante Route zu ändern und versuchten, über das Mittelmeer nach Ägypten zu fahren. Eine Überfahrt zur griechischen Insel Samos scheiterte an den hohen Fährkosten von über zwanzig Dollar pro Person. Uns kam das damals wie ein Vermögen vor.

Bei der Suche nach einer Alternative trafen wir einen Norweger. Gunnar zeigte sich sehr interessiert an unserer Tour. Kurz entschlossen unterbrach er seinen langweiligen Pauschalurlaub und fuhr ein paar Tage mit uns mit. Er sollte zu einem unserer besten Kameraden werden, der uns später an einigen Orten auf der Welt begleitete und bis heute zu unseren Freunden zählt.

Während er wegen momentaner Rückenprobleme ein Hotelzimmer nahm, gerieten Axel und ich in eine türkische Hochzeit. Obwohl die Feier schon seit drei Tagen andauerte, kamen wir gerade zu dem Zeitpunkt, als die Braut aus ihrem Elternhaus geholt wurde und zum ersten Mal ihren Bräutigam sah. Für unsere Verhältnisse unvorstellbar. Irgendwie weiß ich immer nicht genau, was ich von solchen Bräuchen halten soll. Zwar ist all das interessant und exotisch, aber es erscheint mir ebenso übertrieben und aus diesem Grund doch nicht mehr so faszinierend.

Auf der Hochzeit wurde getanzt und danach gegessen, was das Zeug hielt. Den ganzen Tag über fuhr ein Autokorso von zwanzig oder dreißig Fahrzeugen durch den Ort und veranstaltete einen Riesenrummel.

Von Bodrum aus setzten wir mit der Fähre zur Insel Kos über, was uns einschließlich Kurtaxe stolze 18 Dollar kostete. Über Rhodos und Zypern fuhren wir mit dem Schiff in die israelische Hafenstadt Haifa. Die Grenzkontrollen erinnerten uns daran, daß sich das Land im Kriegszustand befand. Überall patrouillierten Polizisten und Militär mit umgehängten Gewehren.

Bei der Überfahrt riet uns ein Pfarrer, wir sollten uns in Israel nicht vorschnell eine Meinung bilden, sondern nur beobachten.

»Die einen sagen zum Gruß ›Schalom‹ und die anderen ›Salam‹. Beides heißt Frieden. Aber wenn sie sich begegnen, schlagen sie sich die Köpfe ein.«

Mit dieser Episode hatte uns der Pfarrer auf die Spannungen zwischen Juden und Arabern eingestimmt.

Auf der Fahrt Richtung Tel Aviv sahen wir Plantagen voller Palmen, Bananen und Orangenbäume. Mir lief das Wasser im Munde zusammen.

»Wenn der Berg nicht zum Propheten kommt, geht der Prophet zum Berg«, scherzte Axel. Ich verstand nicht gleich, was er meinte.

»Na, wenn die Südfrüchte nicht zu den DDRlern kommen, dann gehen die DDRler zu den Südfrüchten«.

Wir hatten jedenfalls Bananen und Orangen in Massen, auch wenn die Bananen alle noch grün waren. Aber so werden sie letztlich geerntet.

Unterwegs besserte eine Jüdin aus Deutschland unsere Reisekasse um fünfzig Dollar auf. Immer wieder hatten wir in den letzten Tagen Geld zugesteckt bekommen. Selbst hier herrschte, so unglaublich es klingt, Euphorie über die Wiedervereinigung Deutschlands. Manchmal waren uns die Spenden peinlich, aber wir beruhigten unser Gewissen damit, daß wir die Leute schließlich nicht baten. Also gaben sie es gerne. Später nahmen wir überhaupt kein Geld mehr an, wenn wir es uns nicht gerade mit einer Gegenleistung verdient hatten.

Als wir in Tel Aviv ankamen, war gerade Sabbat, der Sonntag der Juden. Die Läden und Gaststätten waren dicht, der Verkehr auf den Straßen lahmgelegt. Axel konnte mal wieder sein Organisationstalent zeigen und besorgte uns trotz geschlossenen Konsulats und üblicherweise zwei Tagen Wartezeit innerhalb von fünf Minuten die Visa nach Ägypten.

Nachdem wir auf einem Basar die ersten Mangos unseres Lebens erstanden und gegessen hatten, nahmen wir am nächsten Morgen die sechzig Kilometer nach Jerusalem in Angriff. Etwas außerhalb von Jerusalem suchten wir uns eine Ecke in einem Park, weit entfernt von der Straße. Dort interessierte sich erst einer für unser Geld, ein Zweiter bot uns Haschisch an und der Dritte schließlich griff Axel in den Schritt. Um weiteren nächtlichen Begegnungen dieser Art aus dem Weg zu gehen, verzogen wir uns lieber in einen Busch direkt an der Straße, wo wir in relativer Ruhe schlafen konnten. Und genau diese wenigen Meter, auf denen wir schliefen, waren es, die man von Straße und Gehweg aus trotz der Straßenlaternen nicht einsehen konnte, weil sie im Schatten lagen. Dafür hatten wir um uns zur Not alles bestens im Blick. Es war für uns eine grundlegende Erfahrung, daß es nicht darauf ankommt, weit weg von irgendwelchen Gefahren zu schlafen. Entscheidend ist, wie ›unsichtbar‹ man selber ist. Nach dieser Erfahrung in Jerusalem suchten wir uns zum Schlafen noch oft solche ›blinden Flecken‹. Selbst in großen Städten mangelt es nicht daran.

In einem lutherischen Hotel stellten wir am nächsten Tag unsere Räder ab und sahen uns die Altstadt von Jerusalem an. Sie besteht aus einem christlichen, einem armenischen, einem jüdischen und einem moslemischen Viertel. Wir merkten sofort, wenn wir das Viertel wechselten. Das arabische ist voller Leben. Schreiende, feilschende Händler stehen dicht an dicht und versuchen in dem Gedränge, ihre Waren an den Mann zu bringen. Für mich war es das interessanteste. Auch im armenischen Viertel herrschte noch Leben, das christliche machte den Eindruck einer Behördenstadt und das jüdische war das vornehmste. Dort war alles sehr sauber, die Geschäfte nobel. Überall in der Stadt sah man kleine Ausgrabungsflächen. Beeindruckend war für mich, Glockengeläut und Muezzingesang gleichzeitig zu hören. Heiligtümer von Juden, Christen und Moslems lagen dicht beieinander. Eigentlich faszinierend. Und doch wird eben dieses Faszinierende durch dumme Intoleranz, gleich welcher Natur, zunichte gemacht und muß Angst und Gewalt weichen. Soldaten kontrollierten jede Tasche der Besucher.

Nach Jerusalem folgte die schönste Abfahrt der bisherigen Tour. Aus achthundert Meter Höhe ging es vorbei an den Flüchtlingslagern der Palästinenser ins dreißig Kilometer entfernte Jericho, das rund 250 Meter unter dem Meeresspiegel liegt. Schlagartig befanden wir uns in der Wüste. Kein Baum oder Strauch war zu sehen, ab und zu etwas gelbes Gras. Erde und Felsen hatten einen gelben Farbton mit rotbraunem Stich. Ausgerechnet hier ging mein Fotoapparat kaputt. In einer jüdischen Siedlung, mitten in der Wüste, baten wir um Wasser. Wir klopften an mehrere der verbarrikadierten Türen. Obwohl in den Häusern augenscheinlich Menschen waren, öffnete niemand. Das traf uns tief. Der Rasensprenger lief und wir standen vom Zaun davon getrennt und hatten Durst. Wasser gilt überall auf der Welt als unantastbar, ein Gut der Natur, das für alle da ist und oft auch als heilig gilt. Nur hier in Israel wurde es uns verwehrt. Vielleicht hatte der Konflikt mit Kuwait etwas mit der Angst vor Fremden zu tun. Vielleicht wollte man uns deshalb nicht helfen.

Die Ebene bei Jericho erstreckt sich bis zum Toten Meer, das wir unterwegs schon sehen konnten. Weil es sich um ein gefährliches Gebiet handelte – am Tag zuvor war ein palästinisches Kind von jüdischen Extremisten angeschossen worden – schliefen wir auf einem abgesperrten Platz vor der durch die Armee bewachten Polizeistation. Vorher wollten wir unser Nachtlager wie gewohnt am Straßenrand aufschlagen.

»Hier könnt ihr nicht schlafen«, sagte ein Mann in Uniform zu uns.

»Wieso? Wir schlafen immer auf der Straße«, entgegnete Axel.

»Das ist hier nicht erlaubt. Ich muß euch mitnehmen«, blieb der Soldat hart.

So endeten wir an der Polizeistation. All das ging freundlich vonstatten. Die Polizisten wollten wirklich nur, daß uns nichts passiert.

Die Soldaten werden hier eher als Einzelkämpfer ausgebildet. Auf militärischen Drill und Einheitlichkeit wird kaum Wert gelegt. Der eine näht sich dort eine zusätzliche Tasche auf die Uniform, ein anderer bastelt etwas an den Jeep. Gemeinsam war ihnen nur, daß alle stets bewaffnet waren.

Bevor die Sonne aufging, radelten wir los in Richtung Totes Meer und erlebten hautnah das Erwachen der Wüste. Langsam schob sich die Sonne über den Horizont und tauchte die Sandfelsen der jordanischen Berge in rotes Licht. Schon früh zeigte das Thermometer dreißig Grad Celsius im Schatten.

Bei En Gedi badeten wir im Toten Meer. Das Wasser war so warm, daß man es nur am Vormittag aushielt und so salzhaltig, daß man beim Schwimmen mühelos Zeitung lesen konnte. Ich hatte Probleme, überhaupt ein Körperteil unter Wasser zu halten. Das Salz brannte außerdem auf der Zungenspitze viel stärker als unser Speisesalz.

Das Meer liegt fast vierhundert Meter unter dem Meeresspiegel, unmittelbar daneben ragten bis zu tausend Meter hohe Sandberge auf. Ausgetrocknete Flüsse hatten eindrucksvolle Täler hinterlassen. Es war so heiß, daß die Luft flimmerte.

Nachmittags besichtigten wir die Burg Massada, die siebzig Jahre nach Christi die letzte Zufluchtsstätte der von den Römern vertriebenen Juden gewesen sein soll. Als ihnen bewußt wurde, daß die Burg nicht zu halten war, sollen neunhundert Mann auf der Burg kollektiven Selbstmord begangen haben. Für die Israelis wurde die Burg zum Symbol. Ein jüdisches Sprichwort sagt: ›Massada fällt kein zweites Mal‹.

Die riesige Burg faszinierte uns. Beim Gang durch die gut erhaltenen Straßen und Ruinen bekam man einen Eindruck vom Leben in früherer Zeit. Wir sahen uns die älteste Synagoge der Welt an, ein großzügig angelegtes Badehaus und bewunderten die Mosaiksteine und Wandmalereien in den Palästen.

Hier in Massada begann ich den Konflikt zwischen Juden und Arabern zu begreifen. Vorher hatte ich für beide Seiten wenig Verständnis. Obwohl ich den Konflikt jetzt verstehe, kann ich ihn trotzdem noch lange nicht akzeptieren.

Zwei Tage später waren wir in Ägypten. Nach den uns gegenüber eher zurückhaltenden und verschlossenen Israelis trafen wir plötzlich wieder auf lebensfrohe, kontaktfreudige Menschen, die uns oft einluden. Der Gegensatz zwischen diesen beiden Völkern war so kraß, daß er mir bis heute stark in Erinnerung geblieben ist. Die Ägypter gingen auf uns zu, fragten neugierig nach unseren Rädern. Kaum einer zeigte Berührungsängste.

Von El Arish am Mittelmeer fuhren wir direkt hinein in die Wüste. Quer über die Sinai-Halbinsel kamen wir nach Suez. Ein Transporter, der offensichtlich keine Kugeln mehr im Radlager hatte und dessen Fahrer deshalb alle paar Kilometer die Radnabe mit Wasser kühlte, nahm uns die letzten achtzig Kilometer mit.

Neben dem Tunnel, der unterm Suezkanal durchführt, schliefen wir. Beim Wachwerden hatten wir den Eindruck, als würden Schiffe mitten durch die Wüste fahren. Dabei konnten wir wegen der Dünen den Kanal nicht sehen. Dann kam der große Augenblick. Wir fuhren durch den Tunnel und betraten zum ersten Mal in unserem Leben Afrika. Bis Kairo war es jetzt nicht mehr weit.

An einem Donnerstag kamen wir in der ägyptischen Hauptstadt an. In der westdeutschen Botschaft holten wir uns ein paar Tips und suchten dann die DDR-Botschaft. Ein dort arbeitendes Ehepaar aus dem thüringischen Königsee, dicht bei Saalfeld gelegen, las uns bald jeden Wunsch von den Augen ab. Wir schliefen in ihrem Gästezimmer und bekamen reichlich zu essen.

Die Botschaft selbst war in Auflösung. Keiner wußte so richtig, wie es weitergehen würde. Alle bangten um ihren Job. Die Mitarbeiter hatten immer noch Angst, daß ihre Telefone abgehört werden. Auch

Angst vor einem offenen Wort, vor spontanen Entscheidungen fern vom gewohnten Bürokratismus.

Vieles in dem Gebäude erinnerte uns an die Heimat. An den Wänden hingen Bilder vom Rennsteig. Wir bekamen Rostbratwurst, Senf aus Erfurt und Thüringer Kräutertee. Irgendwie war uns, als fielen Weihnachten und Ostern auf einen Tag. Zu unserer großen Freude konnten wir auch noch Post aus der Heimat entgegennehmen.

Wir hatten allerlei Behördenwege zu erledigen. Unter anderem besorgte Axel uns beiden internationale Studentenausweise, die manches billiger machen sollten.

Eine Nacht schliefen wir im Sand am Fuße der Pyramiden, die wir am nächsten Tag ausgiebig besichtigten. Die Pyramide von Chefren, einem alten ägyptischen Pharao, beeindruckte uns wegen der noch nicht abgetragenen Schicht aus Assuangranit am meisten. Von der Sphinx waren wir etwas enttäuscht. Im Gegensatz zu unseren Erwartungen schien sie uns sehr klein. Zudem war sie bis auf das anmutige aber nasenlose Gesicht total zerfallen. Und der ganze Touristenrummel, der immer auch kleine Gauner anzieht, nervte einfach. Es war unmöglich, uns den Ruinen in Ruhe zu widmen.

Wir entschlossen uns, den Nil entlang in südlicher Richtung zum Assuanstaudamm zu fahren. Von nun an wurden Kinder zu unserer ständigen Begleitung, sobald wir einen Ort erreichten. Sie belagerten uns, faßten alles an, zerrten an uns, bettelten um Geld, schrien hysterisch und bewarfen uns mit Steinen. Sobald wir jedoch anhielten, rannten sie weg. Manchmal raubten sie uns den letzten Nerv. Es sollte immer schlimmer werden, je weiter wir nach Süden kamen. Wir fürchteten uns später geradezu vor jedem Dorf, das wir durchfahren mußten und traten deshalb die letzten Meter vorher kräftig in die Pedalen. So hatten wir einen großen Teil der Durchfahrt schon hinter uns, bevor uns die ersten Kinder entdeckten. Wenn wir schon von weitem eine Kinderschar auf der Straße sahen, rasten wir laut brüllend auf sie zu, in der Hoffnung, daß wir genügend abschreckend wirkten und wenigstens ein paar Schrecksekunden für uns herausschunden, in denen wir nicht mit Steinen rechnen mussten. Es war nicht etwa Haß, der die Kinder dazu trieb, mit Steinen nach uns zu schmeißen. Sie machten sich einfach einen Spaß daraus, ohne zu wissen, daß sie damit in uns einen großen Konflikt auslösten. Denn eigentlich wollten wir ja den Kontakt mit den Einheimischen, den sie uns jedoch allzu oft gründlich vermiesten.

Mit den Erwachsenen verstanden wir uns gut, wenn wir mit ihnen ins Gespräch kamen. Einer von ihnen, ein Verkäufer in einer Garküche, spritzte ab und zu etwas Wasser auf die Erde, um den feinen Staub zu binden. Dabei warf er wie beiläufig mit Steinen nach Kindern, wenn diese gar zu aufdringlich wurden. So verscheuchte er sie wenigstens für ein paar Minuten. Nun verstand ich wiederum das Verhalten der Kinder uns gegenüber besser.

Wir besuchten die Tempel in Luxor und überschritten auf dem Weg nach Assuan die Sechstausend-Kilometer-Marke seit unserem Start. Die Räder ließen wir in Assuan und fuhren mit der Eisenbahn nach Kairo zurück, um uns um Einreisevisa für den Sudan zu kümmern. Alles, was wir wußten, war: es würde nicht einfach werden, sie zu bekommen.

Für knapp tausend Kilometer Zugfahrt in der dritten Klasse zahlten wir als Studenten gerade mal umgerechnet eine Mark. Dafür schwankten die Aussagen über An- und Abfahrtszeiten um mehrere Stunden.

Die Rückfahrt von Kairo verbrachten wir, ohne Visa, in einem total überfüllten Zug teils auf dem Waggondach und teils im Packwagen. Auf dem Dach konnte immer nur einer von uns schlafen. Der andere mußte Wache halten und den Schlafenden festhalten. Wenn der Warnruf ›Kopptai‹ ertönte, hatten wir uns schnell flach hinzulegen, denn dann ging es unter einer Brücke durch. Die Durchfahrt war oft so eng, daß wir auf dem Dach liegend gerade so durchkamen.

Zurück in Assuan und noch ohne Visa hielten wir uns nicht mehr lange auf. Auf der letzten Fahrt nach Kairo waren wir dann mit unseren Rädern im Packwagen allein. Mit Einverständnis des Bahnpersonals hatten wir den Waggon von innen mit einem Fahrradschloß verriegelt. Mich plagten zu dieser Zeit gerade die Amöben. Aus Mangel an Ausweichmöglichkeiten mußte ich mich im fahrendem Zug, den Hintern aus der Waggontür streckend, erleichtern.

Was uns an Ägypten mißfiel, waren die vielen Versuche, uns übers Ohr zu hauen. Immer und überall mußten wir diskutieren. Nicht etwa handeln wie auf einem Basar, sondern kleinlich und lange diskutieren. Viele Händler dachten wohl außerdem, wir könnten ihre Preisschilder nicht lesen. Dabei war es für uns eine der ersten bewältigten Herausforderungen in Ägypten, die Symbole für die Zahlen zu lernen, die anders aussehen als die sogenannten arabischen Zahlen, die bei uns jeder in der ersten Klasse lernt.

Es gibt sicher bessere Wege, Ägypten kennenzulernen, als mit dem Fahrrad. Wir hatten uns das wohl zum Teil selbst zuzuschreiben, daß wir das Land nicht mit dem besten Eindruck verließen. Trotzdem: Es war die Zeit gekommen, da wir von Ägypten die Nase voll hatten. Wir wollten nach Afrika. Ins richtige Afrika!

Kapitel Drei

Radsafari zwischen Giraffen und Masai

In Kairo erfuhren Axel und ich, daß die Chancen auf eine Einreise in den Sudan immer noch äußerst gering waren, zumal die politische Situation – im Süden des Landes tobte ein Bürgerkrieg – ohnehin nichts Gutes ahnen ließ. Unsere Visa würden wir, wenn überhaupt, frühestens nach sechs Wochen erhalten. Die Anträge und eine Empfehlung von der deutschen Botschaft in Kairo hatten wir gerade erst vor reichlich zwei Wochen eingereicht. Das Schreiben hatte uns zwanzig Mark, aber auch die Erfahrung gekostet, daß der deutsche Bürokratismus im Vergleich zum sudanesischen überraschend erträglich ist.

Trotz Empfehlung und unserer vorschriftsgemäß eingereichten Einreiseformulare machte uns die sudanesische Botschaft nicht viel Hoffnung, nur eine ungenaue Angabe der möglichen Wartezeit. Zeit, die wir nicht hatten, weil in einem Monat die Regenzeit beginnen sollte. Außerdem hatten wir längst den Glauben an eine Einreise verloren. Sudan und Ägypten standen sich in dieser Zeit infolge der Auswirkungen des Kuwaitkonflikts einfach schon zu verfeindet gegenüber. Notgedrungen stiegen wir schließlich auf ein anderes Verkehrsmittel um. Als erschwinglich erwiesen sich nur die Flüge nach Nigeria oder Kenia – beide kosteten je knapp vierhundert Dollar. Die Entscheidung fiel zugunsten Kenias aus, weil bei diesem Flug der Transport der Fahrräder umsonst war.

Während wir flogen, riß der bis dahin noch dichte Wolkenteppich auf und gab uns den Blick auf die Wüste frei, die wir eigentlich vom Fahrradsattel aus kennenlernen wollten. Eingeschlossen vom Wüstensand windet sich der Nil, sein Ufer ist gesäumt von Feldern und Bewässerungskanälen. Wir genossen den Blick auf das Sandmeer mit all seinen zauberhaften Landschaften, geformt von Cañons, Flugsand, Salzkrusten und Wind. Felsige Schluchten, Ebenen, trockene Seen. Wie schön wäre es gewesen, dieses Land mit dem Fahrrad zu durchqueren. Bis heute habe ich diese unvergleichlichen Bilder im Kopf.

In Kenia angekommen, gefielen mir die Landschaft und die Straßen auf Anhieb. Das Land unterschied sich vom schmutziggrauen Ägypten – hier war alles grün. Ich vermutete damals, daß die üppige

Vegetation Folge einer gerade vorübergegangenen Regenzeit gewesen sein könnte.

Glücklicherweise blieb in Kenia auch das Hupen der Lastwagen aus, und so konnten Axel und ich ganz entspannt mit unseren Rädern auf den guten Straßen in Nairobis Zentrum rollen. Allein der Linksverkehr war anfangs etwas ungewohnt. Die Stadt machte einen modernen Eindruck, die Häuser aber waren alle abgesichert, die Fenster vergittert. Es war die erste Stadt, in der wir uns als Weiße fremd vorkamen.

Den Äquator hatten wir bereits überquert. Mich ließen die Temperaturen von etwa 24 Grad Celsius erschauern – im Vergleich zu Ägypten, wo ich von vierzig bis fünfzig Grad geradezu verwöhnt worden war, empfand ich das als empfindlich kühl. Auf dem Weg in die Stadt fielen dann auch die ersten Regentropfen seit Jugoslawien.

In Nairobis Zentrum trafen wir zwei Studentinnen, mit denen wir ins Gespräch kamen.

»Wißt ihr, wo man hier schlafen kann?« fragte Axel.

»Zwei Kilometer weiter gibt es ein Hotel«.

»Geld wollten wir fürs Übernachten eigentlich nicht ausgeben«, erinnerte ich Axel.

»Stimmt. Kann man nicht irgendwo draußen schlafen?«

»Schon. Ihr könnt es versuchen. Aber ihr solltet vorsichtig sein, eure Sachen im Blick haben und am besten immer ein Auge offen halten. Die Kriminalität in der Stadt ist ziemlich hoch. Wir haben schon oft gehört, daß hier Reisende mindestens einmal bestohlen und im schlimmsten Fall Opfer eines bewaffneten Überfalls geworden sind.«

Wir bedankten uns. Diese Auskunft war wichtig, wenn auch nicht überaus ermutigend. Nun blieb uns nichts anderes übrig, als bei der Suche nach einem geeigneten Schlafplatz besonders auf unsere Sicherheit zu achten. Ohne Grund brachte sicher niemand Gitter vor den Fenstern an.

Auch das Haus, vor dem wir auf der Straße schlafen wollten, wurde von zwei Wächtern Tag und Nacht ›beschützt‹. Wegen der schwarzen Kleidung und ihrer Hautfarbe waren sie in der Dunkelheit kaum zu ahnen. Beide hatten Pfeile und Bogen geschultert. Die Pfeile hatten Stahlspitzen mit häßlichen Widerhaken. Überflüssig, zu erwähnen, daß wir uns in dieser Nacht sicher fühlten.

Der nächste Tag wartete mit einem unvergeßlichen Erlebnis auf uns. Nairobis Stadtzentrum lag vierzig Kilometer hinter uns. Wir durchquerten die Grassteppe, vorbei an vereinzelt wachsenden Büschen.

»Wir sollten einfach mal anhalten und den Fotoapparat herausholen.«

Axel stieg vom Rad und seine Idee, eine Pause einzulegen, kam ihm tatsächlich im richtigen Moment.

»Mensch, Axel«, rief ich. »Da vorn stehen Giraffen.«

Anstelle eines freudestrahlenden Gesichts erntete ich nur einen Zeigefinger an Axels Stirn.

»Kaum in der Steppe, und schon geht deine Phantasie mit dir durch.«

Ich ließ mich trotzdem nicht abbringen.

»Ich kann es ja selbst nicht fassen, aber da vorn stehen wirklich zwei Giraffen!«

Wir stürzten los, Axel auf dem Rad, ich zu Fuß. Durch Dornengestrüpp und hohes Steppengras. Von weitem hatte ich nur die Giraffen mit ihren langen Hälsen sehen können. Je näher wir aber kamen, um so mehr Tiere wurden sichtbar. Antilopen, die offensichtlich einen ganz bestimmten Sicherheitsabstand einhalten wollten und sich mit uns weg bewegten. Zebras, die erst davon stoben, als wir uns schon bis auf wenige Meter genähert hatten.

Wir begannen unseren fotografischen Amoklauf. Giraffen aus hundert Meter Entfernung, achtzig Meter, sechzig und weniger. Zwei komplette Filme mußten in diesen Minuten herhalten.

Langsam und bedächtig zupften die Giraffen, denen das hohe Steppengras bis an die Knie reichte, die Blätter von den Bäumen. Ebenso majestätisch galoppierten sie davon, als wir ihnen zu nahe kamen. Ihre Körper bewegten sich kraftvoll fort, die Hälse schwangen leicht mit, aber die Köpfe verblieben ruhig in derselben Position. Ein zeitlupengleicher Anblick. Und mittendrin standen Axel und ich. Wir fühlten uns wie im Traum. Besser noch, wie im Paradies. Ich sprach aus, was wohl auch Axel dachte.

»Wenn die Welt überall so schön ist wie hier in Afrika, brauchen wir für unsere Reise noch drei Jahre länger.«

Dieser Moment war ein guter Zeitpunkt für Axel zumindest den zeitlichen Teil seines akribisch vorbereiteten Reiseplans aufzugeben.

»Du hast recht«, meinte er. »Garantiert werden wir auch woanders solche schönen Überraschungen erleben, So etwas kann man einfach nicht planen.«

Wir fuhren bereits durch Masailand. Die Masai hatten damals durch den Mau-Mau-Aufstand von sich reden gemacht und sollen auch jetzt noch sehr rabiat gegen Weiße vorgehen. Sie lassen sich nach unseren Erfahrungen nur äußerst ungern fotografieren. Nach der Unterdrükkung durch die englischen Kolonialherren empfindet dieser afrikanische Völkerstamm jetzt tiefes Mißtrauen gegenüber Fremden, vor allem aber Fotoapparaten. Sie glauben, daß ihre Seele durch das Klikken des Auslösers gestohlen wird. Nur selten konnte Axel einen vom Gegenteil überzeugen – meist wollten sie als Gegenleistung Geld. In der Steppe trafen wir auf einen Masai, der uns für ein Foto wie geschaffen schien. Uns war klar, daß dies ohne seine Zustimmung gefährlich werden konnte. Wie viele andere seines Stammes war er mit Speer, einer handlichen Keule und einem großen Messer bewaffnet. Weil wir uns anders schlecht verständlich machen konnten, hob Axel seinen Fotoapparat langsam in Brusthöhe. Der Masai antwortete mit einer unmißverständlichen Gebärde, indem er seinen Speer, den Mguki, über seiner Schulter auf uns gerichtet hielt. Wir empfanden diese Geste aber nicht etwa als Drohung. Das Ganze war einfach nur ein Dialog ohne Worte und ohne Emotionen, den wir entspannt fortführen konnten, als die Fronten geklärt waren.

Die Masai sind Hirten, ein Nomadenvolk. Sie sind vom Norden her in diese Gegend eingewandert, von der die meisten Wissenschaftler vermuten, daß hier der Ursprung der Menschheit ist. Die Kuhherden der Masai sind in der Steppe nicht zu übersehen. Ihr Volk hat weltweit den höchsten Milchverbrauch.

Die Farbe Rot dominiert in den bunten tuchartigen Gewändern dieser Leute. Sie tragen Unmengen von Messingschmuck um Hals und in den Ohren, und fast alle haben Sandalen an, die offenbar aus alten Autoreifen gefertigt wurden.

Außer dem Fotografieren machten die Masai Axel und mir auch das Übernachten nicht leicht. Wenn jemand ungefragt auf ihrem Land übernachtet, können sie recht unfreundlich reagieren. Angeblich glauben die Masai, daß Menschen, die in der Steppe schlafen, etwas zu verbergen haben. Ein vernünftiger Mensch schläft im Dorf, wo er vor Löwen, Unwetter und anderen Gefahren geschützt ist.

Vor einigen Rundhütten aus Lehm und getrocknetem Kuhmist, in denen Masai lebten, konnten wir an diesem Abend unser Lager aufbauen. Natürlich erst, nachdem wir sie um Erlaubnis gefragt hatten. Zu meinem Erstaunen erwiesen sich die Masai hier ungemein aufgeschlossen und freundlich. Sie interessierten sich vor allem für den Inhalt unseres Gepäcks. Sie packten einfach alles aus.

»Braucht ihr das noch?« fragte einer und hielt mir einen Kugelschreiber vor die Nase.

Ich verneinte. Er steckte ihn ohne ein Wort ein.

»Brauchst du das noch?«

Die Zeltstangen, mit denen wir unser Moskitonetz stützten – natürlich brauchte ich die.

Er steckte sie zurück. Das Spiel setzte sich ewig fort mit Sicherheitsnadeln, leeren Blechbüchsen – all das konnten sie gebrauchen. Allerdings nahmen sie es, nachdem sie gefragt hatten, ohne ein Wort des Dankes an sich. Schließlich durfte ich die gesamte Familie auf Film bannen.

Ein wenig verwunderte uns diese Art der Bereicherung anfangs schon. Je mehr wir darüber nachdachten, um so besser verstanden wir die schlichte Logik, die sich hinter diesem Verhalten verbarg. Was sollten wir mit Dingen, die wir sowieso nicht brauchten? Die ohne wirklichen Nutzen für uns und für die Masai doch so wichtig waren? Erfahrungen wie diese sollten wir in den folgenden Jahren noch oft machen.

In dieser Nacht schliefen wir wie im siebenten Himmel, abgesehen von den ägyptischen Flöhen, die immer noch unsere Schlafsäcke bewohnten. Am frühen Morgen lag ein schwerer Nebel im Tal zwischen den Hügeln. Erst allmählich lichtete er sich und gab den Blick auf die von uns so verhaßte Wellblechpiste wieder frei.

Unmittelbar hinter Namanga hatte sich schlagartig der Untergrund verschlechtert. Aus der Sandstraße wurde eine unangenehme, bucklige Piste. Den Vergleich mit dem Wellblech ziehe ich zu Recht, denn er beschreibt das Dilemma, mit dem wir zu kämpfen hatten. Axel und ich kamen nur noch mit Mühe vorwärts. Die ungleichmäßigen Stöße, die ich ständig zu spüren bekam, wurden von meinem Rad nur wenig abgefedert. Zusätzliche Unterbrechungen lieferte der lockere Sand, der die Piste bedeckte. Immer wieder zwang er uns zum Schieben und wenige Kilometer weiter schließlich auch zur Aufgabe.

Wir waren wütend, ließen unsere Fahrräder fallen. Erst viel später, in Australien, konnten wir uns mit den Wellblechpisten versöhnen. Man muß sie mit einer besonderen Technik fahren. Langsam und ganz nahe am Rand, wo die Huckel nicht mehr so hart sind. Und am Wichtigsten ist, nicht dagegen anzukämpfen, sie hinnehmen, wie etwas Unvermeidliches, wie Gegenwind zum Beispiel. Aber hier in Afrika war es zum Verzweifeln. Es dauerte nicht lange, und wir bekamen Kopfschmerzen. Den größten Teil der Strecke zum Amboseli-Nationalpark legten wir schiebend zurück, weil die Straßenbedingungen einfach nicht besser wurden. Der Park liegt südlich von Nairobi, nicht weit entfernt von der Grenze zu Tansania, die wir in den nächsten Tagen bei Loitokitok überqueren wollten. Am Abend konnten wir schon den vom Schnee bedeckten Kilimanjaro im Dunst über der Steppe aufragen sehen, obwohl er jenseits der Grenze liegt.

Es gab aber noch einen anderen Grund dafür, daß wir nicht recht vorankamen. Ständig warfen wir unsere Räder an den Rand der Straße, um mit dem Fotoapparat irgendwelchen Giraffen hinterherzurennen. Oder wir folgten irgendeiner Piste und setzten uns hin, um dem Vogelzwitschern zu lauschen. Manchmal starrten wir auch einfach nur in die Ferne, dorthin, wo der Regenwald die Berge umgab. Oft schoben wir unsere Räder, und selbst dann waren wir noch zu schnell, um die Schönheiten dieser Gegend zu erfassen.

Die restlichen Kilometer bis zum Nationalpark bewältigten wir mit ein wenig Glück in relativ kurzer Zeit. Zwei junge Pärchen aus England nahmen uns in ihrem Kleinbus zum Park mit. Dort ist das Radfahren wegen der wilden Tiere verboten. Zwei Tage verbrachten wir mit ihnen auf ›Safari‹. Die Gegend war weitläufig und kahl. Schon hier war fast die Hälfte des Bodens unter uns mit Vulkangestein bedeckt, obwohl der Kilimanjaro noch weit entfernt war.

Am letzten Morgen im Amboseli-Park mußten wir uns den Vorwürfen der Polizei stellen, die uns für die Nacht einen Raum zum Schlafen gegeben und uns die Räder zur Sicherheit abgenommen hatte. Schließlich durften wir damit nicht im Park fahren. Die Parkranger hatten wohl die ganze Nacht gebraucht, um sich irgend etwas einfallen zu lassen, das sie nun gegen uns verwenden konnten. Es war ganz offensichtlich, daß sie auf Schmiergeld aus waren.

»Sie hätten in einem Hotel übernachten müssen«, rief einer von ihnen.

Axel konnte diesen Vorwurf schnell entkräften. Einerseits waren die Zimmerpreise für uns wirklich unerschwinglich und außerdem waren alle Betten belegt. Es wurde aber noch besser.

»Es war doch aber ihre Absicht«, setzte ein anderer an, »mit den Rädern im Park herumzufahren.«

»Wir waren die ganze Zeit gemeinsam mit unseren englischen Freunden im Kleinbus unterwegs.«, sagte Axel ruhig. »Unsere Fahrräder haben wir ja bei ihnen stehenlassen.«

Beim letzten und verblüffendsten Vorwurf ließen sich die Beamten nur schwer von etwas anderem überzeugen. Das Horn einer Antilope, das Axel kurz hinter Nairobi am Straßenrand aufgelesen hatte und das seitdem am Fahrradlenker sein Dasein fristete, war der Stein des Anstoßes und wurde konfisziert.

»Es ist verboten, Überreste von Tieren aus dem Nationalpark mitzunehmen«, erklärten uns die Polizisten, die nicht glauben wollten, daß Axel es gefunden hatte.

Nun passierte etwas Erstaunliches.

»Entweder ihr schnitzt uns aus Holz einen Ersatz oder ihr gebt mir das Horn zurück«, sagte Axel betont konsequent. »Ich brauche es als Fahrradständer.«

Seltsamerweise ging Axels Rechnung auf. Solche Schmiergeldspielchen sollten sich in anderen Ländern wiederholen.

Mit dem Antilopenhorn und unseren Fahrrädern erschienen wir wenig später bei den Engländern. Wir starteten gemeinsam, nachdem wir die Räder auf dem Dach des Busses verstaut hatten, und ließen uns wegen der schlechten Straße noch bis Loitokitok mitnehmen.

Über Feldwege radelten wir nach Tansania, und meisterten das kleine Problem an dem winzigen Grenzübergang, der eigentlich gar nicht für Ausländer bestimmt war.

Nicht nur die Landschaft hatte sich mit unserer Ankunft in einem weiteren afrikanischen Land schlagartig verändert. Sie erinnerte mich an den Nadelwald, den ich von zu Hause kannte.

Hier, im Osten Afrikas, lebte ein völlig anderer Völkerstamm. Die Frauen trugen wunderschöne, farbenfrohe Stoffe, bunte Röcke und Tücher. Jede schien eine andere sorgfältig durchdachte Wickeltechnik zu haben. Die eine trug ihr Tuch wie einen Poncho. Die andere schlug es sorgfältig um ihre Hüfte oder band es über der Brust zusammen. Auf Schmuck verzichteten Frauen wie Männer hier fast vollständig. Bunte Hemden und Kopftücher vollendeten ihr Erscheinungsbild. Die meisten trugen nicht nur das Kopftuch, sondern noch irgend etwas darüber. Einen Eimer oder Bananenstauden, die unglaublich groß sein können.

Die Schulkinder stecken allesamt in kleinen Schuluniformen. Zu Dutzenden von Schulen weisen Schilder mit Aufschriften wie ›school‹

aber auch ›shul‹ – Überbleibsel aus Zeiten englischer und deutscher Kolonialzeit.

Die Rinderzucht spielt für das Überleben in dieser Gegend Tansanias keine Rolle mehr. Die Menschen betreiben Ackerbau und leben dort, wo es sich lohnt, vom Holzfällen.

Die Piste hatten wir gleich zu Beginn unserer neuen Tagestour gegen Waldpfade getauscht und kamen anfangs auch deutlich besser voran. Mit den kleinen Feldern, welche die waldigen Strecken unterbrachen, wurden aber auch die Wege zusehends schlechter. Wir entschlossen uns also, wieder mit der Piste vorlieb zu nehmen. Die war anfangs zwar in bedeutend besserem Zustand, als wir es von Kenia kannten, machte uns aber bald mit ihrer feinen Staubschicht zu schaffen. Später wurde sie dann unerträglich holprig.

Glücklicherweise wurden wir auf unserer Reise für die zahllosen Anstrengungen immer wieder entschädigt, durch Dinge, die wir neu kennen lernten, durch die Landschaft und Menschen, die uns mit köstlichem landestypischen Mahlzeiten verwöhnten. Am Abend kamen wir in einer katholischen, sehr gepflegten Mission unter, die sich mit einer Kirche in einem leicht gotischen Stil schmückt; wahrscheinlich die schönste, die ich bis dahin auf diesem Kontinent gesehen hatte. Der Priester gab uns nicht nur ein Zimmer, das uns vor dem am frühen Morgen einsetzenden Regen bewahrte, sondern lud uns zu Abendbrot und Frühstück mit den Missionsangehörigen ein. Die Auswahl war unendlich. Wir probierten zum ersten Mal die Passionsfrucht und erfuhren, daß hier 15 verschiedene Bananenarten wachsen. Für Wein, Bier und zum Kochen.

In Marangu wollten wir endlich Geld tauschen. Es sollte dafür ein Hotel geben. Dort erhielten wir vom Mann an der Rezeption schließlich diese Auskunft:

»Ich tausche euer Geld, wenn ihr in meinem Hotel übernachtet.«

Für hundert Dollar pro Person. Das konnten wir uns wirklich nicht leisten. Axel gab ihm zu verstehen, daß wir schon seit Tagen mit unseren Rädern in Tansania unterwegs sind und ohne die passende Währung auch nichts kaufen können.

»Ich würde nie mit dem Fahrrad in Tansania herumfahren«, sagte er. »Und wie ihr das Geld tauscht, ist euer Problem.«

Weil wir weder den aktuellen Kurs kannten noch wußten, wie die tansanischen Geldscheine aussahen, war auch der Tausch auf der

Straße keine wirkliche Alternative. So mußten wir ohne Geld weiterziehen.

Wir überprüften unsere Lebensmittelvorräte. Eigentlich stand einem Aufstieg auf den Kilimanjaro nichts entgegen. Noch war uns nicht ganz klar, wie wir die Wächter am Eingang und im Kilimanjaro-Nationalpark umgehen würden. Wir versuchten es einfach, indem wir unsere Räder durchs Tor schoben und so taten, als wüßten wir von nichts. Ganze zweihundert Meter weit kamen wir. Der Kassierer klärte uns freundlicherweise über die Eintrittsbedingungen auf, die an Kostspieligkeit schwer zu überbieten waren. Fahrräder waren im Park verboten. Vierhundert Dollar für obligatorische Übernachtungen in Hütten, Träger, Führer, Essen, Eintrittsgeld oder sogar Urkunden – als Beweis für die erfolgreiche Bergbesteigung. Unser Aufstieg rückte, nachdem wir die Preise erfahren hatten, erst einmal in weite Ferne.

Trotzdem hatten uns vor einiger Zeit Mitarbeiter der DDR-Botschaft in Dar Es Salaam Hoffnungen gemacht, die wir in der Gegend trafen.

»Wenn ihr es einmal durch das Tor geschafft habt, müßt ihr nicht mehr mit Kontrollen rechnen.«

Die Übernachtungen in den Hütten und alle anderen Angebote des Parks fielen damit natürlich auch weg. Kein großer Verlust für uns. Wenn wir irgend etwas gewohnt waren, dann wohl Nächte im Freien.

Unsere Räder ließen wir in einer Kirche zwei Kilometer unterhalb vom Eingang sicher einschließen und liefen nur mit dem allernötigsten Gepäck in Richtung Berg. Den skeptischen Wächter am Tor beruhigten wir, indem wir ihm von einer geplanten Übernachtung in einer Herberge unweit vom Eingang erzählten.

Es war früh am Abend. Bei Tageslicht kamen wir durch den Regenwald am Fuße des Berges. Ohne Machete oder ein anderes Hilfsmittel stürzten wir einfach drauflos. Wir merkten, daß es fast vermessen war, so den Dschungel bezwingen zu wollen. Immer wieder mußten wir vor Büschen und miteinander verwachsenen Bäumen halt machen und einen Weg hindurch suchen. Es war ein regelrechter Kampf gegen das dunkle Grün des Waldes. Vorsichtig schlichen wir uns weit genug entfernt an der ersten Hütte vorbei, die am Rand zwischen Baum- und Grasgürtel lag. Bis kurz hinter die zweite Hütte schafften wir es. Dann verließen uns das Mondlicht und Axel die Kraft. Im Vorfeld waren wir natürlich auch gewarnt worden. Vor den Gefahren, den wilden Tieren im Wald. Wildkatzen sollte es hier zuhauf geben. Ich muß zugeben, daß sich meine besorgten Blicke in alle Richtungen nach Einbruch der Dunkelheit mehrten. War das nicht gerade ein funkelndes Augenpaar hinter den Baumstämmen? Ein Schreck durchfuhr mich. Was würden wir eigentlich tun, wenn uns so eine Raubkatze gegenübersteht? Ich jedenfalls hatte jetzt kaum noch Kraft zu laufen, geschweige denn auf einen Baum zu klettern. Wieder dieses Glühen, dieses Funkeln, diesmal in einer ganz anderen Ecke. Können Wildkatzen so schnell von einem Ort zum anderen laufen? Oder waren es gar mehrere? Sah ich Gespenster?

Axel hatte ich längst in meine Befürchtungen eingeweiht. Nun zitterten wir gemeinsam. Ich wurde mutig, vielleicht auch ein bißchen lebensmüde, und entschloß mich, der Sache auf den Grund zu gehen. Was sollten die Viecher schon an mir finden? Mager, wie ich war? Ich steuerte vorsichtig dieses Augenpaar an, bemüht auch die Umrisse zu erkennen. Ohne Erfolg. Es war zu dunkel. Oder gab es gar keine Umrisse? Das war es. Jetzt hatte ich eine wahre Erleuchtung.

»Axel, es sind Glühwürmchen. Gemeine Glühwürmchen«, rief ich.

Ich konnte mir das Lachen kaum noch verkneifen. Sie waren einfach überall, unsere vermeintlichen Raubkatzen. Es wurde Zeit, daß wir uns endlich ausruhten. Wir waren ganz offensichtlich völlig übermüdet.

Unter einem überhängenden Stein wollten wir die Nacht in 3900 Metern Höhe verbringen. Wir trugen alles an unseren Körpern, was wir zur Verfügung hatten, legten uns dicht aneinander und umwickelten uns gemeinsam mit Aluminiumfolie. Nur wenige Minuten vergingen, bis sich Kondenswasser am Boden der Folie gesammelt hatte. Wir ließen uns nicht stören – dank unserer atmungsaktiven Bekleidung, die in dieser Nacht wirklich ganze Arbeit leistete. Die wachen Minuten in der Dunkelheit füllten Dialoge wie diese:

»Los Axel, wir müssen uns unbedingt mal wieder auf die andere Seite drehen.«

»Peter, komm, Seitenwechsel!«

Wir fanden tatsächlich etwas Schlaf, bevor uns die Kälte am Morgen aufscheuchte. Das Wasser, das sich am Boden unserer Plane gesammelt hatte, war zum größten Teil gefroren. Bei Axel stellte sich, kurz bevor wir an diesem Morgen aufbrechen wollten, die Höhenkrankheit ein – er hatte Kopfschmerzen, ihm war übel und schwindlig. Ich nahm sein Gepäck den weiteren Weg für ihn mit. Er würde sich früh genug revanchieren, was ich zu diesem Zeitpunkt aber noch nicht ahnen konnte.

Auf über viertausend Metern schaffte ich, Wasser nur mit Hilfe von brennenden Flechten zu erhitzen. Ich muß zugeben, daß mich beim Anblick der dampfenden Flüssigkeit Stolz überkam. Vor unserer Tour wäre ich zu so etwas wohl nicht in der Lage gewesen.

Gegen elf Uhr erreichten wir die letzte Hütte zwischen den beiden großen Gipfeln. Wir waren nun auf über 4800 Meter gestiegen, der Erfolg lag zum Greifen nah.

Wir wechselten ein paar Worte mit Deutschen, die den Aufstieg bereits hinter sich hatten. Deren Führer stellte uns ein paar unangenehme Fragen. Uns war klar: Wenn wir nicht vor dieser Gruppe unten sind, erfahren die Parkwächter von unserem illegalen Aufstieg, und es gibt Ärger.

Von hier aus waren es noch zwei Stunden bis zum Gipfel und dreimal so viel bis zum Krater. Auch ich spürte jetzt neben restloser Erschöpfung die Höhenkrankheit. Mir fiel es nicht schwer, auf den Gipfel zu verzichten. Axel haderte ein wenig mit der Entscheidung. Wir ersparten uns so aber nicht nur den schwierigen, steilen und grobschotterigen Aufstieg zum Krater, sondern auch eine weitere unangenehme Nacht, eingewickelt in Folie, naß und frierend unter irgendeinem Stein.

Wir drehten um. An unseren geschwollenen Füßen bildeten sich nun langsam Blasen. Mühsam bahnten wir uns einen Weg den steinigen Hang hinunter. Eine Zeit lang ging das ohne Probleme, bis ich plötzlich aus Versehen mit meinem kleinen Zeh an einen Stein stieß. Der kleinste von allen war ohnehin schon unglaublich lädiert und bekam es jetzt zusätzlich noch mit einer geplatzten Blase zu tun. Anfangs war das noch ganz erträglich. Doch schnell wurde der Schmerz größer, denn mit zunehmender Erschöpfung stieß ich immer wieder irgendwo mit meinem lädierten Fuß an. Ein Weitergehen in meinen Sandalen wurde unmöglich, also zog ich sie aus und ging barfuß. Eigentlich laufe ich viel und gern barfuß, aber daß es nun bald Probleme geben würde, war abzusehen. Axel nahm mein Gepäck, weil ich ohne die Last auf meinen Schultern mein Gleichgewicht besser halten und die Füße sicherer setzen konnte. Mehrmals stieß ich noch mit dem Zeh an Steine und Felsen. Nach einigen Stunden war er mit Blut und Grind bedeckt und derart verformt, daß ich ihn kaum wiedererkannte. Es war dunkel, die Batterien in der Taschenlampe hatten den Geist aufgegeben und wir stiegen im stockdunklen Regenwald Tansanias in Richtung Parkausgang.

Wie sollten wir durchs Tor kommen, ohne uns in Widersprüche zu verstricken und in Schwierigkeiten zu geraten? Tausend Dollar Strafe stehen angeblich auf das illegale Betreten dieses Parks. Wir bastelten laut an den abenteuerlichsten Plänen und Erklärungen und kamen den Parkwächtern immer näher. Von denen zu dieser Stunde zum Glück kein einziger seinen Job machte, so daß wir ohne Probleme den Park verließen.

Noch zwei Kilometer bis zur Kirche. Zwei Kilometer auf rauhem Asphalt, barfuß. Ich konnte den Schmerz in meinen Füßen nicht einmal exakt lokalisieren. Ferse oder Zeh? Ich versuchte es anders, ging auf allen Vieren, stützte mich auf Axel. Irgendwann erreichten wir unter höllischen Schmerzen die Kirche, in der wir die Nacht verbringen konnten. Eine kalte Nacht zwar, aber angenehm im Vergleich zur vorangegangenen auf dem Berg. Und endlich bekamen auch meine Füße etwas Ruhe.

Die nächste Etappe begannen wir, nachdem wir noch einmal eine Speiche an Axels Rad gewechselt hatten, auf angenehme Weise. Nämlich rollend. Bis zum nächsten Restaurant, in dem man uns ausnahmsweise mit Preisen und Angebot nicht über den Tisch ziehen wollte, fuhren wir fast ununterbrochen Berge hinab. Wir stopften uns voll mit Bananenbrot, Suppe und Maisbrei und bezahlten mit Geld, das wir bei den Touristen auf dem Sattel des Kilimanjaro getauscht hatten.

Wir waren immer noch sehr erschöpft. Im Moment konnte ich mir kaum vorstellen, daß wir uns an diese Temperaturen beim Radfahren – 35 Grad – schon einmal gewöhnt hatten. Eigentlich würde uns beiden Erholung von den körperlichen Strapazen der vergangenen Tage mehr als gut tun. Auf dem Weg nach Moshi hielten wir schon Ausschau nach Kirchen oder Missionen, in denen wir sicher schlafen könnten. Ohne Erfolg. Bis eine Afrikanerin in einem Geländewagen an uns vorbeifuhr und wenige Meter vor uns anhielt.

»Ihr sucht sicher einen Platz, wo ihr über Nacht bleiben könnt?« fragte sie in gebrochenem Englisch.

»Woher wissen Sie das?« fragte Axel erstaunt.

»Ihr seht beide ziemlich abgekämpft aus. Ihr könnt gern bei mir und meinem Mann bleiben. Ich muß ihn nur fragen, wenn er von der Arbeit nach Hause kommt.«

Wir waren überglücklich. Die große üppige Frau mit dem kurzen krausen Haar zeigte uns den Weg zu ihrem Haus. Ohne, daß wir ein Wort über unsere leeren Mägen verloren, stellte uns unsere Gastgeberin, Mama Ringo, etwas zu essen hin. Wir konnten uns auch waschen, und ich inspizierte endlich meinen schmerzenden Zeh. Das Ergebnis: zwei offene Blutblasen, aufgerissene Stellen ohne Haut. Der Nagel war abgebrochen. Der Zeh eiterte und war hoffnungslos verdreckt. Ich säuberte, schnitt heraus und desinfizierte. Antibiotika und ein leichter Verband ließen jetzt auf Heilung hoffen.

Es war spät geworden und die Bekanntschaft mit Ringos Mann, einem ›Bankier‹, stand uns noch bevor. Er war entgegen unseren Befürchtungen sehr aufgeschlossen, hoch interessiert und lud uns ein, ein paar Tage zu bleiben. Wie sich herausstellte, war er vor knapp zehn Jahren in Deutschland und Ostberlin gewesen.

Ich begann, mich wohl zu fühlen. In unserem angeschlagenen Zustand kam uns das Haus mit seinen netten Gastgebern, den weichen Betten und den üppigen Mahlzeiten wie ein Paradies vor. Ich war nicht weit davon entfernt, hier ewig Station zu machen.

Am nächsten Tag befaßte ich mich mit unseren Testberichten zu den Fahrradmänteln, die wir während unserer Reise überallhin kostenlos nachgeschickt bekamen. Der Hersteller war einer unserer wenigen Sponsoren, die Axel vor unserer Reise gefunden hatte. Als Gegenleistung erstellten wir Belastungskurven und Abnutzungsdiagramme über die Lebensdauer der Fahrradmäntel. Es hat uns Spaß gemacht, die Berichte zu erarbeiten. Irgendwie hat das Ganze unserer Reise auch einen Sinn gegeben. Und wir hatten den Eindruck, als würden die Mäntel im Lauf unserer Tour immer beständiger. Anfangs hielten sie etwa zweitausend Kilometer. Die letzten, die wir erhielten, brachten es auf 17.000 Kilometer – mehr als das Achtfache.

Nach fünf Tagen in Mama Ringos gastfreundlichem Haus wollten wir uns endlich wieder auf den Weg machen. Am 3. Oktober 1990, dem Tag, an dem Deutschland wieder vereinigt wurde, radelten wir weiter in Richtung Arusha.

Obwohl wir reichlich spät losgefahren waren, schafften wir die neunzig Kilometer, als uns auch gleich ein junger Afrikaner ansprach. Er lud uns ein, bei ihm im Haus zu schlafen. Es sollte einer dieser Abende werden, an denen Nachbarn und Freunde aus der Gegend um uns herum hocken und uns erzählen lassen. Wir saßen in der Mitte und ich kam mir zugegebenermaßen vor wie auf einer Bühne.

Etwas unangenehm war mir das Ganze schon, zumal uns später einer der Gäste seine Schwester und seine Frau für die Nacht anbot. Die für meinen Geschmack beide noch viel zu jung waren, so daß ich von einem schlechten Scherz ausging. Oder war es vielleicht doch keiner? Dazu kommt, daß in Afrika fast jede zweite Frau mit dem Aids-Virus infiziert ist.

Die nächsten Tage blieben wir vom Regen verschont. Die Strecke bis nach Dar es Salaam bescherte uns noch einige Sandpisten und viel böigen Wind. Die Gegend wurde hügeliger und viel grüner. Eine herrliche Landschaft tat sich vor uns auf. Felsige Berge und erloschene Vulkane. Leider sahen wir seit Kenia kaum größere Tiere, obwohl Tansania das tierreichste Land Afrikas sein soll. Eigentlich war uns nicht klar, ob wir Afrika planmäßig schon ›so weit oben‹ verlassen wollten. Wir hatten uns in das, was wir von diesem Kontinent gesehen hatten, verliebt. Es sollte nicht das letzte Mal gewesen sein, daß wir uns über diesen Flecken Erde unsere Köpfe zerbrachen. Trotzdem radelten wir wenige Tage später an der Küste entlang ins Zentrum Dar es Salaams, wo wir auf dem Flughafen vorerst letztmalig afrikanischem Boden unter unseren Füßen haben würden.

Was zog uns eigentlich fort von diesem Land? Die Post von zu Hause, die wir sehnlichst erwarteten? Sicher, zu einem großen Teil. Oder das unbewußte Festhalten an der ursprünglichen Reiseroute, die ja direkt nach Indien führte? Wir wußten es selbst nicht so genau, hatten aber vom Tag der Entscheidung an das Gefühl im Bauch, etwas verkehrt gemacht zu haben.

Kapitel Vier

Slalom um heilige Kühe

Wir waren auf dem Weg nach Indien. Der Flug hatte uns von Afrika fortgerissen, ohne daß wir es wirklich merkten. Es war längst dunkel geworden. Wir dösten in unseren Sitzen. Und plötzlich setzte das Flugzeug zur geplanten Zwischenlandung im Oman an. Ein Bild wie aus ›Tausend und einer Nacht‹ breitete sich unter uns aus. Ein Hauch Mittelasiens. Sämtliche Paläste Maskats waren angestrahlt. Ein krasser Gegensatz zu Dar es Salaam, wo nachts die Dunkelheit alles einhüllte. Leider durften wir das Flughafengebäude bis zum Start am nächsten Tag nicht verlassen und mußten uns mit den Postkarten und Bildbänden in den Duty Free Shops begnügen. Ich war fasziniert. Am liebsten wären wir beide erst einmal hiergeblieben. Aber das sollte wohl nicht sein. Axel erfüllte sich 1997 den Traum und war noch einmal für sieben Wochen mit dem Fahrrad im Oman unterwegs, wo er unseren ›Postkarteneindruck‹ bestätigt fand.

Ein Sonntag nachmittag im November – das Flugzeug schwebte im indischen Bombay ein. Erst war ich noch angenehm überrascht – weiße Häuser, gerade Straßen, scheinbar eine hübsche Stadt. Als wir aber plötzlich nach einer Wendeschleife viel tiefer flogen, offenbarte sich Bombays wahrer Zustand. Ich war geschockt. Die Häuser waren schmutzig, zum Teil verfallen. Dazwischen standen Bauruinen. Slums waren zu sehen. Ein grauenvoller Anblick. Jeder noch so winzige Fleck war mit Hütten zugebaut. Hütten, die diese Bezeichnung nicht verdienen. Errichtet aus Abfällen und Müll, gerade hoch genug, um darunter zu schlafen. In diesen Behausungen leben Millionen von Menschen. Nie zuvor hatte ich so etwas gesehen. Wir radelten ins Stadtinnere. Auf dem Weg ins Zentrum – zur Post, wo wir unsere sehnsüchtig erwarteten Briefe abholen wollten – mußten wir an diesen Slums vorbei.

Unmittelbar hinter dem riesigen Flughafengebäude begannen sie. Das Elend und die Armut dort sind kaum zu beschreiben. Hier unten wurde noch deutlicher, wie extrem dicht die Hütten stehen. Aber längst nicht alle Inder, die hier leben, haben zum Schlafen etwas über dem Kopf. Viele legen sich nachts einfach irgendwo hin, manchmal einfach auf die Straße. Autos müssen um sie herum fahren, und keiner weiß wirklich, ob die, welche dort liegen, nicht schon tot sind. Es schien auch keinen zu stören. Wir fuhren schnell vorbei. Nicht, daß wir unsere Augen vor all dem Elend verschließen wollten. Nur fühlten wir uns in diesem Moment machtlos, so als könnten wir ohnehin nichts tun. Was wir hier in den Slums gesehen hatten, sollte uns noch lange beschäftigen.

Manche von den Leuten, denen wir hier begegneten, trugen nicht mehr als einen Fetzen Stoff am Leib. Besonders die Kinder haben manchmal nur noch einen dünnen Strick um die Taille, um überhaupt irgendetwas am Leib zu haben. Ausgemergelte Körper, verstümmelte Gliedmaßen, unvorstellbar, die Not in denen diese Menschen leben müssen.

Der Gestank war unbeschreiblich. Hier, am Rand der Riesenmetropole Bombay, roch es wie auf einer Müllkippe, und es sah auch so aus wie eine Müllkippe.

Je näher wir in Richtung Zentrum kamen, um so besser wurde die Gegend. Massen von Menschen drängten sich auf den Bürgersteigen, und häufig nahm der Menschenstrom noch ein gewaltiges Stück Straße mit für sich ein. Auch dort tobte dichter Verkehr. Die Autofahrer schienen die Ampeln nur äußerst widerwillig zu akzeptieren. Zumindest fuhr jeder mit seinem Auto so weit vor wie möglich, jede Lücke wurde dabei ausgenutzt. Wenn jemand meinte, es sei noch Platz irgendwo zwischen zwei Autos, dann hupte er so lange, bis die beiden die Lücke vergrößerten. Ich war überrascht, aber es klappte in den meisten Fällen. Auf Fußgänger oder Radfahrer wurde dabei natürlich keinerlei Rücksicht genommen. Die haben eben keine Hupen.

Mir war das Ganze irgendwie zuviel. Es war eine einschneidende Veränderung gegenüber Afrika, wo ein Radfahrer noch etwas gilt. Zumal wir bei diesem Gerangel hier unsere Gesundheit riskierten.

Wir schlugen uns bis zur Hauptpost durch. Wie erhofft, waren etliche Briefe für uns angekommen. Bevor wir sie jedoch lesen konnten, mußten sie erst einmal gefunden werden. Noch zu Hause, aber auch später, von Istanbul aus, hatten wir unseren Freunden und Verwandten eingeschärft, den Namen des Empfängers deutlich auf die Umschläge zu schreiben. Also, entweder meinen oder Axels. In Großbuchstaben. Sonst wüßten weder die Beamten noch wir beim Abholen auf der Post, unter welchen Buchstaben in welchem Fach gesucht werden muß. Wir hatten nicht ohne Grund darauf bestanden. Das

Abholen der Briefe in Bombay geriet dennoch zu einer kleinen Katastrophe. Sie waren weder im Fach unter ›B‹ wie ›Brümmer‹ noch bei ›G‹ wie ›Glöckner‹ zu finden. Genauso wenig, nämlich nicht ein einziger Umschlag, lag bei ›A‹ für Axel und ›P‹ wie ›Peter‹. Wir müssen die armen Angestellten ziemlich genervt haben. Es mußten Briefe da sein, irgendwo, in diesem Gebäude. Wir suchten bei ›W‹ für Weltumradler und ›Z‹. Vielleicht hatte jemand an uns ›zwei‹ adressiert. Im Ernst. Es konnte doch einfach nicht wahr sein. Wo könnten die indischen Postler sie noch abgelegt haben? War überhaupt etwas angekommen? Schließlich war Weihnachten.

»Laß uns bei ›O‹ suchen. Ich habe da so ein Gefühl.«

Unsere Gefühle bei anderen Buchstaben hatten uns schon im Stich gelassen.

Axel war fest entschlossen. Es dauerte nicht einmal eine Minute und er fand die für uns bestimmten Postsendungen. Nun wunderte uns nichts mehr. Axels Omi zum Beispiel hatte adressiert ›An die beiden Weltumradler Axel Brümmer oder Peter Glöckner‹. ›Oder‹ war von ihr fett unterstrichen worden. Warum auch immer. Als Postbeamter würde ich vor so etwas vielleicht auch kapitulieren und alles kurzerhand bei ›O‹ verschwinden lassen. So müssen wohl auch die anderen Briefe und Karten bei ›O‹ gelandet sein. Zwei Drittel der Post hatten es gar nicht erst bis nach Bombay geschafft.

Wir hatten trotzdem genug zu lesen und machten gleich die ersten Briefe auf. Ich mußte mich zusammenreißen, um nicht loszuheulen. Es lag nicht am Inhalt der Briefe, es stand nichts Trauriges darin. Ich verspürte auch kein Heimweh. Es war nur so ein Gefühl, als ob mein Unterbewußtsein alles vermißte, was ich von zu Hause kannte: Geborgenheit, Liebe, Gefühle, die mir jetzt fehlten. Axel ging es irgendwie ähnlich. Wir brauchten noch eine Weile, bis wir unsere Post halbwegs verdaut hatten. Später auf der Reise hatten wir manchmal richtiggehend Angst vor diesem Moment, in dem wir unsere Post öffneten, auch wenn wir uns noch so sehr auf die Post freuten.

Immer noch warteten wir auf meinen Europapaß, für den ich schon Behördengänge in München, Kairo und Dar es Salaam auf mich genommen hatte. Bisher ohne Erfolg. Am nächsten Morgen lag er nun tatsächlich abholbereit im deutschen Konsulat in Bombay. Dort trafen wir ein nettes Pärchen. Die beiden hatten bis zur Wende in der Botschaft der DDR gearbeitet, verwalteten noch einige Wohnungen aus altem Staatsbesitz und gehörten mittlerweile zu den letzten, die

die Auflösung des Konsulats überwachten. Die beiden luden uns zum Abendbrot ein und machten uns auch darüber hinaus noch ein unglaublich nettes Angebot.

»Wenn ihr wollt, könnt ihr in einer der verlassenen, staatlichen Wohnungen bleiben«, sagte Ines.

Das kam genau richtig. Wir hatten ohnehin Lust, uns ein wenig auszuruhen und Briefe zu schreiben. Die Wohnung war riesengroß. Auf uns warteten zwei Schlafzimmer, zwei Wohnzimmer und drei Bäder. Was für ein Luxus! Eine Klimaanlage sorgte für angenehme Temperaturen. Draußen waren es tagsüber gut dreißig Grad. Unsere Gastgeberin gab uns ganz unerwartet einen großen Beutel voller Konserven und einen Begrüßungsschnaps.

Auf die Frage, wo wir unseren Müll entsorgen sollten, hieß es:

»Sammelt ihn einfach in Plastiktüten und werft die Tüten aus dem Fenster. Das machen hier alle so.«

Ich glaubte nicht, was ich sah, als ich auf diese Weise widerwillig das erste Mal den Müll hinausbrachte. Dutzende von Menschen stürzten sich auf meine Plastiktüte und durchwühlten sie auf der Suche nach etwas Verwertbarem. Etwas, das für mich nicht mehr zu gebrauchen war und was ich einfach weggeschmissen hatte, besaß für diese Leute noch Bedeutung. Die Inder suchten aber nicht etwa nur nach Essenresten, sondern nach Dingen, die ihnen möglicherweise noch jemand abkaufen würde. Zumindest vermutete ich das. Konservendosen wurden begutachtet, Plastiktüten wieder ausgewaschen.

In diesem Moment kam mir eine Idee.

»Was meinst du dazu«, fragte ich Axel, »wenn wir nur von dem Geld reisen, was wir erarbeiten? Wir bekommen doch immer wieder mal etwas Geld von Reportern für ein Interview. Das könnten wir an Hilfsprojekte spenden, die wir unterwegs gesehen haben und von deren Arbeit wir überzeugt sind. Sicher, das ist nicht viel. Aber ich würde dabei ein besseres Gewissen haben.«

»Klar!«, stimmte Axel mir zu. »Bettlern haben wir ja sowieso noch nie Geld gegeben. Damit würden wir ja letztendlich auch die Bettelei unterstützen. Übrigens sagte Ines mir vorhin, daß die Bettler hier einen Großteil ihrer Einnahmen an eine Mafia weitergeben müssen, die ihnen ein Gebiet zuweist, wo sie betteln dürfen.

Außerdem wollte ich dir sowieso schon vorschlagen, uns öfters mal Hilfsprojekte anzusehen. Dort trifft man immer wieder interessante Leute und erfährt auch vieles über das Land. Wenn uns das Projekt gefällt, können wir auch mit unseren Zeitungsartikeln in Thüringen zu Spenden Aufrufen. Vielleicht kommt so doch ein etwas größerer Betrag zusammen.«

Mir gefiel die Idee, und so sollten wir es auch den Rest der Reise handhaben. Den ersten Betrag sollten wir übrigens später einer Leprastation in Indonesien überreichen.

Mukkul, den wir schon am ersten Abend kennenlernten, hatte uns von Rutscha erzählt. Sie studiert in Bombay und war oft in Deutschland. Rutscha wollte die Gelegenheit unbedingt nutzen, uns zu treffen und Deutsch zu sprechen. Ein Taxi brachte uns zum vereinbarten Treffpunkt in die Stadt. Die Räder hatten wir aus Sicherheitsgründen stehenlassen, wir wollten schließlich lebendig im Zentrum ankommen und nicht von irgendeinem Auto überrollt werden.

Wir waren zu spät. Rutscha war nicht da. Nach einer Stunde machten wir uns auf in Richtung Universität, als sie uns entgegen kam. Es gibt viele hübsche Frauen in Indien, aber Rutscha war ausgesprochen schön.

Beim Essen kamen wir drei richtig gut miteinander ins Gespräch. Der Punkt auf der Stirn der Hindufrauen, der Bindi, hat keine besondere Bedeutung. Auch Rutscha trägt einen. Sie erzählte uns, daß weder Größe noch Farbe oder Form eine Rolle spielen. Wichtig ist nur, daß er mittig zwischen den Augenbrauen oder etwas darüber sitzt. Manche Punkte sind auch auf die Haut gemalt, meistens die der Männer, die aber selten einen tragen. Die meisten Bindis bestehen aus selbsthaftendem Filz.

»Was ist, wenn er dir von der Stirn fällt und du ihn verlierst?«, fragte ich Rutscha.

Sie lachte und holte aus ihrer Handtasche eine kleine Tüte mit lauter verschiedenen Punkten, Herzchen und Karos.

»Man muß eben auf alles vorbereitet sein«, antwortete sie schmunzelnd.

Die Inder leben in einem Kastensystem. Eine Kaste steht für eine Phase des wiederkehrenden Lebens, für die jeder selbst verantwortlich ist. Rutscha ist Brahmanin. Das ist die höchste Kaste – die der Weisen und der Ratgebenden. Doch es gibt noch andere, niedrigere Kasten. Die Unterste ist die der Unberührbaren. Unterschiedliche Kasten dürfen nicht miteinander verkehren. Aber es besteht die Möglichkeit, bei der nächsten Wiedergeburt in eine höhere Kaste geboren zu werden. Dazu muß man nach Ansicht der Hindus ein vorbildliches Leben geführt haben. Die Definition für ›gut‹ und ›schlecht‹ muß aber jeder für sich selbst festlegen. Hat jemand den falschen Weg gewählt, kann er als Schlange wiedergeboren werden oder als Schwein, das von Schmutz und Abfall leben muß. Was allerdings die richtige Lebensweise ist, weiß keiner so genau. Kommt man nun auch als Dieb oder Hure in den Brahmanenstand oder nur durch Heiligkeit und Meditation? Jeder urteilt nach seinem eigenen Gewissen.

»Selbst ihr in Deutschland habt eure Kasten«, sagte Rutscha. »Auch da gibt es für bestimmte Kreise oder Gruppen Unberührbare. Sicher ist das kein besonders gutes System, aber ich finde, es gibt im Moment kein real existierendes, das besser ist.«

»Was gefällt dir an diesem System überhaupt so gut?«, fragte ich Rutscha.

»Die Kasten schaffen irgendwie eine Art Zusammengehörigkeitsgefühl.«

Wir kamen noch einmal auf den komplizierten Glauben der Hindus zu sprechen. Man wird als Hindu geboren, der Glaube wird vererbt. Deshalb haben die Hindus nie missionieren oder gar Missionskriege führen müssen. Trotz allem gibt es kleinere Konflikte mit Sikhs und Moslems. Das Nirwana, das Nichts, ist das Schönste, das Erstrebenswerteste, das Ziel. Das Nirwana erlöst, ist aber gleichzeitig das Ende. Es ist das Paradies, weil das Leben als Leiden verstanden wird. Das Wichtigste ist also, ins Nirwana zu kommen.

»Wenn du der Meinung bist, daß du als Säufer, Kommunist oder Christ die größte Chance hast – bitte. Alles steht dir offen.«

Rutscha lehnte sich zurück.

»Und wenn man sein Leben vertan hat, dann kommt man eben wieder zurück auf die Erde und beginnt von vorn«, sagte sie.

»Wer wird nun eigentlich als Gott verehrt?«, fragte ich.

»Theoretisch kann jeder, eben weil der Hinduismus so frei ist, die Inkarnation eines Gottes sein« antwortete sie. »Oder einer anderen besonderen Persönlichkeit –Dalai Lama zum Beispiel. Jeder kann sich als eine ausgeben. Er muß nur genügend Leute finden, die ihm glauben. Natürlich muß er selbst am festesten daran glauben.«

Im Hinduismus, einer der ältesten existierenden Religionen, ist die Einstellung begründet: Mach was du willst, glaube was du willst. Ich habe diesen Glauben als eine Art zwanglose Überreligion verstanden, die sich über alle anderen erhaben sieht. Und trotz dieser unglaublichen Freiheit bestehen in Indien viele Schranken. Rutscha und Mukkul sind verliebt. Wenn ihre Eltern Bescheid wüßten, würden sie sofort auf eine Heirat drängen, nach der sich Rutscha den Traditionen unterwerfen und sich um Familie und Kinder kümmern müßte. Sie will jedoch unbedingt noch in Biochemie promovieren. Deshalb darf niemand etwas von den beiden erfahren.

Als wir fertig waren, machte Rutscha erste Anstalten, zu bezahlen.

»Das kommt gar nicht in Frage«, entrüstete sich Rutscha.

Axel bezahlte trotzdem. Doch Rutscha streckte ihm die Zunge raus und drehte ihm den Rücken zu. Aber sie war viel zu hübsch, als das Axel ihr das hätte übelnehmen können.

»Das machst du nicht noch mal mit mir«, sagte sie später, immer noch merklich beleidigt. Sie fühlte sich als Gastgeberin, und so wäre es nach indischer Gepflogenheit an ihr gewesen die Rechnung zu begleichen.

Nach dem Essen verabschiedeten wir uns. Rutscha wollte noch nicht einmal mit uns auf der Straße gesehen werden. Wir gehören nicht zur Kaste der Brahmanen.

Die Hahnes hatten uns für den Sonntag zu etwas ganz Besonderem eingeladen. Das war alles, was wir wußten. Wir wurden mit einem Kleinbus abgeholt. Olaf Hahne saß am Steuer. Er pflegte zu sagen:

»So schlimm ist der Verkehr in Bombay doch gar nicht. Die Taxis sind auch ganz harmlos«.

Jetzt sollten wir erfahren, warum er dieser Ansicht war. Zwischen Olafs Fahrweise und der der Taxifahrer bestand nicht der geringste Unterschied. Er fuhr fast noch rücksichtsloser und rasanter. Wir schafften es deshalb auch, pünktlich beim Hash, einem typisch englischen Spiel zu erscheinen, das hier einmal im Monat stattfindet und jedesmal von einer anderen Firma gesponsert wird. Der Hash-Platz war schon gefüllt mit Autos und Menschen. Zunächst erklärte man uns die Regeln: Gelaufen werden entweder eine große sechs Kilometer lange oder eine kleine Runde. Auf beiden werden entlang der Strekke farbige Markierungen angebracht, nach denen sich die Läufer richten müssen. Manche davon führen in Sackgassen.

Für uns kam selbstverständlich nur die große Runde in Frage. Ein großer Pulk von Menschen setzte sich in Bewegung. Axel und ich liefen erst in Sandalen, die wir dann aber auszogen. Wir ließen uns lange nicht aus dem Spitzentrupp verdrängen und liefen entsprechend oft mit den Führenden in die Sackgassen. Die Strecke führte über Wiesen, den Strand, einen Steinbruch, durch ein kleines Dörfchen und über eine Straße zurück zum Start. Axel lief ziemlich weit vorn ins Ziel ein, ich etwas dahinter. Wir waren gespannt auf die Siegerehrung. Es gab aber keine. Niemand achtete darauf, wer welchen Platz gemacht hatte. Geehrt wurden diejenigen, die das zweite, zwölfte, 24. oder 36. Mal mitgemacht hatten. Sie mußten sich paarweise auf Eisblöcke setzen, Bier trinken und sich den Schaum über ihren Köpfen ausgießen, während ein anderer eine beliebig lange Rede hielt. Wir waren froh, das erste Mal dabei zu sein. Und während wir uns noch verschont wähnten, wurden wir schon als erste Barfußläufer geehrt. Auch wir mußten uns, barfuß, auf einen Eisblock stellen, Bier trinken, den Schaum über unseren Köpfen ausgießen. Bis zu diesem Tag hatte ich gedacht, ich sei an den Füßen längst abgehärtet. Barfußlaufen war mittlerweile zu unserem Markenzeichen geworden. Später bremsten wir sogar bei Bergabfahrten mit nackten Füßen, weil die Bowdenzüge an unseren Fahrrädern gerissen waren. Aber auf diesem Eisblock war es einfach nur saukalt, und trotz des Vergnügens war ich froh, als ich abtreten durfte. Bei all dem frage ich mich immer wieder, wie solche ›Auswüchse‹ und Spiele der europäischen Kultur auf die Inder wirken, wie sie damit umgehen und wie sie es im schlimmsten Fall überhaupt aushalten. Naheliegend wäre wohl, daß sie etwas denken wie: Den Briten geht es einfach zu gut. Immerhin rennen nur Weiße beim Hash miteinander um die Wette – vorbei an den Slums, ohne daß es bei den Läufern sichtbare Emotionen auslösen würde. Wenn man die Inder nach ihrer Meinung zu diesem Spiel fragt, bekommt man als Außenstehender keine Antwort. Die Inder sind zwar neugierig, stellen Fragen – geben aber wenig von sich selbst preis.

Wir wollten erst einmal raus aus Bombay, Indien wirklich kennenlernen.

Am Morgen unseres letzten Tages im wirtschaftlichen Zentrum des Landes brachte uns der Fahrer des deutschen Konsulats noch durch den dichten Stadtverkehr bis an den südlichen Stadtrand. Vorbei an all den prunkvollen Gebäuden aus der Kolonialzeit, bescheidenen oder reich verzierten Tempeln, vorbei an Hochhäusern und Slums. Überall roch es anders – nach Müll, Kloake oder auch frischen Brötchen. Und egal, wo wir lang fuhren, überall, wo genügend Platz war, machten Menschen Gemeinschaftsspiele. Kinder, Jugendliche und

Erwachsene gemeinsam. Meistens waren es eine Art improvisierter Baseball oder Kricket. Wir waren dankbar, daß wir auf diesem Wege das Zentrum verlassen konnten und nicht noch einmal durch das Chaos radeln mußten.

Smog und Verkehr der großen Industriestadt Bombay verfolgten uns noch weit bis über die Stadtgrenze hinaus. Weiter entfernt wurde die Gegend dann freundlicher. Bis in den Bundesstaat Goa an Indiens Westküste, etwa fünfhundert Kilometer von Bombay entfernt, fuhren wir durch hügelige Landschaft mit Tälern, Wasserfällen, Büschen. Es wurde zunehmend grüner. Die Gegend änderte sich stetig. Wir überquerten viele kleine, weit verzweigte Flüsse. Daneben lagen oft künstlich angelegte Wasserfelder. Später bestand der Boden aus schwarzem bis rötlichem Lavagestein. Es gab kaum Erde und nur wenige Büsche. Das dunkle Gestein zog die warmen Sonnenstrahlen regelrecht an, nahm sie auf und strahlte wie ein Backofen. In dieser Hitze ließen wir uns dazu hinreißen, an einem Straßenstand Limonade zu kaufen, oder zumindest etwas, was wir dafür hielten. Es war so heiß, daß ich gedankenlos vor Axel die Flasche mit dem indischen ›Softdrink‹ ansetzte und einen Schluck nahm. Schließlich hatte ich auch schon Einheimische dieses Zeug trinken sehen. Ich spürte förmlich, wie sich mein Gesicht zusammenzog und spuckte dieses widerliche Zeug aus, versuchte mit meinem T-Shirt den Rest aus meinem Mund zu wischen.

»Was ist denn das für ein Scheißzeug?«, würgte ich. »So etwas Abscheuliches habe ich noch nie getrunken.«

Als wir Tage später durch eine Plantage fuhren, erinnerte mich das Insektenvernichtungsmittel, das dort gerade versprüht wurde, an irgend etwas. Es roch auffällig nach Softdrink. Nach meinem Softdrink. Es lag so konzentriert in der Luft, daß man die auffällige Ähnlichkeit mit der vermeintlichen Limonade sogar schmecken konnte.

Ein ähnliches Erlebnis hatten wir in Indien und später auch in Bangladesch mit einer Art Gebäck, das wir ›Schwefelkuchen‹ tauften. Einige der Küchlein aßen wir nur zur Hälfte, weil sie besonders in der Mitte unangenehm nach Schwefel schmeckten. Einen ganzen Vorrat hatten wir davon erstanden, den wir aber schließlich an Kinder weiter verschenkten, weil unsere Geschmacksnerven mit dem Schwefelaroma nicht einverstanden waren. Die Kinder verschlangen die Kuchen übrigens genüßlich. Trotzdem hatte ich ein schlechtes Gewissen, diese Kuchen zu verschenken. Nur selber konnten wir sie nicht essen. Sollten wir sie aber deswegen wegwerfen?

Zwischendurch hatte ich einen Platten. Wir hatten kein wirklich gutes Flickzeug mehr. Ich nahm Axels Rad und fuhr in das Dorf zurück, das wir zuletzt durchquert hatten. Eine halbe Stunde verbrachte ich mit Herumfragen, bis endlich eine Werkstatt zu finden war. Leider konnte hier niemand Englisch. Um mich herum standen hundert Leute aus dem Ort – keiner von ihnen verstand, was ich wollte. Als ich glaubte, mein Ziel erreicht zu haben und mit dem wilden Gestikulieren aufhörte, nickten alle ganz glücklich und spazierten davon. Einfach so. Auch der Mann in der Werkstatt ging wieder zurück an seine Arbeit. Niemand beachtete mich weiter. Ich war der Verzweiflung nahe und fing wahrscheinlich deshalb an, auf eigene Faust in allen Fächern und Schubladen nach Flickzeug zu suchen. Ich erntete verständnislose Blicke und hörte auf zu wühlen. Alles was ich jetzt erneut fragend hervorbrachte, wurde mit ›Ja‹ beantwortet. Ich wurde nur noch wütender, weil ich den Schlauch nun mit einem abgenutzten Gummiflicken würde reparieren müssen. Zornig nahm ich Axels Rad und machte mich auf den Rückweg. Allerdings nicht, ohne vorher einer Kuh einen kräftigen Klaps auf das Hinterteil zu geben. Sie war vor einen Wagen gespannt, hatte vor der Werkstatt gestanden und mir provokativ den Weg versperrt. Nun schleppte sie den Wagen recht rasch die Straße hinunter. Ein Mitarbeiter aus der Werkstatt rannte schreiend und wild mit den Händen fuchtelnd hinter mir her. Das hatte ich zwar nicht gewollt, es kühlte mich jedoch merklich ab.

Kühe scheinen ohnehin, vor allem auf dem Land, Narrenfreiheit zu haben. Ständig versperrten sie uns den Weg. Mit Vorliebe ließen sie sich dabei hinter unübersichtlichen Kurven mitten auf der Straße nieder, gerade wenn wir uns in rasanter Abfahrt befanden. Mittlerweile essen wir Rindfleisch am liebsten, nicht nur wegen des Geschmacks.

Drei Wochen waren wir jetzt in Indien. Als besonders gastfreundlich konnte ich es nicht bezeichnen. Die Inder waren zwar höflich, aber häufig distanziert. Fremde sind nur solange interessant und willkommen, solange sie nichts wollen. Ich vermute auch, daß diese Distanziertheit, die manchmal bis zur kühlen Ignoranz reichte, eine Folge des Kastensystems ist. Vielleicht galten wir als eine Art Unberührbare. Später kamen wir zu der Überzeugung, daß Inder möglicherweise nicht mit Gästen umgehen können. Entweder sie lehnen Fremde gänzlich ab oder nehmen sie regelrecht in die Familie auf. Letzteres sollten wir in Indien noch erleben.

Ganz langsam rollten wir ins südliche Indien – in das Land der Tempel. Darauf hatte ich mich lange gefreut. Der erste Hindutempel, für den wir sogar acht Kilometer Umweg fuhren, war nicht einmal sehr groß. Trotzdem beeindruckte er mich – viele Skulpturen, Ornamente. Noch unglaublicher fand ich allerdings den Wagen, mit dem die Gottheit bei Zeremonien transportiert wird. Das Eingangstor der Tempel, das Gopuram, steht meist direkt an der Straße, während der Tempel selbst von den Hindus weit ab erbaut wird. Der Festwagen war riesengroß, verziert und fuhr auf enormen Holzrädern. Am meisten beeindruckte mich aber, daß die Tempelanlage belebt war – den Hinduismus lernten wir als lebendige Religion kennen, mit der ich weit mehr anfangen konnte als mit den Pyramiden in Ägypten.

Südindien schien noch dichter besiedelt zu sein. Einfach überall lebten Menschen. Unbeobachtet einen Schlafplatz zu finden, war praktisch unmöglich. Und da war sie wieder, diese Enge. Diese Enge in einem so großen Land. Es gab hier einfach kein bißchen Privatsphäre. Überall Gedränge, in Zügen, Bussen, auf den Straßen. Nicht einmal als Fahrradfahrer konnte man sicher sein, überall durchzukommen. Alles war verstopft. Die Menschen wohnen nicht nur in den Slums dicht an dicht. Siedlungen, ganze Städte ziehen sich so durchs Land.

Ihre Därme entleeren die Inder im Freien. Toiletten gibt es nicht und so verrichten die Leute ihre Notdurft an der Straße, stehend oder hockend, scheinbar ohne jede Scham. Sie verrichten einfach ihr Geschäft. Keine Tür, keine Wand trennt sie vom Trubel um sie herum.

In einer Kneipe hatten wir das mit Abstand bezeichnendste Erlebnis. Neben uns auf einer Bank saß, in sich zusammen gesunken, ein Inder. Er war vielleicht gerade fünfzig Jahre alt und schlief. Schlief er wirklich? Je länger wir ihn ansahen, umso mehr wuchs die schreckliche Gewißheit, daß er gar nicht mehr lebte. Niemand beachtete ihn. Die Kneipe war voller Menschen, und wir saßen mittendrin. Geschockt. Unfähig, etwas zu sagen oder zu tun. Irgendjemand mußte doch bemerkt haben, daß hier ein Toter saß. Verdammt! Immer noch ungläubig, mit zitternden Knien kämpften wir uns durch die Menschentrauben und gaben dem Wirt zu verstehen, daß hinten in der Ecke jemand gestorben ist. Gleichgültig nickend suchte der sich geschickt einen Weg zu dem Toten, packte ihn unter den Armen und schleifte ihn aus der Kneipe hinaus. Dort vor der Tür legte er ihn auf die Straße und ging wieder hinein. All das war innerhalb weniger Minuten passiert, und wir blieben mit dem beklemmenden Gefühl zurück, daß so etwas zur indischen Normalität gehört.

Es war nicht die erste Abfahrt, die uns am nächsten Tag erwartete – zweitausend Meter Höhenunterschied auf fünfzig Kilometer. Aber sie war eine der gefährlichsten. Und das nicht, weil sie besonders steil oder schlecht asphaltiert war. Es waren einfach zu viele wahnsinnige Bus- und Lastwagenfahrer auf ihr unterwegs. Der Verkehr war katastrophal. Schlichtweg lebensgefährlich. Lastwagen kamen uns, meistens ohne ersichtlichen Grund, auf unserer Spur entgegen. Und wir fuhren ja schon auf der linken, wie es in Indien eben üblich ist, oder eben üblich sein sollte. Regelmäßig wiederholte sich folgendes Szenario:

Ein Bus überholt einen langsam fahrenden Lastwagen an einer absolut unübersichtlichen Stelle, vorzugsweise in einer Kurve. Als entgegenkommender Radfahrer will man in diesem Moment keinesfalls als Galionsfigur des Busses enden und weicht in der Verzweiflung ganz nach links aus, was der Busfahrer wiederum als Einladung versteht. Nun gibt er erst richtig Gas. Der Bus weicht dabei in diesem Fall kein Stück von seiner Position ab. Manchmal ist das ohnehin unmöglich bei den engen Straßen. Bleibt einem als Radfahrer nur der Dreck am Straßenrand oder eben gar nichts mehr. Und genau für diesen Ernstfall, der Gefahr zerquetscht zu werden, haben Axel und ich eine erstaunlich wirksame Methode entwickelt. Wir halten direkt vor dem Bus an, stellen unsere Füße demonstrativ auf den Asphalt. Der Busfahrer sieht genau das und erkennt, daß wir mit unseren voll bepackten Rädern nicht mehr vom Fleck können. So ist er zum Bremsen gezwungen. Wenn der Lastwagen vorbei ist, ordnet sich der Bus wieder in seine Fahrspur ein. Zugegeben, die Busfahrer neigen in diesem Moment zum Hupen und Fluchen. Aber wenigstens überleben wir und können ungefährdet weiterfahren.

Ich zog unsere Methode allem anderen vor, auch wenn man dafür starke Nerven braucht. Wahrscheinlich ist kein Autofahrer so skrupellos, einen Radfahrer frontal zu überfahren. Lieber macht er in dieser Situation eine Notbremsung. Anders ist es, wenn er die Chance sieht, sich noch am Radfahrer vorbei zu quetschen. Bei solch einem Abdrängen hätte er weniger Skrupel, und das wäre für uns viel gefährlicher. Das gilt wohl weltweit. In Indien kam der katastrophale Zustand der Autos hinzu und meiner Meinung nach auch eine gehörige Portion Unfähigkeit seitens der Fahrer.

Starke Nerven brauchten wir auch für eine ganz andere Situation. In Salem gerieten wir in ein Musikfestival. Südindische Musik klingt meiner Meinung nach in europäischen Ohren wenig harmonisch und auffällig schräg. Und dieses Festival hier hatte mehr als genug davon zu bieten. Unglaublich schlechte, übersteuerte Lautsprecher verstärkten die Klänge bis ins Unerträgliche. Es schmerzte regelrecht, durch die Stadt zu fahren. Bisher hatte ich Thesen als rassistisch empfunden, die davon ausgehen, daß Menschen in der Dritten Welt ein anderes Schmerzempfinden haben als die Einwohner der Industrieländer. Aber hier sahen wir einen Inder, der direkt vor einem dieser riesigen Lautsprecher saß und fast einschlief und ich war mir plötzlich nicht mehr so sicher.

Am dritten Advent hatten wir die Zehntausend-Kilometer-Marke überschritten. In Madras interessierte uns zunächst nur eins. Waren unsere Fahrradmäntel angekommen, auf die wir schon seit Bombay warteten? Wir fragten uns bis zum Zollbüro durch, und ein Stein fiel uns vom Herzen, als wir hörten, daß sie für uns bereitlagen.

Axel konnte sich nicht so recht darüber freuen. Ihm ging es immer schlechter, seit wir in der Stadt angekommen waren. Spät abends hatte er 39,6 Grad Fieber. Er vermutete Malaria und begann auch gleich, sie mit starken Medikamenten zu behandeln. Am nächsten Tag wollte er trotz starker Kopfschmerzen weiterfahren – unser Ziel war Kalkutta. Wir kamen gut voran, obwohl es Axel nicht besser ging. Er hatte Schüttelfrost und wir mußten häufig anhalten und kleine Pausen einlegen. Ein Arzt, den er auf mein Drängen doch noch aufsuchte, bestätigte Axels Befürchtung. Der Bluttest ergab Malaria.

Auch abends hatte er keinen Appetit und trank nur ein wenig Tee. Am nächsten Tag radelten wir einfach weiter, bis es dunkel wurde. Endlich ging es mit Axel wieder bergauf. Ich war erleichtert.

Weil Heiligabend war, leisteten wir uns ein herrliches Eis am Stiel und ein paar kleine Kuchen aus Eierteig. Die aßen wir abends bei einem weihnachtlichen Lagerfeuer. Wir hängten unseren kleinen Papierweihnachtsbaum auf und breiteten unsere Geschenke aus: Apfelsinen, Bananen, einen Kuchen, zwei indische Kalender. Danach zündeten wir zwei Kerzen an, und Axel las die Weihnachtsgeschichte aus der Bibel vor. Wir erzählten und träumten von zu Hause, weil sich hier am Strand in den Tropen unter Palmen die richtige

Weihnachtsstimmung nicht einstellen wollte. Trotzdem wurde es mit einfachen Mitteln ein schönes Fest.

Ausgerechnet am ersten Weihnachtsfeiertag passierte es dann. Auf unserer Straßenseite kam uns ein Bus entgegen. Er wollte wohl den riesigen Schlaglöchern auf seiner Spur entgehen. Wir bremsten nicht ab, weil wir annahmen, der Bus würde wieder nach rechts fahren. Er bog aber urplötzlich erst kurz vor uns auf seine Seite ein, als wir gerade dabei waren, in die Mitte der Straße auszuweichen.

Dem Bus wiederum folgte ein Auto, das auch nicht ganz auf die rechte Seite zurückfuhr. Ich konnte gerade noch ausweichen, weil ich vorn fuhr. Im Gegensatz zu Axel. Der stieß frontal mit dem Pkw zusammen und landete auf der Kühlerhaube. Er hatte sich ein Knie leicht aufgeschlagen, war aber sonst unversehrt.

Der Busfahrer trug die Hauptschuld am Unfall, hatte sich aber schon lange aus dem Staub gemacht. Im Schock schrie Axel den Autofahrer an, der jedoch vorsorglich schon mal die Türen von innen verriegelt hatte. Irgendwann gab Axel auf, seine Wut laut brüllend an den Türgriffen auszulassen. Wir glaubten wohl beide, es sei nichts weiter kaputt gegangen. Das Ausmaß der Schäden wurde offenbar, als wir uns Axels Rad genauer ansahen. An einer Stelle war der Rahmen fast durchgebrochen, an einer anderen stark gestaucht. Weiterfahren konnten wir so nicht. Also entluden wir das Fahrrad vollständig und zogen zusätzlich noch den Sattel raus, an dem ein Großteil des Gepäcks hing. So sparten wir Gewicht und die Risse würden sich hoffentlich nicht noch vergrößern. Nach Kalkutta konnten wir jetzt nur noch per Bahn kommen. Hier hätten wir ohnehin keine ausreichende Werkstatt gefunden. Als wäre der Unfall nicht schon genug des Unglücks gewesen, fanden wir in Eluru keinen Platz zum Schlafen. Es war längst dunkel, so daß unsere Suche außerhalb der Stadt wohl noch ewig gedauert hätte. Also gingen wir gleich zum Bahnhof, wo wir nicht lange auf den richtigen Zug warten mußten.

Die Waggons waren voller Menschen. Sie spiegelten das Land wider, in dem heute über eine Milliarde Menschen leben. Je näher wir Kalkutta kamen, um so asiatischer sahen die dicht an den Gleisen stehenden Häuser und ihre Bewohner aus. Die Dächer fallen nach allen Seiten schräg ab, sind aber ungefähr in der Mitte unterbrochen und mansardenartig nach innen versetzt, von wo aus sie weiter nach unten verlaufen. Ich nahm an, daß der Spalt, der dadurch entsteht, zur Belüftung dient.

In Kalkutta herrschte unglaublich dichtes Gedränge, nicht zu vergleichen mit dem in Bombay. Die Menschenmassen zogen sich wie ein langer, nicht enden wollender Wurm durch die ganze Stadt. Kalkutta hat irgendwie kein richtiges Zentrum. Die ganze Stadt ist ein Zentrum. Viele Straßen sind für den Verkehr zu eng, die meisten Häuser sehen alt und verfallen aus. Ab dem zweiten Stock hängt Wäsche in den kleinen Fenstern. Vor vielen sind Bretter oder massive Eisengitter angebracht. Im Erdgeschoß befindet sich fast in jedem Haus ein Geschäft. Auch hier dominieren Taxis im Straßenbild. Konkurrenz machen nur die Rikschas, die im Dauerlauf gezogen oder eben wie ein Fahrrad gefahren werden. Das dominierende Geräusch war aber nicht etwa das Klappern der Rikschas, sondern die uns so verhaßten Autohupen. Grundsätzlich wurde genau neben uns gehupt. Ich schrie einfach drauf los – furchtbar laut und furchtbar lange.

Die Gegend machte zwar einen ärmlichen Eindruck auf mich, aber so gräßliche Slums wie in Madras oder Bombay sahen wir hier nicht. Kalkutta mit seinen schönen Gassen und engen Straßen wurde auf Anhieb zu meiner indischen Lieblingsstadt. Voller Menschen und ebenso viel Flair, ohne ausgeprägten europäischen Einfluß – eben ursprünglich.

Unsere Nächte verbrachten wir bei Hanna und ihrer indischen Gastfamilie, den Daysons. Hanna hatten wir vor einem Jahr in Frankfurt kennengelernt und uns damals mit ihr in Kalkutta verabredet.

Axels Rad hatten wir relativ schnell auseinander gebaut, repariert, zusammengeschweißt und neu gestrichen. Es sah jetzt viel stabiler aus als vorher.

Bei den Daysons blieben wir fünf Tage. In dieser Zeit jedoch bauten wir beide ein so intensives und herzliches Verhältnis zu allen Familienmitgliedern auf, daß es am Tag unserer Abreise auf beiden Seiten wirklich bittere Tränen gab. Wir waren zu Mitgliedern der Familie geworden. Am Silvesterabend sangen wir zusammen mit Hanna und den Daysons deutsche, indische und englische Lieder. In Indien ist es völlig unüblich, die Silvesternacht so zu feiern. Es gibt auch keine Raketen oder Feuerwerk. Gegen Mitternacht gingen wir gemeinsam auf das Hausdach und entzündeten die wenigen Wunderkerzen, die die Daysons extra für uns gekauft hatten und gratulierten uns zum neuen Jahr 1991. Sogar kleine Geschenke hatten sie für uns besorgt. Einfach eine richtige Familie. Der Neujahrstag war unser letzter in Kalkutta. Unsere Visa liefen aus. Beim Abschied erzählte uns Sumita, die Tochter des Hauses, sie habe einen Traum gehabt, der etwas mit uns zu tun hatte.

»Mir ist ein Gott erschienen. Ich habe ihn gleich gefragt, ob er zu eurem Schutz mit euch auf Reisen gehen kann.«

»Was hat er geantwortet?« fragte ich.

»Er hat ja gesagt.«

Sumita gab jedem von uns einen kleinen südindischen Gott aus Sandelholz. Als sie diese Geschichte erzählte, hatte sie Mühe, ihre Tränen zurückzuhalten.

Wir mußten weiter. Nicht, ohne vorher die Großmutter in ihrem Zimmer zu besuchen. Dort saß sie, wie fast immer, in ihrem Stuhl.

»Meine Jungs, meine Söhne. Kommt her«, sagte sie.

Und schon liefen ihr erste Tränen über die dunklen Wangen.

»Ich habe etwas für euch, meine Söhne«, fuhr sie fort.

Sie drückte jedem von uns einen Hindupunkt, einen Bindi, auf die Stirn. Dann betete sie für uns, nahm uns noch einmal in den Arm und sagte bestimmt:

»Geht jetzt. Ihr wollt noch was schaffen. Und sagt der Welt einen Gruß von mir!«

Wir rollten mit den Rädern langsam die Straße hinunter und waren überwältigt. Ich drehte mich noch einmal kurz um und sah Großmutter durch das Fenster im Stuhl sitzen. Ihre Augen und Wangen waren feucht von Tränen.

Eine Woche lange wuschen wir akribisch um unsere Bindis herum. Dann hielt der Kleber nicht mehr und wir schweren Herzens unsere Hindupunkte von Oma Dayson. Wegschmeißen konnten wir sie nicht. Sie fuhren in unseren Taschen mit uns zurück nach Hause.

Eigentlich wollten wir über Bangladesch nach Birma weiterradeln, durften aber in Birma nicht einreisen. Die Grenzen waren damals offiziell geschlossen. Wir überlegten schon schwarz einzureisen, sahen aber ein, daß es zu gefährlich wäre. Wieder einmal waren wir in einer Sackgasse, so wie schon in der Türkei, als uns die Einreise in den Irak verwehrt blieb. Auch die Grenzen des Sudan blieben für uns geschlossen. Nach Bangladesch wollten wir dennoch.

Die Landschaft, durch die wir dorthin fuhren, lag flach, äußerst wasserreich, entsprechend grün und dicht bewirtschaftet vor uns. Meist war die Straße, welche Indien und Bangladesch an dieser Stelle verbindet, nur zwei Meter breit. Die Grenze zu Bangladesch war so, wie man sich eine Grenze in der Dritten Welt vorstellt – chaotisch, bürokratisch, mit vielen, sich wichtig aufführenden Beamten. Das Passieren kostete uns zwei Stunden, obwohl keine Warteschlangen zu sehen waren und wir an jedem Schalter gleich abgefertigt wurden.

Es war schon dunkel, so daß wir uns den ersten Eindruck vom neuen Land für den nächsten Tag aufhoben. Zunächst bemerkten wir keine gravierenden Unterschiede zu Indien. Kultur und Religion, Aussehen und Wohlstand der Menschen sind wie in Indien von einem zum anderen Landstrich verschieden. Sie ändern sich nicht etwa schlagartig an der Grenze zwischen den beiden Ländern. Bangladesch ist wohl noch ärmer als Bengalen, man sieht kaum Autos auf den Straßen. Hier leben hauptsächlich Moslems. Oft sahen wir auch Militärs in kleinen oder größeren Gruppen. Das Land gehörte früher zu Indien und wurde später aufgrund von Konflikten zwischen Moslems und Hindus gemeinsam mit Pakistan von Indien getrennt. Bangladesch, damals Ostpakistan, und Pakistan unter einer Regierung wurden aber auch von Auseinandersetzungen erschüttert. Heute ist Bangladesch ein autonomer Staat, ein kleiner zwar, dafür aber unglaublich dicht besiedelter.

Abends erreichten wir Khulna, die drittgrößte Stadt Bangladeschs. Alle Häuser und Gebäude waren sehr großzügig angelegt, breite Straßen führten durch das Zentrum. Überall in der Stadtmitte sahen wir Villen – was den Unterschied zwischen Arm und Reich erahnen ließ. In einem Haus, das zu einer italienischen Mission gehörte, bot uns ein Mann einen Schlafplatz an. Der italienische Hausherr kümmerte sich ganz ausgiebig um uns und besorgte uns ein Zimmer mit Bad. Wir bekamen Abendbrot und richtig guten Kaffee. Mittlerweile hatte ich mich an das scharfe Essen in Südasien gewöhnt. Also griff ich beherzt nach den Peperoni und aß sie, ohne mit der sprichwörtlichen Wimper zu zucken. Ich erntete die erstaunten Blicke der Missionare. Zu Hause, in Deutschland, konnte ich nie scharf essen, während ich das indische Essen zum großen Teil schon gar nicht mehr als scharf empfand. Ganz abgesehen davon, daß wir gegen so etwas jetzt gewissermaßen immun sind, soll scharfes Essen auch gesund sein. Es regt die Produktion von Magensäure an, die in größerer Menge natürlich auch Amöben und ähnliches effektiver abtötet. Gegen Malaria hilft scharfes Essen leider nicht.

Die ganze Gegend hier war zerteilt von Wasser, kleinen Inseln, die kreuz und quer von Kanälen durchzogen sind. Irgendwann mußten wir mit einem Passagierboot weiterfahren. Boote sind hier im Süden des Landes die idealen Fortbewegungsmittel. Die Menschen, die damit zu ihren Häusern unterwegs sind, schnüren ihre Sachen in einem Plastikbeutel zusammen und springen einfach ins Wasser, sobald ihr Heim in Sichtweite ist. So müssen die Boote nicht jedesmal anlegen. Die Orientierung per Karte hatten wir aufgegeben. Die Himmelsrichtung stimmte jedenfalls so ungefähr. Wir fuhren Richtung Süden. Die Straßen hier, sofern wir sie zum Fortkommen benutzten, überraschten uns. Gerade in Bangladesch und noch dazu auf diesen vielen Inseln hätten wir nie erwartet, daß sie gut asphaltiert sind. Wir schafften es nicht mehr bis nach Barisal. Um sechs Uhr abends war es dunkel. Wir fanden einen Schlafplatz in einem öffentlichen Gebäude, wo wir uns wie immer in Ruhe bis auf die Unterhosen auszogen. Uns schien es plötzlich, als hätten die Bewohner hier noch nie einen Weißen und schon gar keinen mit einem Fahrrad gesehen. Ganze Massen strömten zusammen, um unsere Schlafvorbereitungen mit anzusehen. Selbst als sämtliche Lichter gelöscht waren, wir unsere Hände vor den Augen nicht mehr erkennen konnten und in unseren Schlafsäkken lagen, standen sie noch dicht um uns herum und beobachteten uns. Irgendwann schmiß jemand sie hinaus. Vor dem Gebäude wurde es jetzt plötzlich laut. In all dem Gewirr von Stimmen und Geräuschen gab es ganz unvermittelt einen riesigen Knall. Ein Fensterladen war aufgerissen worden. Leute starrten hinein und tuschelten. Trotz des enormen Interesses, schliefen wir gut und lange. Am nächsten Morgen waren die nächtlichen Beobachter allesamt verschwunden.

Das Land ist herrlich. Wir bewunderten immer wieder die verschiedenen Kanäle, Brücken, Felder und Ortschaften. Bhola ist Bangladeschs größte Insel. Hier leben ungefähr zwei Millionen Menschen. Auf einer Insel, die nicht einmal zweitausend Quadratkilometer groß ist und vier Meter über dem Meeresspiegel liegt. Man kann sich kaum vorstellen, was passiert, wenn die alljährlichen Überschwemmungen besondere Ausmaße annehmen und dieses Stückchen Land heimsuchen. Später in Indonesien erfuhren wir, daß die Bewohner Bholas auch in diesem Jahr nicht davon verschont geblieben waren. Hier wurde für uns das Elend von Menschen durch Naturkatastrophen das erste Mal wirklich greifbar. Nur wenige können sich auf die Fluthäuser retten, die zwar auf Pfählen stehen, aber kaum mehr als ein paar hundert Menschen aufnehmen können. Immer wieder sah ich das Gesicht des Reisverkäufers vor mir, mit dem wir uns auf Bhola gut unterhalten hatten. Es ist möglich, daß er die Flut nicht überlebt hat. Er besaß nicht genug Geld, sich eine sicherere Bleibe zu suchen. Nicht einmal Salz konnte er uns zu dem Reis geben. Selbst das lag schon über seinen Möglichkeiten!

Vielleicht waren es diese harten Lebensumstände um uns herum, die Axel und mich näher zusammen brachten. Unsere Freundschaft wurde mit jedem zurückgelegten Kilometer besser. Inzwischen waren wir sogar schon soweit, daß wir beim Essen manchmal zugunsten des anderen auf etwas verzichten. Nicht mehr zu vergleichen mit den Streitereien, bei denen es manchmal nur um die letzten Brotkrümel ging. Noch in Dar es Salaam war ich davon überzeugt, daß ich diese Reise genauso gut auch alleine machen könnte, wenn ich wollte. Sicher, manche Dinge würden etwas schwerer organisierbar sein, aber Arbeit würde ich überall finden. Ich reagierte also Axel gegenüber oft einfach unangemessen. Manchmal ließ ich meine Wut an ihm aus. Das hatte sich stark geändert.

In Chittagon erkundigten wir uns nach preiswerten Flügen Richtung Thailand.

Vorher hatten wir zwei Tage im Hafen verbracht, um vielleicht eine Überfahrt zu ergattern. Immer wieder wurden uns Hoffnungen gemacht, die sich kurz darauf in nichts auflösten. Wie auch schon in anderen Häfen erwies es sich als unglaublich schwer bis unmöglich, eine Überfahrt zu finden, bei der man auf dem Schiff arbeitet. Normal bezahlt sind solche Fahrten fast immer teurer als Flüge. So entschieden wir uns letztlich auch diesmal wieder für einen Flug.

Kapitel Fünf

Mündungsfeuer überm dunklen Meer

Ein gutes halbes Jahr waren wir mittlerweile unterwegs, über ein Dutzend Länder hatten wir beradelt – auf Bangkoks Flughafen erlebten wir nun einen regelrechten Kulturschock. Der modernste Flughafen Asiens sollte er angeblich sein. Auf uns wirkte er auch so. Meinen Kopf durchschoß nur ein Gedanke: Wie im Westen. Axel gab mir Recht. Wir hatten die afrikanische Dritte Welt hinter uns gelassen, kamen aus dem armen, dreckigen Indien und betraten jetzt nur wenige hundert Kilometer entfernt eine völlig andere Welt. Einen sauberen, modernen Erdteil, in dem fast alles glänzte und in den wir uns mit unseren abgerissenen Klamotten etwas deplaziert vorkamen. Nur der Linksverkehr, die asiatischen Gesichter und das Klima erinnerten uns daran, daß wir uns nicht auf deutschem Boden befanden.

Dieses Land widersprach meinen Vorstellungen vollständig. Ich hatte geglaubt, Thailand sei wirtschaftlich unterentwickelt, ein Dritte-Welt-Land. Das Gegenteil war der Fall und ich war zweifelsohne überrascht.

Auch die Preise für Essen und Ähnliches wirkten nach unserer Tour durch Bangladesch wie ein Schock, obwohl sie gemessen an europäischen Verhältnissen natürlich immer noch extrem niedrig waren.

Die von zumeist moderner Architektur geprägte Hauptstadt erkundeten wir zunächst zu Fuß. Wir hatten vor, noch einige Botschaften anzusteuern und uns dort nach Visa zu erkundigen. Dort wurden wir aber, was unsere Erwartungen bezüglich Laos und Vietnam betraf, enttäuscht. Später fuhren wir ein paar Kilometer mit einem Stadtbus, der uns erneut in Staunen versetzte. Dieser hatte Klimaanlage, doppelte Sitzreihen, es lief Musik und eine Ticketverkäuferin in Uniform kontrollierte die Gänge. So etwas hatten wir seit Europa nicht mehr gesehen. Auch die amerikanischen Fast-Food-Ketten hielten Bangkok mit ihren Filialen voll im Griff. Wie froh waren wir, als wir im Laufe des Tages doch noch ein paar ursprünglich wirkende, enge Gäßchen entdeckten, in denen es fast so aussah wie in Kalkutta.

Bangkoks Bewohner kleideten sich europäisch. Nur selten sahen wir sonst buddhistische, in orangefarbene Tücher gehüllte Mönche.

Die Touristen schienen hier, zumindest im Straßenbild einiger Stadtteile, eindeutig in der Überzahl. Und auch die weißen Männer mit den einheimischen Mädels im Schlepptau blieben uns nicht lange verborgen. Der Sextourismus – sozusagen die Schattenseite der Stadt – hat Bangkok nicht ganz zu Unrecht den Ruf eingebracht, der größte Puff der Welt zu sein. Westeuropäer, Nordamerikaner, aber auch Asiaten aus anderen Ländern zieht es hierher.

»Die Araber kommen mit Turban im Flugzeug nach Bangkok, ziehen sich im Hotel um und mieten sich für mehrere Tage einen Puff. Dort sind sie dann beschäftigt, meistens auch betrunken und schlagen sich die Bäuche mit Schweinefleisch voll. Hinterher fliegen sie als ehrbare Moslems wieder nach Hause«, erzählen sich die hier lebenden Europäer.

Allem Anschein nach hat Allah nur die arabische Welt im Blick, für diese hier ist Buddha zuständig. Bei allem darf man jedoch auch nicht vergessen, daß Prostitution für die Thai eine dringende Art des Broterwerbs ist. Als abstoßend empfand ich nur das Verhalten mancher Touristen, die bei jeder hübschen Thailänderin von einer Prostituierten ausgehen und schamlos nach ihrer Adresse fragen.

Goldene Mosaiksteinchen – mit ihren Strahlen stellten sie alle anderen Bauelemente des Kaiserpalastes in den Schatten. Manche Bauten der Tempelanlage waren ausschließlich in Gold gehalten, was auf mich schon nach wenigen Minuten verwirrend wirkte. Es war einfach zuviel der Zierde. Ich mag unscheinbare Tempelanlagen. Alle Gebäude, Statuen und Säulen hier waren mit Tausenden von Mosaiksteinchen bedeckt. Und trotz der Anziehungskraft dieser Anlage Touristen gegenüber wird sie immer noch von Mönchen und Anhängern anderer Religionen für deren heilige Handlungen genutzt.

Wir übernachteten die fünf Tage in Bangkok im Büro einer deutschen Firma. Ein Mitarbeiter der Firma klärte uns über die thailändischen Miniaturhäuser auf, die auf etwa anderthalb Meter hohen Pfählen in der Nähe vieler Wohn- und Geschäftshäuser stehen. Es sind Geisterhäuser. Sie sollen ein Zuhause für die Geister sein, welche die Thailänder in jedem Haus vermuten. In den kleinen Hütten steht oft etwas Reis und Wasser bereit, so daß keine Notwendigkeit für die Geister besteht, die Wohnungen der Menschen heimzusuchen. Zum

Eingang mancher Miniaturhäuser führen kleine Hühnerleitern – sie sind für Geister gedacht, die nicht fliegen können.

Wir fuhren mit Zug und Fahrrad in den Norden Thailands, nach Chiang Mai. Daß ich am Abend die ersten Froschschenkel meines Lebens essen würde, wußte ich zu diesem Zeitpunkt noch nicht.

Zwei große Kirchen, die über Chiang Mai thronten, waren unser Anlaufpunkt. Unser Vorhaben, uns in einer von beiden einen Schlafplatz zu besorgen, scheiterte am fehlenden Ansprechpartner. Vom Hof einer benachbarten Schule aus rief uns ein Mann zu und fragte nach unserem Problem. Der Lehrer lud uns letztendlich in sein Haus ein, wo der Abend, besonders aber das Abendessen sehr interessant wurde. Es gab kleine Frösche. Die etwa sieben Zentimeter langen Fröschlein hatte man ausgeweidet und sie anschließend einige Tage in der Sonne getrocknet. Wir bekamen das, wie ich vermutete, anschließend gebratene Produkt vorgesetzt. Abgesehen vom Anblick – das Auge ißt bekanntlich immer noch mit – wurde der Genuß nur noch geringfügig durch die Froschköpfe beeinträchtigt. Bei denen fängt man nämlich an zu essen, während man das dunkelbraune Tierchen an einem der Schenkel festhält. Die Knochen waren glücklicherweise erstaunlich leicht zu kauen. Sie hatten eine ähnliche Konsistenz wie Salzstangen. Richtig anfreunden konnte ich mich mit den Kochkünsten der Thailänder nicht so recht. Grob zusammengefaßt: alles schmeckt irgendwie süßsauer. Allerdings bekommt man ohne weiteres auch scharfe Mahlzeiten, wenn man ausdrücklich danach fragt. Und die schmecken hervorragend.

In den Bergen im Norden Thailands fuhren wir über den Paß der tausend Weggeister. Auf engstem Raum stehen Hunderte von Geisterhäusern. Manche der Häuschen, die wir unterwegs an der Straße gesehen hatten, waren sehr schlicht. Wäre ich Geist, würde ich ein richtiges Wohnhaus so einer armseligen Geisterhütte wohl vorziehen. Doch ich sah auch schöne Geisterhäuser, sogar solche mit winzig kleiner Fernsehantenne. Diese Geisterhäuser hier auf dem Paß waren kleine Kunstwerke. Geschmückt mit Blumenketten, andere gerade frisch angestrichen. In der Mitte stand das am auffälligsten geschmückte und gleichzeitig größte Haus – umlagert von Tierplastiken in Löwen-, Tiger- oder Elefantengestalt.

In dieser Nacht schliefen wir im Urwald Nordthailands. Das hatten wir uns beide schon lange vorgenommen, und unsere Vorfreude war mit der Zeit immer mehr gewachsen. Der Boden war erstaunlich trokken. Einige Zeit lauschten wir den Tierstimmen und hatten trotz der Idylle eine bescheidene Nacht voller Unterbrechungen. Nicht ohne unser Zutun. Wir hatten unsere Schlafsäcke auf einem abschüssigen Hang ausgebreitet und nun die ganze Nacht damit zu kämpfen, nicht ständig weiter hinunterzurutschen.

Unser Kulturschock wurde beinah täglich erneuert. An die Präsenz der thailändischen Frauen mußten wir uns erst wieder gewöhnen. Abgesehen davon, daß die meisten sehr hübsch sind, fehlt es ihnen auch nicht an Offenheit. In Indien, Afrika oder auch der Türkei hielten sich die Frauen oft so stark im Hintergrund, daß wir sie gar nicht bemerkten. Ganz anders hier, wo weder die gesellschaftliche Stellung noch religiöse Gründe die Frauen zwingen sich zu verstecken. Ab Bangkok waren sie plötzlich wieder vorhanden. Erst jetzt wurde uns ihr Fehlen in den anderen Kulturen bewußt. Wir sahen hier junge Frauen in Latzhosen in Autowerkstätten hantieren, Mädchen mit ihren Freunden scherzen und flirten. Wir wurden angelächelt, nicht selten freundlich auf Thai angesprochen. Mitunter pfiff uns ein besonders nettes Mädchen sogar hinterher.

Unser deutscher Gastgeber in Bangkok, Klaus, lud uns in ein Tanzlokal ein. Es lag in einer Straße, die wohl bei manch einem Erinnerungen an die Hamburger Reeperbahn wachrufen würde. Die Mädchen, die hier herumstanden, hatten dieses gezwungene, offensichtlich gespielte Lächeln auf den Lippen. Im Lokal selbst waren mehrere metallene Säulen von Tischen umstellt, an denen, für mich erschrekkend, sehr junge Mädchen saßen. Einige waren höchstens 15 Jahre alt. Es war schwer zu schätzen, weil die meisten Thaifrauen viel jünger aussehen, als sie eigentlich sind.

An ihren Kleidern waren, wohl zur besseren Unterscheidung, Nummern angebracht. Wir saßen an einem Tisch an der Wand. Ich spielte eine ganze Weile ein Brettspiel mit einem Mädchen, bis dieses vom Lokalbesitzer weggerufen wurde. Der Grund lag nahe: Aus Axel und mir war geschäftlich nicht viel herauszuholen. Wir verzichteten aus moralischen und finanziellen Gründen auf jeden weiteren Kontakt mit den Mädchen. Eigentlich schade, denn solange sie in uns potentielle Freier sahen, konnten wir uns richtig nett mit ihnen unterhalten.

Per Fahrrad unbeschadet aus Bangkok herauszukommen, erwies sich wegen des dichten Verkehrs problematisch genug. Aber auch die Landstraßen hatten etwas zu bieten. Nämlich Autofahrer, die ihre

Fahrzeuge nicht beherrschten. Wenn sich ein Fahrer erst einmal durchgerungen hatte, uns zu überholen, dann tat er dies mit einem Abstand von weniger als einem halben Meter. Und das, obwohl eine Spur mindestes zweieinhalb Meter breit ist! Die meisten jedoch blieben einfach hinter uns kleben, wagten sich nicht vorbei, was nicht selten leichte Verkehrsstockungen zur Folge hatte. Es passierte auch, dass uns irgendwelche Typen, in offenen Bustüren stehend, während der Fahrt einen Klaps auf Rücken oder Hinterkopf gaben.

Unterwegs trafen wir Leidensgenossen. Ein kanadisches Pärchen auf einem Tandem. Die beiden waren wie wir sieben Monate unterwegs und hatten noch zwei weitere Jahre eingeplant. Wir taten uns für ein paar Kilometer zusammen, in denen wir ziemlich alt aussehen sollten. Zum ersten Mal ärgerten wir uns über Abfahrten. Dreimal verloren Axel und ich den Anschluß. Die Kanadier mußten mehrmals auf uns warten. Ein Tandem hat eben Vorteile – weniger Rollwiderstand, und einer von beiden fährt immer im Windschatten. Nur bergauf waren wir im Vorteil.

Wir radelten direkt an der Grenze zu Birma, dem heutigen Myanmar, entlang. Ein phantastischer Landstrich. Vom Dschungel bewachsene Hügel, undurchdringlicher Regenwald. Abends wurden wir wieder eingeladen, was uns Gelegenheit gab, einen intensiveren Blick in ein thailändisches Wohnhaus zu werfen. Der Aufenthaltsraum wurde, wie auch alle anderen Zimmer, absolut sauber gehalten, eine typische Angewohnheit der Thais. Alles, was unmittelbar mit ihnen selbst zu tun hat, ist rein. Andere Dinge können schon mal verkommen aussehen, wie die Straßengräben, in denen Plastiktüten voller Müll liegen. So ähnlich verhält es sich schließlich auch mit der Höflichkeit, wie ich finde. Steht man einem Thai gegenüber, ist er ausgesprochen freundlich. Trifft man ihn hinterm Lenkrad seines Autos wieder, kann er schon mal regelrecht ausrasten. Nun ja, vielleicht hinkt mein Vergleich ein wenig.

Im Haus unserer Gastgeber, einem erhöht stehenden Gebäude aus Bast und Holz, gab es weder Stühle noch Tische, gegessen wurde vom Boden des Wohnzimmers, der ebenfalls mit Bastmatten bedeckt war. Hier spielte sich auch alles andere ab. Das Wohnzimmer ist nicht selten zur Straße hin offen und wird bei manchen auch als Garage für kleine Mopeds genutzt. Für uns holte man extra noch ein paar Kissen heran. Die Rückwand des Wohnzimmers ist die Grenze zum Rest des Hauses, der auf Pfählen steht und deswegen noch ungefähr einen

Meter höher liegt. Das Dach besteht aus Schilf, überall sind kleine Luftschlitze eingebracht. Auf einem Wandbrett stand eine kleine mit Blumen und Blumenketten geschmückte Buddhastatue. Daneben Familienbilder, Bilder von Mönchen. Für die jungen Thaimänner ist es üblich, einige Zeit als buddhistischer Mönch zu leben. Im Haus gab es außerdem auf einem kleinen Schrank das obligatorische Fernsehgerät. Der Waschraum war leicht abschüssig und hatte einen Abfluß. Um vielleicht 15 Zentimeter erhöht befand sich ein Becken, auf dem man hockend sein Geschäft verrichtet. Manchmal sind, wie in diesem Haus, Spülung und Toilettenpapier vorhanden. Immer aber gibt es in Reichweite ein Wasserbecken, aus dem man mit einem bereitstehenden Gefäß die Flüssigkeit schöpfen kann. Zur Reinigung des ganzen Körpers dient ein großes, in den Boden gelassenes Bekken. Beide Bassins bilden meist eine Reihe an einer Wand des Raumes.

Auf der vom Nebel noch nassen Straße fuhren wir am Morgen los. Wenig später führte sie in den herrlichen Urwald und eine wunderbare Abfahrt hinunter. Hier wurde uns die Nässe zum Verhängnis. Axel fuhr vor mir durch eine Kurve. Plötzlich rutschte ihm das Rad weg, er stürzte und schlitterte noch ein paar Meter weiter. Alles ging blitzschnell. Ich war zu dicht hinter ihm gefahren, so daß ich auffuhr und auch stürzte. Die Leidtragenden waren wieder einmal unsere Räder. Mein Vorderrad und Axels Hinterrad sahen am schlimmsten aus. Gebrochene Speichen, wo man nur hinsah. Axel mußte in die nächste Stadt trampen, während ich begann, das in Mitleidenschaft gezogene Hinterrad neu einzuspeichen. Ein Problem, weil viele Speichen eigentlich zu kurz waren. Seit längerer Zeit konnten wir nicht mehr die richtige Speichenlänge nachkaufen. Axel kam nach einigen Stunden mit einem neuen Vorderrad zurück. Trotzdem mußte er samt seinem Rad wieder in die Stadt trampen, wo wir unsere Räder in einer Werkstatt wieder einigermaßen auf Vordermann brachten. Die Reparatur dauerte fast den ganzen Tag. Es war das erste Mal, daß ich ein komplettes Rad aus- und wieder einspeichte und dauerte ewig. Später brauchte ich dafür nur noch eine Dreiviertelstunde. In der Tat schien Axel ein Pechvogel zu sein. Platten, Rahmenbrüche, Unfälle, Krankheiten – all das hatte er schon ertragen müssen. Ich war davon weitgehend verschont geblieben.

In der Nähe der Touristeninsel Phuket mieteten wir uns ein Motorboot. Vier Stunden verbrachten wir auf dem Wasser, auf Kanälen mitten in Mangrovenwäldern, fuhren zwischen den typisch thailändischen Pfahldörfern hindurch. Wir sahen sogar schwimmende Häuser. Den überwältigendsten Anblick boten jedoch die Felsen. Aus dem Wasser schroff aufragend und viel zu schön, um wahr zu sein. Sie wirkten schon fast kitschig. Bis zu hundert Meter ragten sie senkrecht nach oben. Die sonderbaren Zacken und Grate waren voller Pflanzen. Ein pilzförmiger, vielleicht dreißig Meter hoher Fels hatte es ein paar Jahre zuvor zu Berühmtheit gebracht. Man nennt ihn ›James-Bond-Island‹, weil hier einer der Agentenfilme gedreht wurde.

Die letzten Kilometer vor der Grenze zu Malaysia hatten wir plötzlich einen Begleiter. Ein brauner, zotteliger Mischlingshund lief mit uns mit. Treu, keine hundert Meter hinter uns. Zunächst spornten wir ihn noch lachend an. Später wurden wir unruhig, weil er keine Anstalten machte, umzukehren. Wir fuhren schneller, dann so schnell wir konnten, und der Hund fiel immer weiter zurück. Erst zweihundert, schließlich dreihundert Meter. Aber er blieb irgendwie immer in Sichtweite. Schade. Wir mußten uns etwas einfallen lassen.

»Ein lieber Kerl. Ich mag ihn irgendwie «, sagte Axel, der bei einem kurzen Halt sogar den Hund gestreichelt hatte.

Mir gefiel er ohne jeden Zweifel genauso. Aber ich mußte sofort an die Probleme denken, die unweigerlich auf uns zukommen würden:

»Wir kriegen den über keine Grenze. Und wenn doch, werden wir mit Sicherheit langsamer. Ich glaube, wir müssen ihn wegjagen.«

»Du hast ja recht. Aber das bringe ich nicht übers Herz. Er wird nicht verstehen, warum wir ihn fortjagen und offensichtlich mag er uns ja auch.«

Obwohl ich Axel rein gefühlsmäßig verstehen konnte, vertrieben wir das Tier kurz vor der Grenze schließlich doch. Erst versuchten wir es mit lautem, aggressiven Rufen und fuchtelnden Händen. Der Hund blieb hartnäckig und glotzte uns noch trauriger aus seinen dunklen Augen an. Nein, für so einen war kein Platz, keine Zeit, kein Geld. Ich griff zu einem kleinen Stein, und warf ihn in seine Richtung. Er wich kurz zurück, wurde wieder mutig, drehte um und blieb stehen. Nun machte auch Axel mit. Wir warfen Steine in Richtung des treuen Hundes, ohne ihn treffen zu wollen. Er sollte nur endlich verschwinden. Das tat weh. Wir mochten ihn. Von diesem Tag an unterhielten wir uns immer wieder darüber, ob man auch mit einem

Hund reisen kann. Erst viel später sollten wir uns nach langen Diskussionen dazu durchringen.

Malaysia begrüßte uns mit einem Aufstieg, für den wir aber mit einer der typischen, sehr steilen Abfahrt durch den Urwald entschädigt wurden. Schnell erkannten wir, daß Malaysia in diesem Teil, im westlichen, wirtschaftlich weiter entwickelt ist als Thailand. Aber auch hier sind die Unterschiede zwischen Arm und Reich gravierend. Der Reichtum konzentriert sich zum Großteil in den Städten. Trotzdem konnten wir tagelang keine Karte von Malaysia auftreiben. Manchmal kamen wir nur per Fähre oder Boot weiter, was mich stark an Bangladesch erinnerte.

Auch nach Georgetown auf Pinang gelangten wir nur mit der Fähre. Bisher hatten wir uns nämlich nie die Zeit genommen, einen der vielen chinesischen Tempel am Straßenrand genauer anzusehen. Das holten wir auf Pinang nach. Dieser hier war dauistisch – es wimmelte von mystischen Figuren, Drachen und Fabelwesen. Die Tempelanlage war ehrfurchterzeugend überwiegend in Rot und Gold gehalten. Diese Farben und Materialien deuteten außerdem auf den Reichtum hin, der sich in und hinter den Mauern verbarg. In solche Tempel gelangt man üblicherweise durch ein reich verziertes, überdachtes Tor. Dann befindet man sich im Hof, an den sich das nach vorn hin offene Tempelgebäude anschließt. Überall in der Tempelanlage erschwert der vom Weihrauch erzeugte Dunst das Sehen und Atmen. Die kleinen Weihrauchkerzen werden meistens nach dem Gebet in mit Sand gefüllte Becken gesteckt und qualmen dort fleißig weiter. Ihre Wünsche schreiben die Gläubigen auf ein langes Stück Papier, das dann mit Wachs getränkt, zusammengerollt und angezündet wird. So sollen die Gebete und Wünsche zu Gott aufsteigen.

Was uns in Malaysia besonders gefiel, waren die überdachten Podeste, die es überall auf den Feldern gab und wo es sich himmlisch schlafen ließ. Wir hätten uns solche wunderbaren Einrichtungen überall auf der Welt gewünscht. Als einmal in der Nähe von Pinang das Dach über dem Podest fehlte, fiel Axel prompt im Schlaf eine Baumschlange auf die Beine. Sie verhielt sich aber zum Glück friedlich, zumindest bis zu dem Moment, in dem Axel sie wegschleuderte.

In den ersten Nächten in Malaysia wurden wir immer wieder von lautem Knallen geweckt. Die Chinesen feierten den Beginn des neuen Jahres. Offiziell dauern die Feiern zwei Wochen. In dieser Zeit geht es, zumindest was den Raketenverbrauch angeht, heiß her. Beliebt sind alle Arten von Raketen, besonders aber Dauerbrenner, die schätzungsweise dreihundert Knaller pro Minute automatisch zünden.

Neben Chinesen leben in Malaysia natürlich Malaien, aber auch Inder. Die Chinesen wohnen in den Städten, wo sie in der Industrie und im Handel arbeiten. Moslems und Hindus haben sich eher im ländlichen Raum eingerichtet. Über einen Mangel an Religionen kann man sich wahrlich nicht beklagen. Moslems, Hindus, Dauisten, Buddhisten und selbst Christen leben hier – überwiegend friedlich – nebeneinander.

Auf den ersten Blick wirken Begriffe aus dem Englischen, die die Malaien in die Alltagssprache integriert haben, eigenartig. Wir hatten anfangs Probleme mit Worten wie ›Bir‹, ›Taksi‹ oder ›Aiskrim‹ – vielleicht Überbleibsel aus der Kolonialzeit.

Axel und mich hielt man seit der Grenze offensichtlich für Amerikaner. Man gab uns Namen wie ›John‹ oder ›Joe‹ und brüllte sie uns fortlaufend hinterher, was uns wenig angenehm war. Zu diesem Zeitpunkt tobte der Krieg in Kuwait schon heftig. Weil hier in Malaysia natürlich die Sympathien auf Seiten der Moslems lagen, waren Amerikaner Zielscheibe besonders großen Hasses. Es wurde zwar nie richtig schlimm für uns, aber es gab unangenehme Situationen. Allerdings nur solange, bis wir sagten, dass wir Deutsche sind. Dann nämlich galten wir als Brüder im Kampfe gegen das Judentum. Was uns noch unangenehmer war.

Daß die Welt ein Dorf ist, wurde uns in Malaysias Hauptstadt Kuala Lumpur bewußt. Wir trafen Ben und Steve. Eigentlich nur zwei nette britische Jungs in unserem Alter, noch dazu auf Fahrrädern. Ihnen hatten wir indirekt den kostenlosen Transport unserer Räder von Chittagong nach Bangkok zu verdanken. Schließlich hatte ihr Fernsehauftritt in Bangladesch eine Menschentraube dazu veranlaßt, uns am Flughafen mit den beiden zu verwechseln, um Autogramme zu bitten und uns so in den Stand von Ehrengästen zu erheben.

Noch vor Singapur hatten wir unbewußt ein ausgesprochen schönes Erlebnis mit einem Einheimischen. Während einer Nacht im Freien wurde ich plötzlich wach und sah nur noch, wie sich jemand von unserem Schlafplatz entfernte. Axel, der neben mir lag, muß mich wohl beruhigt haben, so daß ich sofort wieder einschlief. Am Morgen erkannte ich dann, daß dieser Jemand Moskitospiralen um unsere

Schlafsäcke herum verteilt und angezündet hatte. Einfach so um uns vor den Insekten zu schützen, die vorher wirklich sehr unangenehm stachen. Das hat uns unwahrscheinlich beeindruckt.

Wir hatten uns am nächsten Tag so gut es ging herausgeputzt, um die Grenze zum Stadtstaat Singapur ohne Probleme passieren zu können. Jemand, der äußerlich einem Landstreicher ähnlicher sieht als einem Touristen, kann nämlich hier auf dem Absatz kehrt machen. Singapur ist hochmodern und blitzsauber, geprägt von viel gepflegtem Grün und voller kleiner schmucker Häuser, aber auch Hochhäusern ohne den uns so geläufigen Silocharakter. Die Stadt hat 2,5 Millionen Einwohner. Einige Tausend davon sind Deutsche, für deren Kinder es deutschsprachige Schulen gibt. An einer von diesen hielten wir Vorträge über unsere Reise. Es machte uns nachdenklich, als wir merkten, daß die Kinder oft nicht die geringste Beziehung zu irgendeinem Land haben, weil ihre Eltern so häufig den Arbeitsort wechseln. Viele große Firmen und Behörden lassen ihre Mitarbeiter nie lange an einem Ort, um Korruption und andere unangenehme Begleitumstände eines längeren Aufenthaltes einzudämmen.

Die Kinder haben keine richtigen Freunde und werden durch das ständige Herumziehen der Eltern immer wieder aufs neue geradezu entwurzelt. Sie wissen zwar, wie es sich in der ersten Klasse eines Passagierflugzeugs fliegt, haben aber keine Vorstellung davon, wie schön ein Lagefeuer sein kann. Niemand hat wirklich Zeit für sie. Da hilft auch das viele Geld nicht, das ihre Eltern oft verdienen.

Mit einigen Lehrern und ihren Freunden knüpften wir schnell Kontakt. Aus diesen neuen Bekanntschaften wurden noch einige lange Abende in Singapur, in denen wir unter anderem über den Golfkrieg diskutierten. Hier waren fast alle der Meinung, daß der Krieg letztlich nicht mehr zu vermeiden war, und daß die Hauptschuld die Waffenlieferanten trifft. Unruheherde wird es auch in den nächsten zwanzig Jahren noch geben. Gebiete, die heute noch ruhig und friedlich sind, können morgen schon in einen Krieg verwickelt sein. Wütend macht mich bei all dem immer wieder, daß sogar vom Elend geschüttelte Länder wie Indien beim Waffenimport ganz vorn mitmischen. Allerdings ist auch deutscher Reichtum sicher zu einem Teil auf Waffenexporte zurückzuführen. In Indien habe ich, neben Bangladesch, bisher das größte Elend gesehen. Und trotzdem scheint für Kriegsspielzeug genügend Geld vorhanden zu sein.

Axel hat zwischendurch ein Paket von seiner Schwester bekommen. Wir hatten jede Menge Spaß, als wir den Inhalt auspackten.

Seife, Schaumbad, Sirup, Toilettenpapier und Tee – alles Dinge, die wir hier um einiges billiger bekommen hätten und mit denen wir eigentlich nicht viel anfangen konnten. Unsere Familien haben uns lange nicht glauben wollen, daß es uns auch viele tausend Kilometer entfernt an nichts wirklich fehlt. Amüsiert hat uns auch ein Brief aus der Heimat, in dem jemand nach Singapur schrieb, unsere Adressen würden immer exotischer. Exotisch war hier höchstens der Begrüßungscocktail in den piekfeinen Hotels. Ansonsten war Singapur die europäischste Stadt, seit wir Italien verlassen hatten.

Wir flogen vom malaiischen Johor Baharu nach Kuching auf Borneo. Auch hier kostete ein Flug viel weniger als eine Fahrt mit dem Schiff. Der nächtliche Regen peitschte an die Scheiben, als wir landeten und im Flughafengebäude war es wenig gemütlich. Es wurde renoviert und das laute Knattern der Bohrmaschinen war unerträglich. Wir radelten in die Nacht hinaus. Der erste Eindruck von Borneo ließ nicht lange auf sich warten. Ein malaiischer Moslem lud uns zu sich ein mit den Worten:

»Ihr könnt doch nicht hier draußen schlafen. Wenn die Chinesen kommen…«

Soweit unser erster Gastgeber, der für uns kurzerhand seine zwei schlafenden Söhne aus ihren Betten schmiß, um uns diese Nachtlager anbieten zu können.

In Ostmalaysia, auf Borneo, ist irgendwie alles anders als im Malaysia auf der anderen Seite. Regenwald bedeckt den nördlichen Teil der Insel. Schwere Wolken hängen über dem Land, als ob es jeden Augenblick losregnen könnte. Die Luft ist fürchterlich schwül. Ich habe das immer mit einer Sauna verglichen: Du hast genug von der Schwüle, willst raus, aber die Tür ist zugenagelt. Furchtbar. Die Sonnenstrahlen lassen einen sofort in Schweiß ausbrechen, wenn sie nicht gerade den Kampf gegen die Regenwolken verloren haben. Trotzdem ein wunderbares Fleckchen Erde. Wir sahen viel weniger Leute und auch der Lebensstandard war nicht der hohe wie im Westteil.

Oft schoben wir die Räder. Es war heiß und die Straßen nahmen in ihrem Verlauf durch Täler und über Berge gnadenlos immer die steilsten Steigungen mit. Wir fühlten uns kaputt, abgekämpft, kraftlos. Zu Hause in Deutschland wäre es unvorstellbar, den ganzen Tag ohne Beschäftigung nur herumzusitzen. Hier wäre das kein Problem. Wir mußten uns jeden Morgen regelrecht aufraffen und gegenseitig motivieren.

Borneo ist für seine Langhäuser bekannt. In diesen Häusern lebt immer eine große Familie wie in einem separaten Dorf zusammen. Wir wollten einen dieser alten Stämme treffen und fuhren mit kleinen Booten immer weiter in den Dschungel, bis wir endlich vor einem Langhaus standen. Das Gemeindeleben spielt sich im riesigen Flur ab. Achtzig Meter Länge und sechs Meter Breite sind keine Seltenheit. Manche sind aus Stein gebaut, viele einfach nur aus Holz. Erstaunt waren wir auch über die rußgeschwärzten Totenköpfe, die wir in einem der Häuser sahen. Zwischen ihnen hingen kleine Bastsäcke mit Essen für die Toten. Unser Gastgeber beeilte sich, uns zu versichern, daß die Zeit der Kopfjäger schon lange, lange vorbei ist.

»Die Köpfe sind mindestens zweihundert Jahre alt«, beschwor er uns.

So alt sahen sie zwar nicht aus, aber blutig waren sie auch nicht mehr. Im Verlauf unserer weiteren Fahrt durch Borneo wurde uns so oft beteuert, daß es keine Kopfjäger mehr gibt, daß es langsam aber sicher unglaubwürdig klang. Jahre nach unserer Rückkehr hörten wir dann tatsächlich von einem Protestaufstand gegen die indonesische Regierung, in dessen Verlauf es auch zu Enthauptungen gekommen sein soll. »Bewahrung der traditionellen Lebensweise«, könnte man vielleicht sagen.

Wir beeilten uns, dem aufkommenden Regen davonzufahren, als uns eine Frau in einem Auto ansprach. Sie nahm uns und unsere Räder auf der Ladefläche mit zu ihrem Haus und zeigte uns erst einmal ihre Pfefferplantagen. Endlich erfuhren wir, was das für Sträucher sind. Und wir waren uns einig: Es ist wunderschön da, wo der Pfeffer wächst. Wenn man nicht gerade mit den steilen Pisten zu kämpfen hat. Noch nie haben Pisten in mir so große Wut und gleichzeitig Angst ausgelöst. Wenn wir schweißüberströmt am höchsten Punkt angelangt waren, konnten wir die Abfahrten keineswegs genießen. Sie waren viel zu steil, so daß wir, kontinuierlich bremsend, nur äußerst langsam abrollen konnten, um ein Überkippen oder schnelles Losrutschen zu verhindern.

Sozusagen mitten im östlichen Malaysia auf der Insel Borneo liegt Brunei. 250.000 Menschen leben in diesem kleinen reichen Sultanat, die meisten von ihnen an der Küste. Die Hauptstadt Bandar Seri Begawan, was soviel bedeutet wie ›Stadt des glorreich Gesegneten‹, ist mit achtzigtausend Einwohnern, verglichen mit malaiischen Verhältnissen, eher eine Kleinstadt. Die Quellen des Reichtums sind kaum zu übersehen. Direkt neben der gut ausgebauten Straße verlaufen Ölpipelines, Gasrohre und Starkstromleitungen. In Brunei blieben wir fast zehn Tage, obwohl es hier eigentlich nicht viel zu sehen gibt. Glück hatten wir mit dem amtshöchsten Mitarbeiter des deutschen Konsulats, dem es große Freude bereitete, so seltenen Besuch wie uns zu betreuen. Wir machten einen Bootsausflug in die Mangrovenwälder, besichtigten ein Agrarzentrum, in dem ich als sächsischer Landwirtschaftsspezialist über die politischen Strukturen des Agrarwesens in der DDR berichtete, besuchten einen Zoo, mehrere Museen und sahen mit Monaten Verspätung die Rede des Bundespräsidenten, Richard von Weizsäcker, zur deutschen Wiedervereinigung auf Video. Die ganze Zeit über waren wir Ehrengäste des Landes, waren etlichen Ministern vorgestellt und jeden Morgen mit der Limousine abgeholt worden, um durch den kleinen Staat chauffiert zu werden.

Dabei waren uns schon ein paar Merkwürdigkeiten aufgefallen, die man in Mitteleuropa wohl als Dekadenz werten würde. Statistisch gesehen kommen auf jeden Einwohner von Brunei fast zwei Sportwagen. Dabei stehen den vielen PS ganze dreihundert Kilometer asphaltierte Straße gegenüber.

Das Mineralwasser, das der Sultan extra aus Norwegen importieren läßt, ist gerade gut genug für seine über hundert Polopferde. Als es am Suez-Kanal Probleme mit dem Transport gab, wurde für das Mineralwasser kurzerhand eine Luftbrücke eingerichtet. Jedes der Pferde wird von zwei Betreuern umsorgt. Auch die Hitze in Brunei dürfte den edlen Tierchen nichts anhaben, die Ställe sind mit Klimaanlagen ausgerüstet.

Zwei Drittel aller Beschäftigten sind Staatsbedienstete. Die Malaien unter ihnen haben wir kaum einmal arbeiten sehen. Gas und Öl werden direkt vor der Küste von Gastarbeitern aus den Philippinen oder Indonesien gewonnen.

Zurück in Malaysia wurde uns wieder der extreme Unterschied zwischen West- und Ostteil dieses Landes bewußt. Westmalaysia beansprucht 95 Prozent des Erdöls, das aber zum Großteil auf Borneo gewonnen wird. Ostmalaien sehen Westmalaysia als eine Art Kolonialmacht an.

Wir fuhren durch Sabah, den östlichsten Zipfel Malaysias. Und wieder machten uns die schlechten Pisten zu schaffen. Lockerer und fester Sand, Splitt oder Schotter, manchmal auch nur noch Schlamm. Wir fluchten, schoben, zerrten und waren oft der Verzweiflung nahe. Es gab Momente, da war der Schlamm so tief, daß die Fahrräder von allein stehen blieben. Trotzdem entdeckten wir abends ein idyllisch gelegenes Dörfchen mitten im grünen Urwald. Von hier konnte man schon den 4101 Meter hohen Berg Kinabalu sehen. Die Natur entschädigte uns nicht zum ersten Mal. Der Berg war aber auch unsere nächste Herausforderung. Im Passieren von Nationalparkschranken ohne Anmeldung waren wir schon geübt. Die Räder hatten wir in einer katholischen Kirche abstellen dürfen. Im Park schlossen wir uns einer Gruppe Chinesen und ihrem Führer an. Dieser zeichnete sich jedoch keineswegs durch hervorragende Führungsqualitäten aus. An einer beschilderten Weggabelung winkte er seine Gruppe in die falsche Richtung. Axel sah mich mit fragendem Blick an:

»Wozu ein Führer?«

»Genau«, sagte ich. »Verlaufen können wir uns auch alleine.«

Diesmal schafften wir den Weg bis zum Gipfel, obwohl der letzte Aufschwung wegen unserer Kopfschmerzen und der Übelkeit noch einmal beträchtliche Überwindung kostete. Die Probleme setzten sich am Morgen nach unserem Bergausflug fort. Unsere Muskeln schmerzten vom Aufstieg und trieben uns zurück auf die Räder. Beim Radfahren werden eben vollkommen andere Muskeln beansprucht als beim Laufen.

Bis Sandakan an der Ostküste wollten wir noch kommen. Die Straßen waren auf den letzten Kilometern eine Katastrophe. Tiefer, klebriger Schlamm machte uns selbst das Schieben zur Tortur. Immer wieder regnete es. Der Regen wusch den salzigen Schweiß in die Augen. Auch die Landschaft enttäuschte uns. Auf beiden Seiten der Straße war der Urwald abgebrannt. Er mußte Plantagen weichen. Wir waren froh, als wir Sandakan endlich erreichten. Das Leben schien auf den ersten Blick viel gemütlicher zu sein als in den meisten anderen Städten in dieser Gegend. Wir ließen uns von diesem Gefühl anstecken, tauschten ganz in Ruhe etwas Geld und suchten den Passagierhafen, um uns nach Booten auf die Philippinen zu erkundigen. Das nächste sollte am Morgen fahren. Wir hatten also genügend Zeit, einen Schlafplatz zu suchen und verspürten auch sonst keinen Zeitdruck. Vorm Schlafengehen unternahmen wir noch einen Stadtbummel. Am nächsten Tag wurde es dann interessant. Niemand wollte uns die Ausreise genehmigen, bevor das Boot nicht im Hafen angelegt hatte. Das aber tauchte gar nicht erst auf. Ein junger Mann lief herum und verlangte in der Zwischenzeit Geld für eine Art Registratur, die völlig überflüssig war. Er beschränkte sich auf das Notieren der Namen aller potentiellen Passagiere – natürlich keineswegs, ohne dafür einen nicht unerheblichen Betrag für seinen Arbeitsaufwand zu verlangen. Alle anderen, die wir ansprachen, waren scheinbar hoffnungslos überfordert mit zwei Weißen, die einen Ausreisestempel benötigten. Jemand erzählte uns eher beiläufig, daß das Boot Montag nachmittag, also erst zwei Tage später fahren würde. Zwei Tage länger, für die wir kaum noch Geld hatten, weil viel für Proviant und Fahrkosten draufgegangen war. Ich wurde nervös. In all dem Chaos tauchte schließlich der Kapitän des zweiten Bootes auf, der uns gegen sofortige Bezahlung einen Platz und Versorgung auf einem kleinen Kahn zusicherte, der bis Montag zu einer kleinen Insel fahren und dann rechtzeitig wieder hier sein würde. Wir sollten gleich mitfahren. Besser, als zwei Tage in Sandakans bürokratischem Sumpf umherzuirren und dabei vielleicht unterzugehen.

Die Tage auf dem alten Kahn wurden romantisch, obwohl wir nicht baden konnten – das Wasser war unglaublich verdreckt. Nachts saß ich oft allein auf dem leicht schaukelnden Bug und staunte über den Äquatorhimmel, an dem viel mehr Sterne leuchteten als sonst irgendwo. Meine Blicke ins Meer wurden mit einem Glitzern in den leichten Wellen belohnt. Nicht nur die Oberfläche brachte das Plankton zum Phosphoreszieren, auch Quallen und kleinere Fische konnte ich auf diese Weise gut beobachten. Ein großer Fisch von über einem Meter Länge zog seine leuchtende Bahn. Phantastisch!

Es blieb nicht so romantisch. Zurück im Hafen setzten sich unsere alten Probleme fort. Erst stellten wir fest, daß nun auch Axels Fahrradcomputer geklaut worden war. Dann sagte plötzlich ein untersetzter Malaie in Uniform:

»Es ist verboten, über diesen Hafen auszureisen.«

»Wieso?« fragten wir verständnislos. »Alle fahren hier zu den Philippinen.«

»Hier ist aber noch nie ein Fremder raus gefahren«, war die Antwort.

Dabei hatte Axel den passenden Ausreisestempel schon lange herausgesucht, es mußte ihn nur noch jemand in unsere Pässe drücken. Die Sicherheitspolizei tauchte auf. Man glaubte wohl, wir seien Terroristen. Es schien aussichtslos. Ich sah uns schon in irgendeinem dunklen feuchten Verlies dahinvegetieren. Aber Axel rettete uns mit seinem Gespür für Menschen und ihre Charaktere.

»Unsere Reise wird in der deutschen Presse verfolgt«, sagte er. »Wir müßten erzählen, daß diese Gegend hier – Sabah heißt sie doch – für Touristen keineswegs zu empfehlen ist. Außer natürlich, sie lassen uns gehen.«

Er lag genau richtig – gerade jetzt, wo Sabah sich stärker dem Tourismus zuwenden und für Urlauber öffnen wollte. Wir bekamen den Stempel. Allerdings nur unter der Bedingung, daß wir nicht wieder zurückkommen würden.

Es ging also los in Richtung Jolo, eine den Philippinen vorgelagerte Insel auf der Sulu-Wasserstraße. Unser nur 35 PS starkes Boot fuhr ohne Licht in die sternklare Nacht hinaus. Der Kapitän wollte wohl so Zusammenstößen mit Piraten aus dem Wege gehen. Ich hatte mich schon an das ungleichmäßige Tuckern dieser winzigen Schaluppe und ihr mit etwa fünfzig Passagieren übervölkertes Deck gewöhnt. Doch nach drei Stunden Fahrt fiel der Motor plötzlich aus. Was blieb mir anderes übrig, als selbst nachzusehen, wenn ich wissen wollte, was wirklich passiert war. Ich kletterte unter Deck in den Maschinenraum – Pleuellagerschaden. Was sollte nun die Kolben antreiben und uns zu den Philippinen bringen? Dieses Boot konnte man wirklich vergessen. Zusammen mit einem jungen Burschen, der sich mit diesem Motor auskannte, reparierte ich so gut es ging, und wir kehrten mit nicht einmal halber Kraft zu einem Polizeiboot vor der malaiischen Küste zurück. Dort wollte uns, wie befürchtet, niemand zurück ans Ufer lassen. Ich bezweifelte außerdem, daß der Motor das Boot in diesem Zustand jemals bis zu den Philippinen schaffen könnte, noch dazu war es hoffnungslos überbelegt. Ersatzteile waren, wie sollte es anders sein, viel zu teuer.

Zwei Tage harrten wir auf dem Boot aus, eingekreist und überwacht von mehreren Polizeibooten, deren Besatzungen es nicht im geringsten interessierte, was mit all den Menschen auf Deck passieren würde. Zwei Tage in größter Hitze ohne Wasser, obwohl wir davon umgeben waren. Die Luft flimmerte. Niemand hatte etwas zu essen. Unter den Passagieren waren alte Menschen, Frauen und Kinder, die schrien und weinten. Unser Kapitän hatte sich schon längst unbemerkt aus dem Staub gemacht. Nachts war er heimlich an Land geschwommen. Niemanden scherte es, ob wir überleben oder nicht. Zwei Philippiner schwammen in ihrer Verzweiflung nachts zum Strand zurück, um Trinkwasser zu besorgen. Ein Glück, daß sie lebend und noch dazu mit Wasser wiederkamen. Gemeinsam mit den anderen Menschen an Bord ernährten wir uns von altem Reis, verdorbenem Fisch und versuchten, den Flüssigkeitsmangel in unseren Körpern mit ekelhaftem, stinkenden Seetang auszugleichen. Wir wußten nicht, wie es weitergehen würde. Am zweiten Tag kam ein noch viel kleineres Boot vorbei, auf das diejenigen umsteigen konnten, die das Geld dafür hatten. Also auch wir. Für uns waren fünf Dollar nicht viel, andere hatten sie nicht. Bis heute mag ich nicht darüber nachdenken, was mit all denen passiert ist, die zurückbleiben mußten.

In Jolo kamen wir nicht an Land. Wir hörten vom Boot aus Schußwechsel – der Kapitän löschte alle Lichter, befahl uns, uns hinzulegen und stillzuhalten. Alles, was wir sehen konnten, waren die Mündungsfeuer. Wenige Sekunden darauf hörten wir dann die Schüsse, vereinzelt auch Schreie. Dabei war diese Nacht auf makabre Weise eine der schönsten auf dem Wasser. Das ganze Meer leuchtete vom Plankton, alles glimmte und glitzerte. Meeresschildkröten schwammen friedlich an der Wasseroberfläche. Wir hockten ungefährdet im Freien und genossen den Sternenhimmel, während im Hintergrund, auf der Insel, womöglich Menschen starben. Eine skurrile Situation, die ich bis heute nicht vergessen kann. Ungewollt waren wir Zuschauer eines Szenarios geworden, das uns wie ein Spielfilm vorkam. Etwas, das fernab über eine Leinwand flimmerte. Jolo war die Leinwand.

Kurz bevor ich einschlief, erkannte ich in Umrissen ein größeres Boot, das unseres in Schlepptau nahm. Später fand ich heraus, daß auf diese Art Radarkontrollen überlistet werden und die Schmugglerboote so in die Philippinen gelangen. Als ich wach wurde, lag unser Boot an einem Steg mitten in einer Wasserstadt. Die Stadt bestand aus Hunderten von Pfahlhäusern, die zum größten Teil lückenlos aneinander gereiht waren. Wir mußten, unsere Räder auf den Schultern tragend, durch die Häuser hindurchgehen, über schlafende Menschen steigen, balancieren, freie Stellen suchen, auf die wir unsere Füße setzen konnten. Einige Bewohner wachten auf, wurden aber keineswegs feindselig, sondern grüßten freundlich. Leider bemerkte uns auch die Polizei und nahm uns mit zur Einreisebehörde.

Nach einigen Querelen um unsere Herkunft durften wir doch noch zur ersten Hauptinsel, nach Zamboanga weiterreisen. Der Ärger hörte aber lange nicht auf. Man wollte uns einfach nicht im Land haben, obwohl die Menschen sehr offen und freundlich waren. Das aber nützte uns in diesem Moment wenig. Wir brauchten unseren Einreisestempel. Uns wurde erklärt, wir seien auf illegalem Wege in die Philippinen eingereist. Für solche Fälle gäbe es natürlich keinen Stempel. Die Lösung für dieses Problem wurde uns sogleich verraten:

»Dann müßt ihr eben so schwarz, wie ihr hier rein gekommen seid, auch wieder raus – aber so schnell wie möglich.«

Wir aber wollten die Sache klären, denn ein fehlender Stempel hätte ja eine Kettenreaktion zur Folge gehabt. Irgendwo hätten wir zwangsläufig wieder schwarz einreisen müssen.

»Fahrt nach Davao. Das liegt auf der anderen Seite«, hieß es nun. »Sofort! Ihr habt uns nicht gesehen, wir haben euch nicht gesehen!«

Die Diskussion zog sich den ganzen Vormittag hin. Schließlich wurde irgendein Protokoll aufgenommen, das sicher nutzlos war.

Im Polizeigewahrsam protestierten wir hartnäckig weiter und staunten nicht schlecht, als uns vor dem Knast der örtliche Bürgermeister mit Blumenstrauß und den Worten »Herzlich willkommen auf den Philippinen« begrüßte. Am Ende erhielten wir noch ein Empfehlungsschreiben, das sich an Davaos Bürgermeister richtete. Also weiter per Schiff nach Davao. Das Beste wäre, so sagte man uns dort, von Manila aus nach Indonesien zu reisen. Das hatten wir nun überhaupt nicht geplant, vor allem finanziell gesehen ärgerte uns die ganze Aufregung. Bis Manila waren es noch 1500 Kilometer und wir, illegal eingereist und noch dazu vermeintliche Terroristen, mußten leider so schnell wie möglich aus diesem Land verschwinden.

Irgendwie kamen wir per Bus nach sieben Stunden Fahrt in Butuan an. Unterwegs fielen uns die vielen Basketball spielenden Philippiner auf. Es sah recht amüsant aus, weil die meisten sehr klein waren. Kaum einer von ihnen kam je in Verlegenheit, den Korb in über zwei Metern Höhe auch nur zu berühren.

Eine Fähre brachte uns in die Hafenstadt Cebu. Hier verbrachten wir die Nacht gemeinsam in einem Wasserbett, das uns eine Missionsgesellschaft zugewiesen hatte. Normalerweise legen wir uns grundsätzlich nie gemeinsam in ein Bett. Selbst wenn einer auf der blanken Erde liegen muß. In einem Wasserbett wollten wir allerdings beide schon lange mal schlafen. Niemand bekam den anderen dazu, selbstlos zu verzichten. So artete die einzige Nacht unserer gesamten Weltumradlung, in der wir im gleichen Bett schliefen, schlicht in eine Katastrophe aus. Immer, wenn sich einer von uns beiden umdrehte, wurde der andere seekrank. An Schlaf war nicht zu denken. Es dauerte nicht lange, und ich war überzeugt, daß Axel mutwillig auf dem Bett herumschaukelte. Allmählich wurde ich immer wütender. Unmöglich kann ein Mensch so im Schlaf herumturnen! Irgendwann hatte ich so die Nase voll, daß ich aufgebracht auf das Bett sprang. Ich sah Axel auf der anderen Seite katapultartig nach oben federn. Er flog in hohem Bogen die Bettkante.

Bei der Ausreisekontrolle hatten wir unsagbares Glück. Der Grenzer verlor bald die Lust, weiter nach den nicht vorhandenen Einreisestempeln zu suchen und bestätigte unsere legale Ausreise mit dem von uns so ersehnten Stempel.

Die ganzen Behördengänge, die Diskussionen und die Flüge hatten uns nicht nur eine Menge Ärger, sondern auch eine ganze Stange Geld gekostet. Und was hatten wir von den Philippinen gesehen? Rein gar nichts. Erst im Flugzeug kamen wir zur Ruhe.

Kapitel Sechs

Durch Australiens grenzenlose Weite

In Bali waren die ganze Aufregung, die Schußwechsel an der Grenze, die zermürbenden Tage auf dem Boot fast vergessen. Das Land und seine Kultur zogen uns in seinen Bann. Statuen wie hier hatten wir bisher noch nicht gesehen. Wir begegneten einer eigenartigen Form des Hinduismus, der stark vom Buddhismus beeinflußt schien. Jede Brücke, jede Kreuzung hatte ihre eigene Gottesstatue, häufig mit vier Gesichtern, die in alle Himmelsrichtungen zeigten.

Da wir nach Himmelsrichtung und nicht nach Karte fuhren, endete unsere Straße im Nichts. Es blieb nur der Weg über die terrassenförmig angelegten Reisfelder. Immer wieder rutschten die Räder von den schmalen, glitschigen Pfaden ab und wir standen plötzlich in wasserüberfluteten Reisfeldern. Dann mußten wir die Räder die etwa ein Meter hohen Dämme hinaufwuchten. Eine mit der Zeit unglaublich kraftraubende Aktion.

In den Dörfern begegneten uns viele Frauen mit unbekleideten Oberkörpern. Männer frönten in der Hitze dem Hahnenkampf. Wir staunten auch über die unglaublich vielen wilden Affen. Es dauerte nicht lange, bis einer kurzerhand auf Axels Kopf sprang. Axel warf ihn nicht gleich hinunter, weil ich ein Foto machen sollte. Doch ehe ich dazu kam, hatte er Axel von hinten ins Gesicht gefaßt, sich die Brille geschnappt und war mit der Diebesbeute geflüchtet. Wir wollten die Brille aber unter allen Umständen zurück haben, weil Axel ohne sie nicht weiterfahren konnte. Ein Einheimischer hielt mich davon ab, mit einer langen Stange auf Affenjagd zu gehen. Er lief dem Affen langsam hinterher und hielt dabei in der ausgestreckten Hand ein Ei. Der Affe griff zu und hatte nun die Brille in der einen und das Ei in der anderen Hand. Darauf folgte das gleiche Spiel mit einem kleinen Brot. Tatsächlich ließ der Affe die Brille fallen und griff nach dem Brot, das der Mann noch in Sicherheit brachte. Axel war wieder glücklich und ich mir nicht sicher, ob der Affe nicht dressiert gewesen war.

Mit Durchblick konnte Axel nun den Aufstieg zum Mont Batur meistern, einem 1717 Meter hohen Vulkan. Der äußere Kraterrand hat einen Durchmesser von etwa zehn Kilometern. Auch Bäume und sogar Dörfer waren darauf angelegt. Innen gab es einen See, neben dem heiße Quellen sprudelten, und einen weiteren Vulkan. Wir badeten abwechselnd und lange in den heißen Quellen und dem lauwarmen See.

Bali machte insgesamt einen guten Eindruck auf uns. Nirgends sah man wirkliche Armut, alles war europäisch sauber. Dafür waren die Preise in dem Touristenparadies enorm. Handeln lohnte sich übrigens fast überall, obwohl auf den Speisekarten Fixpreise stehen. Eventuell sollten diese auch nur so eine Art Verhandlungsbasis darstellen.

Mit der Fähre setzten wir nach einer Woche Bali zur Nachbarinsel Lombok über. Die Kleidung, das Hupen der Autos und nervende Kinder machten uns darauf aufmerksam, daß hier wieder der Islam dominierte. Weiter ging es nach Sumbawa, der nächsten Insel dieser indonesischen Kette. Hier sahen wir die ersten kleinen Moscheen ohne Lautsprecher. Wahrscheinlich hatten sie hier keinen Strom und waren noch nicht auf den Trick mit der Autobatterie gekommen. Wir genossen jedenfalls die nächtliche Stille.

An einem Paß kamen wir an seltsamen Dörfern vorbei. Dicht an dicht standen niedrige Pfahlhäuser ohne Fenster und mit verschlossener Tür, zu denen nicht einmal eine Leiter hinaufführte. Die Dachfirste zeigten alle in die gleiche Richtung. Weit und breit war keine Menschenseele zu sehen.

»Ein bißchen wie in einem Gruselfilm«, sagte ich zu Axel.

»Einfach gespenstisch. Laß uns weiterfahren«, gab er das Signal zum Aufbruch.

Schnell ließen wir diesen Paß hinter uns. Es könnten so eine Art Totenhäuser gewesen sein.

»Kannst du mir etwas von deinem Wasser abgeben?« fragte mich Axel etwas später.

»Ist dein Wasser etwa schon alle?« Ich konnte nicht glauben, daß er innerhalb zweier Stunden sein ganzes Wasser ausgetrunken hatte.

»Seit ein paar Tagen habe ich irgendwelche Beschwerden mit meinem Magen. Ich trinke und trinke und scheine trotzdem nie genug Wasser zu haben.«

Ungern gab ich ihm meine restlichen zwei Liter.

»Weit kann es ja nicht mehr zum nächsten Dorf sein. Die Kreuzung, an der es liegt, müßten wir in spätestens vier Stunden erreichen.«

Eigentlich kein Problem. Normalerweise kann ich fünf Stunden radfahren, ohne zu trinken. Das Problem war nur, daß das anvisierte Dorf einfach nicht existierte. Zwar gelangten wir zu der Kreuzung, doch nichts schien auf irgendwelche menschlichen Siedlungen hinzuweisen. Wir fuhren durstig weiter.

Auch nach weiteren dreißig Kilometern gelangten wir zu keinem Dorf. Inzwischen hatte ich solchen Durst, daß ich alle Warnungen ignorierend beschloß, Wasser aus einem kleinen Wildbach zu trinken. Ein klarer Bach, der sich durch den Urwald wand, erschien mir sauber genug. Ich trank mich satt und verstand nicht, warum nicht auch Axel seinen Durst löschte.

»Wir haben jetzt schon so oft von schlechtem Wasser hier in der Gegend gehört, daß ich lieber doch nicht trinke. Außerdem habe ich nicht mehr ganz so starken Durst. Danke, daß du mir dein Wasser gegeben hast.«

Nach einer weiteren Stunde Fahrt erreichten wir eine kleine Siedlung, in der wir trinken und unser Wasser auffüllen konnten. Ab sofort beschlossen wir immer wenigstens für jeden zwei Liter Wasser zusätzlich mitzunehmen.

Dieser Entschluß kam für mich jedoch zu spät. Die folgende Nacht wurde für mich zur Katastrophe. Ich übergab mich und würgte, bis längst nichts mehr kam. Meine Stirn glühte. An Schlafen war nicht zu denken. Irgendwie brachte ich die Nacht hinter mich. Als das erste Morgenrot zu sehen war, schlief ich endlich ein.

»Steh auf!« weckte mich Axel. »Es ist nicht mehr weit bis zur Fähre nach Komodo.«

Ich hatte kaum geschlafen. Doch wir wollten die letzte Fähre in dieser Woche noch erwischen.

Attraktion auf Komodo sind die Warane, riesige Echsen, die bis zu drei Meter groß werden und angeblich gefährlich sein sollen. Die Fütterung der Warane war so etwas wie ein Muß auf der Insel, ist aber inzwischen eingestellt worden. Zusammen mit rund drei Dutzend Touristen wurden wir in ein Gatter gepfercht. Draußen rannten die frei lebenden Warane herum, die genau wußten, was sie erwartete. Etwa dreißig Warane stürzten sich auf eine tote Ziege, die ihnen zugeworfen wurde. Ein Knäuel grauer, häßlicher Riesenechsen balgte sich fauchend und röchelnd um ein winziges Zicklein. Mit ihren Schwänzen schlugen sie wild um sich. Weil sie keine richtigen Zähne zum Zerbeißen haben, zerrten sie die Ziege auseinander und schluckten die Stücke im ganzen hinunter. Knochen und ähnliches störte sie dabei offensichtlich nicht im Geringsten.

Komodo bescherte uns noch ein schönes Schnorchelerlebnis im Korallenriff und die Bekanntschaft mit den fliegenden Hunden, riesigen Fledermäusen, die zu Tausenden in den Mangrovenbäumen hingen und mit Geschrei nach oben in die Luft flogen, als wir sie aufschreckten. Es sah beeindruckend aus, wenn die Sonne durch die Flügelhaut der schwanzlosen Tiere schien, die es immerhin auf vielleicht einen Meter Spannbreite brachten.

Am 2. Mai 1991 setzten wir nach Flores über, einer weiteren Insel vulkanischen Ursprungs. Sie verdient ihren schönen Namen, denn die Vegetation ist atemberaubend. Regenwaldflora wechselt sich mit Steppenvegetation ab, inmitten steiler Hügel ragen wunderschön ebenmäßige Vulkane weit in die Höhe. Am beeindruckendsten aber fand ich die herrlichen Blumen.

Auf Flores hatten wir leider auch andere, weniger schöne Erlebnisse. Immer wieder mußten wir feststellen, daß die Menschen Angst vor uns hatten. Besonders wenn es dunkel wurde, rissen nicht nur Frauen und Kinder, sondern auch junge Männer vor uns aus. Einmal liefen am hellichten Tag zwei Frauen vor uns weg. Eine von ihnen hatte ein Kind im Arm. Da es links der Straße steil bergauf und rechts davon genauso steil bergab ging, liefen die beiden noch ein ganzes Stück auf der Straße, bis sie in den nächsten Abzweig flüchteten. In panischer Angst schlüpfte eine der beiden Frauen aus ihren Sandalen, um besser rennen zu können. Wir hoben die Schuhe auf und brachten sie zu dem Pfad, den die Frauen hinuntergelaufen waren. Als sie uns oben mit den Latschen sahen, erschraken sie so sehr, daß sie stürzten. Wir sahen ein, daß es besser wäre, die Sandalen abzustellen und zu unseren Rädern zurückzukehren, und konnten nur hoffen, daß dem Kind nichts passiert war.

Dieses Verhalten war nicht zu nicht erklären. Überall gab es weiße Missionare, auch Touristen waren auf Flores nichts Ungewöhnliches. Vielleicht hatten die Leute zu viele Geschichten über den bösen weißen Mann gehört. Schließlich ist der Teufel in Afrika weiß. Vielleicht auch hier.

An den Abenden fand sich trotzdem meist jemand, der uns zu sich einlud. Wir zeigen bei solchen Gelegenheiten oft Fotos von uns und unseren Familien. Oft konnten sich unsere Gastgeber gar nicht satt sehen. Viele Leute haben zum Beispiel noch nie Schnee gesehen.

Nach und nach fanden sich Freunde und Nachbarn ein. Es wurde viel erzählt, nicht selten gelacht, bis wir ins Bett gehen.

Unsere letzte Station in Indonesien sollte Timor sein. Der Osten dieser Insel verbot sich, da es schon seit Jahren ständige Auseinandersetzungen der indonesischen Armee mit Leuten gab, die um die Unabhängigkeit von Ost-Timor kämpften. Unseren bereits gebuchten Flug ins australische Darwin verlegten wir um vier Wochen vor.

Irgendwie hatte uns das Australienfieber schon seit Tagen im Griff. Um dort nicht negativ aufzufallen, unterzogen wir unser Kopfhaar einer Radikalkur – dem einzigen Friseurbesuch während der gesamten Weltumradlung. Mit dem Verlust seines furchteinflößenden Äußeren – Vollbart und wüstem Haarwuchs – schien Axel allerdings auch die Fähigkeit, günstige Preise auszuhandeln, eingebüßt zu haben.

Der Flug von Kupang über die Timor-See nach Darwin an der australischen Nordküste war geradezu langweilig. Außer Wasser und Wolken gab es außerhalb des Flugzeugs nichts zu sehen. Am Flughafen in Darwin wurde es dann interessant – sofort fielen uns die vielen dicken weißen Männer und Frauen auf. Sie trugen Shorts und lange Kniestrümpfe. Sowas hatten wir schon ewig nicht mehr gesehen. Der Flughafen glänzte vor Sauberkeit. Unsere Räder auch, so glaubten wir. Schließlich hatten wir sie vor der Einreise geputzt wie noch nie zuvor. Nicht schlecht staunten wir deshalb, als ein Grenzbeamter mit weißen Handschuhen die Innenseiten der Schutzbleche abwischte und anschließend den Staub wegpustete. Ich dachte, so etwas gibt es nur im Film. Trotzdem erkannte der Kontrolleur unsere Bemühungen an und ließ uns samt Rädern passieren.

Die Ankunft in Australien erwies sich als Kulturschock, vor dem wir so schnell wie möglich in die Wüste flüchteten. Wir ließen uns mit einem Boot über die Bucht bringen und radelten los, Richtung Alice Springs.

Ich war begeistert von den Tieren in der australischen Steppe. Solch eine prächtige und vielfältige Vogelwelt hatte ich noch nirgends gesehen. Die ersten beiden über einen Meter großen hellbraunen Känguruhs flüchteten im gemütlichen Schlußsprung, als sich Axel gerade um einen Platten kümmerte.

Auf dem Stuart-Highway, der Straße, die Australien von Nord nach Süd durchschneidet, sahen wir zum ersten Mal die für Australien typischen Straßenzüge, die Road Trains. Das sind riesige Trucks mit bis zu vier Anhängern, von denen jeder mindestens fünf Achsen hat. Die vielen Achsen und die gute Qualität der Straßen sorgten dafür, daß die Fahrbahn trotz der gewaltigen Tonnage nicht zu vibrieren begann, sobald sich einer der an die fünfzig Meter langen Trucks näherte.

An den Straßenrändern sah man immer wieder tote Känguruhs. Die Lastwagen hatten regelrechte Känguruh-Abfanggeräte an ihren Frontpartien. Teilweise waren sogar die Autoscheiben vergittert. Dennoch mußte ich erst einmal den immensen Bremsweg eines Road Trains sehen, um zu verstehen, daß die Fahrer einfach nicht bei jedem Känguruh anhalten können. In unserer Nähe fuhren sie jedoch sehr rücksichtsvoll und wichen uns so weit nur möglich aus.

An den Abenden machten sich an unseren Schlafplätzen diverse Tierchen zu schaffen. Während die Ameisen auf Axel scharf waren, hatte ich mehr mit den Mücken zu kämpfen. Ein noch größeres Übel waren die Unmengen von Fliegen, die uns am Tage nicht in Ruhe ließen. In keiner Gegend gab es so viele Fliegen. Die lästigen Wesen krabbelten mit Vorliebe in Ohren, Nasenlöchern, Augen oder sonstwo im Gesicht herum. Unsere Rücken waren fast schwarz vor Fliegen. Ich setzte meine Sonnenbrille auf und wickelte mir zwei Tücher um den Kopf, so daß ich nur zwei winzige Sehschlitze hatte. Nur so war es halbwegs erträglich. Beim Radeln verschaffte uns der Fahrtwind Ruhe vor den Fliegen. Teilweise legten wir in dieser Montur neunzig Kilometer am Stück zurück.

Die Landschaft war hügeliger geworden und faszinierte mich zunehmend. Durch die Hügel konnte man weiter sehen. Der Horizont sah aber war immer gleich aus. Nie spürte ich Unendlichkeit so stark wie hier.

»Herrlich! Diese unendliche Weite!« schwärmte ich laut beim Fahren.

Axel aber empfand das in diesem Moment ganz anders.

»Was soll daran herrlich sein?!« entgegnete er. »Du fährst und fährst, der Hintern tut dir weh und die Landschaft ist früh dieselbe wie abends. Tag für Tag das gleiche Bild«.

»Sicherlich«, antwortete ich. »Genau diese Eintönigkeit gibt mir so ein großartiges Gefühl von Freiheit. Wirklich schön ist es sicher nicht. Dazu fehlt die Abwechslung. Aber ich genieße das Radeln hier«.

In solchen Dingen unterschieden wir uns stark. Während ich die Endlosigkeit und die Ferne genoß, machte Axel die Monotonie zu schaffen.

Verabschiedung in Saalfeld - Wenige trauen uns die Reise wirklich zu

Auf einem Mayamarkt in Guatemala

Indische Tempel strahlen oft etwas Mystisches aus

Die Libysche Wüste erstreckt sich fast bis an den Nil

Kinder trifft die Not oft am meisten (Indien)

Die Anden verlangten uns oft das Letzte ab

Beeindruckende Ruinen in Ägypten

Gleißende Sonne im Sinai

Ein Nachtlager in der Karibik

Oft übernachteten wir bei Gauchos in Patagonien

Indian Summer in Kanada ist wohl die beeindruckendste Reisezeit

Kinder bestaunen uns fast überall (Bangladesh)

Tempel in Indien

Das Radfahrerland China machte es uns nicht immer leicht

Loser Sand ist der größte Feind des Radfahrers (Paraguay)

Die Mayas hatten viel Leid im Bürgerkrieg miterlebt

Im Amazonasbecken mußten wir die Räder auf Boote laden

Hochbeete sichern Eberhard eine gute Ernte

Traumhafte Schlafplätze fanden wir in der Sonorawüste (Mexiko)

In den großen Städten fühlten wir uns unwohl (Caracas/Venezuela)

Schatten gab es in der kasachischen Hungersteppe keinen

Axel versuchte sich unterwegs sogar als Schlosser

Radfahren ist nicht immer gesund ... (China)

Trotz Mao ist die Religiosität sehr tief verwurzelt

Beschwörungen helfen in China, böse Geister abzuwehren

Die Einkindehe ließ sich in China nie ganz durchsetzen

Die nördliche Seidenstraße war wunderschön, aber eiskalt

Die russische Gastfreundschaft war sprichwörtlich

16 Tage brauchten wir, um Alice Springs zu erreichen. Unterwegs machten wir Bekanntschaft mit Dingos und Emus. Dingos sind eine kleine Wildhundeart, die in Australien in Rudeln auftreten. Weil sie Schafe reißen, werden sie von den Farmern erbarmungslos bekämpft.

Emus sind ähnlich wie Strauße große Laufvögel und sehen recht häßlich aus. Sie geben ein Geräusch von sich, als würde jemand in der Ferne Holztrommeln schlagen. Erst dachten wir, es wären Aborigines, die Trommeln schlagen. Der Ton wird aber von zwei Löchern erzeugt, die sich seitlich am Kopf der Emus befinden. Selten habe ich so neugierige Tiere kennengelernt. Sie kamen ganz dicht, häufig sogar bis in Reichweite an unsere Räder herangerannt. Dennoch hatten wir Respekt vor ihnen. Man hatte stets den Eindruck, sie würden jeden Augenblick loshacken.

Kurz vor Alice Springs überquerten wir den südlichen Wendekreis. Typisch australisch war dafür extra ein Denkmal an der Straße errichtet worden. Die Landschaft hatte sich nun doch geändert. Es gab überall Hügel oder Berge aus roten Felsen, die wie senkrechte Schollen aus der Erde ragen. Die MacDonnel Ranges, in denen Alice Springs liegt.

Die Stadt ist so klein wie berühmt. Weitläufig angelegt im Herzen Australiens hat sie nicht viel mehr als zwanzigtausend Einwohner. Viel ist auf den Tourismus ausgerichtet. Zum Ayers Rock waren es nur fünfhundert Kilometer. Ein Katzensprung, gemessen an der unendlichen Weite des Landes.

Vor einem Supermarkt sprach uns eine Deutsche an. Inga lebte schon acht Jahre in Australien. Bei ihr waren wir die nächsten Tage zu Gast. Sie arbeitete in der Musikbranche und brachte uns im Zimmer ihrer Tochter Rasta unter. Wir hatten uns vor dem Supermarkt satt gegessen und aßen deshalb weniger beim gemeinsamen Abendbrot. Um so mehr staunten wir, als Inga anschließend feststellte:

»Ich habe noch nie jemanden gesehen, der soviel essen kann«.

Wir wußten im ersten Moment nicht, was wir sagen sollten. Waren ihre Maßstäbe verrutscht oder unsere?

In Alice besuchten wir die School of the Air. Von hier aus werden Kinder im Schulalter über Funk in einem Gebiet unterrichtet, das halb so groß wie Europa ist. Axel nutzte die Gelegenheit und hielt am Funkkanal eine Unterrichtsstunde. Bei den riesigen Entfernungen hier im Lande ist es klar, daß Farmerkinder nicht jeden Tag zur Schule fahren können. Besonders effektiv schien uns das Ganze dennoch nicht. Eltern, die wollten, daß ihre Kinder viel lernen, schicken ihre

Sprößlinge deshalb ins Internat. Die anderen Kinder sahen ihre Lehrer nur zu Prüfungen.

Bis zu diesem Zeitpunkt hatten wir so gut wie gar nichts von der traditionellen Lebensweise der Aborigines mitbekommen. Zwar hatten wir schon viel von ihnen gehört, gesehen hatten wir allerdings noch nichts. Deshalb buchten wir – ganz touristisch – eine Tour im Kulturzentrum der Aborigines, die uns in ein Camp führen sollte.

Die Ureinwohner Australiens leben seit über vierzigtausend, nach neuesten Erkenntnissen sogar schon seit 120.000 Jahren im Einklang mit der schwierigen Natur Australiens. Zusammen mit anderen Touristen wurde uns vorgeführt, mit welchen Waffen die Aborigines auf Jagd gehen. Vögel, bevorzugt Hühner, werden mit verschiedenen Bumerangs gejagt. Unterschiedliche große Bumerangs schrecken die Hühner auf, die dann direkt auf den versteckt stehenden Jäger zufliegen, weil in allen anderen Richtungen ungefähr sechs Bumerangs mit mächtigem Krach herumschwirren. Zum Töten der Hühner wird ein spezieller Bumerang verwendet, der senkrecht nach oben geschleudert wird, und sie entweder zerteilt oder abstürzen läßt. Die Aborigines jagen außerdem mit einem an beiden Enden angespitzten, kurzen, kräftigen Stock und einer Speerschleuder, mit der der Speer pfeilschnell die Jagdbeute erlegt. Auch was die Eßgewohnheiten der Ureinwohner betrifft, konnten wir noch einiges lernen. Sie kochen und braten nie in der Feuerflamme, sondern nur in der heißen Asche. Wir probierten einen Frosch, dessen Innereien nach Fisch schmeckten. Wir versuchten auch Holzwürmer – weiße, zeigefingergroße, etwas mehlig schmeckende Maden, die viel Eiweiß enthalten sollen und zuletzt irgendeine Frucht, die wie eine Gurke aussah.

Als für unsere Gruppe Aborigines von vier Frauen und vier Männern ein heiliger Tanz aufgeführt wurde, fühlten wir uns richtig unwohl.

»Ich komme mir total albern vor«, sprach Axel meine Gedanken aus. »Ich kann mir nicht vorstellen, daß den Aborigines das wirklich Spaß macht«.

»Mir geht es genauso. Es liegt so viel Verachtung in dem Handel Geld gegen Tradition«.

Wir fühlten uns regelrecht erlöst, als der Tourismusschwindel vorbei war. Der Gedanke allerdings, daß vielleicht ohne zahlende Touristen gar keiner mehr tanzen würde, kam uns erst später.

In der Zwischenzeit hatte Inga für uns einen Job auf einer Rinderfarm vermittelt, und wir freuten uns schon sehr darauf, das Leben dort kennen zu lernen. Nach einer Abschiedsparty kehrten wir Alice Springs den Rücken und fuhren Richtung Süden. Dort lag die Farm, oder Station, wie die Australier sagen, auf der wir arbeiten wollten. Auf ihr gab es etwa 4500 Rinder. Der größte Feind des Farmers sind neben der Trockenzeit die Kaninchen. Im Jahr 1860 wurden die Tiere in Südaustralien ins Land gebracht und wurden zur Milliardenplage, weil sie sich schlagartig vermehrten. Wo sie in Massen auftreten, bleibt nur noch Wüste. Sie wühlen den Boden auf und fressen einfach alles kahl. Erst Anfang der fünfziger Jahre gelang es, einen Großteil von ihnen mit Hilfe eines Virus' auszurotten. Wir haben später gesehen, wie Kaninchen mit Gewehren und Dynamit bekämpft wurden.

Auf unserer Farm war ein ›Spezialist‹ angestellt, dem nachgesagt wurde, er könne zweihundert Kaninchen pro Nacht schießen. Ich dachte mir, das wäre doch eine prima Idee zum Ankurbeln des Tourismus. ›Freies Schußfeld und jede Menge Kaninchen – Kommen Sie nach Australien und schießen Sie sich warm‹. Woanders geben die Leute viel Geld aus, um solchen Hobbys zu frönen. In einem Teil dieser Farm lief gerade ein anderes vom Staat subventioniertes Projekt – man versuchte die Kaninchen zu vernichten, indem man monatelang mit Traktor und Egge über die Kaninchenbauten fuhr.

»Die Jungen zu töten, ist vielleicht das einzige, das Erfolg bringen könnte«, sagte unser Farmer.

Auf der Station lebten neben dem Farmerehepaar noch deren Sohn, der in meinem Alter war, zwei junge Burschen, ein trockener Alkoholiker im Rentenalter und zwei Hunde. Während Axel eine Blutvergiftung auskurierte, fuhr ich am nächsten Morgen mit drei Leuten für zwei Tage in ein Außenlager, das aus einem alten Wohnwagen mit Stahlpritschen bestand. Zunächst wurde ein wilder Hengst per Geländewagen und Enduromotorrad in ein Gatter getrieben.

»Nutzloser Grasfresser«, erklärte mir der Farmersohn. »Die zerstören nur die Weidezäune.«

Dann legte er den Hengst mit einem sauberen Schuß aus dreißig Metern Entfernung um. Das Pferd fiel wie ein Brett zur Seite und zuckte nicht einmal mehr.

Anschließend fuhren wir zu einer Koppel mit etwa vierhundert Rindern, die auf die gleiche Weise wie der Hengst in ein Gatter getrieben wurden. Das allein nahm zweieinhalb Stunden in Anspruch.

Anschließend mußten alle noch nicht gebrandmarkten oder zum Schlachten bestimmten Tiere ausgesondert werden. In einem langen, schmalen Gang erhielten die Tiere das Brandzeichen aufgedrückt. Zusätzlich wurden ihnen die Ohren eingekerbt, damit man die gebrandmarkten Tiere noch erkennen kann, wenn das Brandzeichen vom Fell überwachsen ist.

Das Kastrieren ist etwas für Hartgesottene. Dem Kalb wird der Kopf auf den Rücken gedreht, so daß es zu Boden gehen muß. Ein zweiter Mann packt blitzschnell den oberen Hinterhuf, knickt das Bein ein und hält mit seinen Füßen den unteren Huf, damit das Kalb nicht um sich schlagen kann. Der Dritte kann nun einigermaßen gefahrlos die Schnitte ausführen. Das Abschneiden der Hörner setzte dem Ganzen die Krone auf. Dazu wird eine Art Bolzenschneider verwendet. Das muß den Tieren erbärmlich wehtun.

Als die Hörner entfernt waren, spritzte noch minutenlang ein Blutstrahl aus der Wunde heraus. Bestimmt keine schöne Arbeit, die aber auch zum Farmerleben gehört. Wer denkt schon daran, wenn er bei McDonalds einen Hamburger ißt? Am nächsten Tag trieben wir die Rinder, die zum Schlachten bestimmt waren, auf den Anhänger eines großen Trucks.

Nachdem wir einige Wochen auf der Farm gearbeitet hatten, wollten wir endlich zum Ayers Rock. Den gigantischen Felsen sah man schon aus fünfzig Kilometer Entfernung. Zunächst fuhren wir aber am Rock vorbei zu den Olgas, die wie Felsboller nebeneinander aufragen. Zwischen den dicht an dicht stehenden Felsen aus grobem roten Konglomerat führen Wege entlang. Wir unterdrückten unseren Kletterdrang und eilten zurück zum Rock, um den berühmten Sonnenuntergang zu erleben.

Gemeinsam mit Horden von Touristen sahen wir von einem Beobachtungspunkt aus das beeindruckende Farbspiel, das die rot untergehende Sonne auf dem Fels projiziert. Es schien, als glühe der Ayers Rock aus seinem Innersten heraus. Mir fiel kein Naturschauspiel ein, das mit dieser Schönheit hätte mithalten können.

Morgens gingen wir zeitig zum Rock, um ihn über einen mit Ketten abgesicherten Weg zu erklimmen. Der gesamte Fels ist von bis zu zehn Meter tiefen Wasserrillen durchzogen.

»Wußtest du, daß der Fels für die Aborigines heilig ist«, fragte mich Axel. »In ihm soll noch immer die Regenbogenschlange Kuniya, das Schöpferwesen der Ureinwohner leben«.

»Ihr Schlaf muß ganz schön fest sein, wenn sie das tägliche Touristengetrampel abkann«.

Schon jetzt waren mindestens fünfhundert Touristen auf dem Aufstieg, darunter auffallend viele Japaner.

Die Sicht von oben war herrlich. Die fünfzig Kilometer entfernten Olgas und auch der fast hundert Kilometer weiter liegende Mont Conner schienen von hier aus viel näher. Weit reichte die Aussicht in die einförmige Buschlandschaft. Wir genossen die wunderbare Aussicht. Doch heute fühle ich mich nicht mehr so wohl, wenn ich daran zurück denke. Inzwischen weiß ich, daß die Aborigines den Aufstieg der Touristen auf den Ayers Rock, oder wie sie sagen Uluru, nicht gerne sehen. Sie glauben, daß das ihren Felsen entweiht.

Der nächste Tag bescherte uns mit seltenem und kräftigem Rükkenwind einen neuen Tagesrekord von zweihundert Kilometern. Doch bald war uns der Gegenwind wieder treu und wie so oft mußte ich ihn abfangen. Wenn Axel vorn fuhr, wurde mir sein Tempo schon bald zu langsam und ich ging deshalb wieder in Führung. Diesmal sollte er für seine Trägheit bestraft werden. Er bemerkte ein totes Känguruh auf der Straße zu spät und fuhr direkt darüber. Außer Knochenkrachen und dem Geräusch einreißender, ausgetrockneter Haut hörte ich noch Axels Ekelschrei, als ihm die Körpersäfte des Känguruhs ans Bein spritzten. Ich konnte mir die Schadenfreude nicht verkneifen.

Am 1. Juli 1991 lag Port Augusta vor uns. Die Stadt empfing uns mit grauem, regnerischen Novemberwetter. Wir hatten das Ende des schönen Stuart-Highways erreicht und waren jetzt genau ein Jahr mit dem Fahrrad in der Welt unterwegs. Irgendwo auf den letzten Kilometern der Straße feierten wir den Jahrestag mit Schokolade und Bier.

Von nun an änderte sich nicht nur die Landschaft, sondern auch das Wetter. Palmen und Kakteen standen im Kontrast zu den kalten Temperaturen. Zum ersten Mal überhaupt zogen wir unsere langen Regenhosen an. So erreichten wir, mit zwanzig Cent in der Tasche, Adelaide an der australischen Südküste. In einer Tristesse, die man bei uns mit Novemberwetter beschreibt, fuhren wir an gardinenlosen Fenstern vorbei, in denen warme Lichter zu sehen waren. Selten kam ich mir so einsam vor, selten fühlte ich mich so mies. Hilfsbereite

Leute, die uns an einem Sportplatz auflasen und uns ein warmes Süppchen schenkten, halfen über die erste Depression hinweg.

Nach zwei Tagen Jobsuche wurden wir fündig. Auf dem Mont Lofty, siebenhundert Meter über der Stadt, verdingten wir uns bei einem deutschsprachigen australischen Ehepaar als Gärtner. Hier verbrachten wir den australischen Winter. Fast drei Monate arbeiteten wir in dem Anwesen. Anfangs suchten wir die Nähe zu unseren Landsleuten noch. Wir konnten so an Informationen gelangen, die uns sonst wegen fehlender Sprachkenntnisse versagt geblieben wären. Mit zunehmender Dauer der Tour wurde unsere Distanz zu Deutschen immer größer. Irgendwann mieden wir sie regelrecht. Je mehr Sprachen wir lernten, in die verschiedenen Kulturen eintauchten und mit den Menschen dort lebten, desto mehr verblaßte unser Bewußtsein, Deutsche zu sein.

Hatten wir anfänglich noch alle Nachrichten aus der Heimat verschlungen, die wir über Presse, Radio oder andere Reisende bekamen, so ließ das Interesse im Laufe der Zeit immer mehr nach. Zuviel Elend hatten wir in der Welt gesehen, als daß uns ein Steuerbetrug oder eine Dienstwagenaffäre wirklich interessieren konnten. Wir stumpften ab gegen das, was in Deutschland die Gemüter bewegte. Die Probleme dort erschienen uns winzig gegen die Flutkatastrophe in Bangladesch oder die unglaublich miserable Versorgungslage in der ehemaligen Sowjetunion.

Was uns jedoch momentan in Australien wirklich nervte, war die lästige Helmpflicht für Radfahrer. Zum Glück hatten wir die Helme kostenlos vom Fahrradclub in Adelaide bekommen, an den wir sie später zurückschickten. Immer, wenn keine Polizei zu befürchten war, setzten wir die verhaßten Fahrradhelme ab. Auf den vielen Kilometern den Highway entlang sahen wir irgendwann beim Fahren nur noch nach unten, weil wir wußten, daß es geradeaus ging. Wenn man dabei die Helme auf dem Kopf und über den Ohren hatte, hörte man nicht, ob ein nahendes Auto von hinten oder von vorn kam. Außerdem sahen wir nicht ein, wozu die Dinger außerhalb der Stadt gut sein sollten. Wir waren uns einig, daß sich Politik und Industrie zum Nachteil der Radfahrer verbündet hatten.

In Australien begriffen wir erstmals auch die Dimension unserer Reise.

»Wie weit ist es eigentlich noch bis Sydney?«, fragte ich unseren Kartenspezialisten.

»Ungefähr 2500 Kilometer«, antwortete Axel.

Ich dachte kurz nach.

»Das schaffen wir locker in drei Wochen«, verkündete ich.

»Drei Wochen«, wiederholte Axel nachdenklich, »Das ist für manch einen der gesamte Urlaub«.

Uns wurde schlagartig bewußt, welches Privileg wir trotz aller Entbehrungen hatten. Denn wir besaßen das Kostbarste. Wir hatten Zeit.

Auf dem Weg nach Sydney machten wir für zwei Tage auf einer Schaffarm halt. Die Schur stand kurz bevor. Die Zeit zum Scheren wird auf jeder Farm individuell festgelegt. Die Farmer müssen dabei sehr auf das Wetter achten, damit die frisch geschorenen Schafe nicht krank werden. Wir halfen beim Klauenverschneiden der Zuchtböcke. So hatten wir unser Frühstück am nächsten Morgen verdient. Wir hatten es uns inzwischen zur internen Regel gemacht, mehr als eine Mahlzeit nur noch anzunehmen, wenn wir auch etwas dafür taten. Niemand sollte uns vorwerfen können, daß wir uns durch die Welt schlauchten.

Unangenehme Erfahrungen machten wir unterwegs mit einem schwarz-weiß gefiederten, etwa rabengroßen Vogel. Urplötzlich kam er zweimal im Sturzflug auf Axels Rücken zu und attackierte ihn auf Rücken und Helm. Nachdem mir tags darauf das gleiche passiert war, gewöhnten wir uns an, beim Fahren auf den Himmel zu achten. Mehrfach konnten wir durch Schreien den Angriff dieser Vögel in letzter Sekunde verhindern. Wir waren in dem Moment froh, daß wir die Fahrradhelme hatten und wußten jetzt auch, warum sich die Kinder Augen oben auf den Helm malten und mit Wimpeln am Rad umherfuhren. Eines Morgens saß einer der angriffslustigen Gesellen am Fußende von Axels Schlafsack und hackte munter drauf los. Vielleicht sind manche Horrorfilme doch nicht aus der Luft gegriffen.

Beim Weiterradeln über Nebenstraßen und Pisten gelangten wir an eine überschwemmte Stelle. Schon vorher hatten wir im Süden Australiens überschwemmte Gebiete gesehen. Während weite Teile des Landes unter Dürre leiden, war hier das Land überschwemmt! Zurück und über Hauptstraßen fahren wollten wir nicht. Also testete ich zunächst die Tiefe. Kurz entschlossen brachten wir erst das meiste Gepäck und dann die Räder durch das brusthohe Wasser. In der warmen Nachmittagssonne trockneten unsere Sachen schnell wieder.

Canberra, später auch Sydney, mochten wir anfangs überhaupt nicht. Neue, moderne Städte waren nichts für uns. Auf dem Land dagegen fühlten wir uns viel wohler. Dort konnten wir in Ruhe die Natur genießen und hatten nicht ständig mit hektischem Straßenverkehr zu kämpfen. Deshalb versuchten wir, unsere Aufenthalte in Städten so kurz wie möglich zu halten.

Sicher beeindruckte uns in Sydney die berühmte Oper oder die gewaltige Harbourbrücke. Dennoch waren wir froh, als wir die Stadt wieder verließen. Diesmal nach Neukaledonien.

Kapitel Sieben

Inselhüpfen in traumhafter Südsee

Gern hätte ich schon beim Landeanflug etwas von Neukaledonien gesehen. Ich konnte aber kaum etwas erkennen. Es lag nicht etwa an schlechter Sicht, dicken Wolken oder einem Sitzplatz weit ab vom Fenster. Axel und ich hatten uns in den vergangenen Stunden dafür einfach zu viele Gläser Rotwein gegönnt und waren in entsprechend guter Stimmung. Trotzdem erinnere ich mich aber noch an die extrem gegliederte Küste, die vielen vorgelagerten Inseln und die steil aufragenden Berge im Inneren. Die Insel schien wenig besiedelt und war wohl zu einem großen Teil auf der Westseite von Trockenheit geplagt – gelbgrüne Vegetation ließ es vermuten.

Wir interessierten uns für das nördliche und östliche Neukaledonien, freuten uns zunächst jedoch auf die Nacht. Der Alkohol hatte uns müde und beinah gleichgültig werden lassen. So registrierten wir auch den fast knietiefen Morast nicht, durch den wir unsere Räder trugen. Wir suchten nicht lange, nahmen den erstbesten freien Flecken Erde und schliefen ein. Daß am nächsten Morgen vielleicht nicht nur unsere Beine, sondern auch die Schlafsäcke total verdreckt sein würden, interessierte uns wenig. Der Rotwein hatte uns in einen seligen, zufriedenen Zustand versetzt. Die Stewardeß hatte uns noch einen ganzen Rucksack voll mitgegeben.

Um so überraschter waren wir, als wir aufwachten und inmitten von Morast und Schlamm auf einem trockenen Fleckchen lagen, dem Rande einer Rinderweide. An unseren Füßen, Schlafsäcken und Rädern fanden wir nicht den kleinsten Schlammspritzer. Bis heute haben wir dieses rätselhafte Erlebnis nicht auflösen können.

Auf dem weiteren Weg kamen wir doch noch in Kontakt mit der braunen nassen Erde. Es war jedoch kein Problem, sie abzureiben, nachdem sie in der Sonne getrocknet war.

Zuerst bekamen wir das wirtschaftlich aktive Neukaledonien zu sehen. An einigen Bergkuppen war die Vegetation vollständig abhanden gekommen und es ließ sich unschwer zu erkennen, daß es sich um Bergbauminen handelte. Den roten Schlamm, der bei der Nickelförderung als Abraum erzeugt wird, kippen Lkw die Berge hinunter und zerstören so die Pflanzen. Schade, daß wir die Folgen ausgerechnet an unserem ersten Tag spüren mußten.

Angenehmer war die Tatsache, daß es auf diesem Inselstaat die Trennung zwischen Einheimischen und Weißen nicht zu geben schien. Alle haben den gleichen, verhältnismäßig hohen Lebensstandard, der etwa mit dem Westmalaysias vergleichbar ist. Uns fiel sofort auf, daß gemischt rassige Paare hier etwas ganz Normales sind. Obwohl Neukaledonien eine französische Kolonie ist, schien es endlich mal ein Land ohne Rassismus zu sein. Makaber ist die Bezeichnung der Einheimischen, die mancher in Deutschland als Schimpfwort mißbraucht. Die Menschen auf Neukaledonien heißen Kanaken, und sie gehören zu den freundlichsten Völkern, denen wir begegnet sind.

Autofahrer verlangsamten für uns ihre Fahrt und machten einen höflichen weiten Bogen um uns. Überall wurden wir gegrüßt. Oft sahen wir Dorfbewohner beim ›Boule‹, dem französischen Nationalspiel. Dabei wurde geschwatzt und Wein getrunken.

Auf diese Südseeinsel hatten wir uns kein bißchen vorbereiten können, kannten so weder Straßen, noch Menschen und wählten so unsere Route auf Verdacht. Wir besaßen nicht einmal eine richtige Karte. So mußten wir wohl oder übel nach den groben Beschreibungen fahren, die man uns machte, wenn wir fragten. Die Entfernungen schwankten dabei von einem Gesprächspartner zum nächsten für den gleichen Ort zwischen drei und dreißig Kilometern.

Angst vorm Verhungern mußten wir dennoch keine haben. Überall an den Straßenrändern stehen einsame Körbe voll Essen und Wasserkrüge. Daneben befindet sich immer die ›Kasse des Vertrauens‹, in die der entsprechende Betrag fließt, nachdem man sich genommen hat. Eine schöne Art des ›Geschäftemachens‹. Wenn einem soviel Vertrauen im Vorfeld entgegengebracht wird, betrügt man nicht.

Gleich am zweiten Tag wurden wir von einem Kanaken eingeladen, der zwar kein einziges englisches Wort kannte, uns aber mit Händen und Füßen unmißverständlich mitteilte, daß sich ein Fernsehabend bei ihm sehr lohnen würde. Die Sendung auf dem einzigen Programm war wenig unterhaltsam, er zeigte uns deshalb kurzerhand Videos über Tänze und Trachten ozeanischer Völker und lieferte gleich die passenden Erklärungen dazu. Das Abendbrot bestand aus dem typischen Reisessen asiatischer Länder. Nur das reichlich vorhandene Hühnerfleisch zeugte von einem höheren Lebensstandard. So schlecht wir uns auch mit Worten verständigen konnten, so einig waren wir uns, als die Unterhaltung plötzlich von Adolf Hitler und Saddam Hussein handelte.

»Hitler? Kranka!« sagte unser Gastgeber und tippte sich dabei mit dem Finger an den Kopf.

»Hussein, Hitler kranka«, sagte Axel.

Der Kanake nickte heftig. Wir hatten uns gegenseitig unmißverständlich klar gemacht, was wir von Kriegsstiftern wie diesen beiden hielten. Mit wenigen Worten und Gesten war das Gespräch auf eine politische Ebene gelenkt worden, auf der wir es noch einige Stunden fortsetzten. Diese Einstellung paßte genau zu dem friedlichen Bild, was wir innerhalb der kurzen Zeit von Neukaledonien gewonnen hatten.

Tagsüber stieg die Temperatur bis auf vierzig Grad Celsius, die nur der kühle Wind halbwegs erträglich machte. Je weiter wir in den Osten kamen, um so grüner wurde die Gegend. Schwüle, heiße Luft trieb Wolken herbei, die sich in kurzen, heftigen Schauern erleichterten. Wir rollten durch den Regenwald bis hinab zur Küste, an der einige kleine Dörfer lagen. Dort entschlossen wir uns zu einer kurzen Rast am Strand.

Axel kletterte auf eine Palme und holte uns einige Kokosnüsse herunter, die wir zuerst austranken. Seine Hängematte hatte er halb um den Stamm gewunden und sich an ihr Stück für Stück nach oben gezogen.

Mit unserem Universalwerkzeug für die Räder war es kein Problem, zwei mundgerechte Löcher in die Schale zu stechen. Bei der nächsten Nuß wandten wir das erste Mal eine Methode zum Öffnen an, von der wir schon oft gehört hatten, bevor wir hierher kamen. Wir warfen die geschälte Nuß gegen den Stamm der Palme, wo sie schon beim zweiten Versuch aufplatzte. So machen es schließlich auch die Affen, und es funktioniert. Normalerweise schlägt man mit einem Stein auf den Teil der Nuß, mit dem sie an der Palme angewachsen ist. Dieser Dreh funktionierte aber nur bei der hier weit verbreiteten Art der Kokosnüsse. Die Nüsse waren alle noch sehr grün, dafür schmeckten Milch und Mark um so besser – bei alten Nüssen ist das Innere mitunter so fest, daß das Essen alles andere als angenehm ist. Das Mark setzt sich irgendwann ab, weshalb die Milch irgendwie an Geschmack einbüßt. Bei diesen Nüssen befand sich das ganze nahrhafte Kubra noch in der Milch.

Hier wuchsen so viele wilde Kokosnüsse, daß man Schwierigkeiten gehabt hätte, sie alle zu ernten. Ernste Konkurrenz machten den Palmen nur die zahllosen Blumen, die auch in den Dörfern nicht zu übersehen waren. Manchmal säumten sie die Straßenränder auf der ganzen Länge und dufteten. Die Insel war auf dieser Seite ein Paradies. Man konnte diesen Garten Eden auch während der Fahrt in vollen Zügen genießen. Die Küstenstraße führte unwahrscheinlich nah am Wasser entlang. Hohe Meereswogen wurden schon einige hundert Meter vor der Küste von einem Korallenriff gebrochen, so daß die Straße von Überschwemmungen verschont blieb. Weiter im Innern der Insel erstrecken sich dichte Tropenwälder. Durch die Nähe zum Meer wehte immer eine frische Brise, die die schwüle Luft erträglich machte.

Wir trauten unseren Augen kaum – weiter östlich kamen wir in eine noch schönere Gegend. Es schien, als ob ein Bergkamm sein Gerippe zeigte. Die Kalksteinfelsen waren vom Wasser zerfressen, senkrecht nach oben ragende Steinwände hatten sich gebildet. An ihrem höchsten Punkt mündeten sie in spitze Felsnadeln. Manche von ihnen waren vollständig vom Meerwasser umgeben und lagerten vor der von Palmen und Mangrovenwäldern bewachsenen Küste. Von der Straße aus konnte man das dahinterliegende Meer manchmal nur erahnen, wenn man hinter der Felswand entlang fuhr. An einem Punkt war die Felsenreihe großräumig von einem Fjord und zwei Flußmündungen unterbrochen. Und in dieser Bucht lag Hienghene. Unmöglich kann Rio de Janeiro schöner liegen! Zumindest dachte ich das in diesem Moment. Trockene Berge, artenreiche Vegetation an der Küste, schroffe Felsen, ein Korallenriff mit kleinen Inseln, Mangroven und das stark gegliederte Meeresufer. Alles auf einmal und noch dazu ohne Touristen. Wir waren ahnungslos in ein Paradies geradelt und davon völlig überwältigt. Ein französisches Radlerpärchen bestätigte später, daß die meisten Urlauber sich in Nouméa, der Hauptstadt, aufhalten und selten mehr von der Insel sehen. Vielleicht schauen die sich die Insel nur aus Unwissenheit über ihre Schönheit nicht an. Unsere Route dagegen kam uns geradezu optimal vor. Nur die Zeit war etwas knapp, eine Woche konnten wir nur bleiben.

Wesentlich nüchterner als in Nouméa landeten wir in Auckland auf der Nordinsel Neuseelands. Axel hatte sich in den Kopf gesetzt, ein Rad für seine Omi zu organisieren, die ihren siebzigsten Geburtstag in Neuseeland mit ihrem Enkel feiern wollte. Seine ganze Familie hatte für den Flug zusammengelegt. In den zurückliegenden Wochen war Axel immer ungeduldiger geworden. Ich konnte ihn verstehen. Schließlich war seine Omi für ihn eine wichtige Bezugsperson. Obwohl sie vielleicht selbst nicht absolut von unserer Reise überzeugt war, hatte sie Axel in der Vorbereitung der Tour sehr unterstützt. Und nun sollte sie kommen!

Zu meinem Erstaunen hatte Axel schon im zweiten Fahrradladen vollen Erfolg. Der Ladenbetreiber war sehr interessiert. Allerdings erst, nachdem Axel bei einem Fernsehsender angerufen hatte, der nun einen kurzen Beitrag über uns beide einschließlich der rüstigen Großmutter drehen wollte. Auch im Radladen sollten, so Axels Idee, die Kameras laufen.

Der Besitzer hatte die Werbung sicher nötig. In der Stadt machten ausländische Nobelmarken das Rennen, wovon wir uns gleich überzeugen konnten. Kaum zu glauben, was wir alles sahen: angeblich die Aerodynamik begünstigende Fahrradlehnen waren da nur der Anfang. Wir aber waren froh, daß wir ein Rad für Omi bekamen.

Lange warteten wir auf Axels Omi, weil sich der Flug um mehrere Stunden verspätet hatte. Axel stürmte auf Omi zu, schlang beide Arme um sie und hob sie in die Höhe, ehe sie ein Wort sagen konnte. Sie war überrumpelt, sprachlos. Tausend Eindrücke strömten auf sie ein. Für den Jetlag hatte sie keine Zeit. Fahrrad packen, die Kameras und natürlich die Wiedersehensfreude – all das mußte sie in kürzester Zeit verarbeiten.

Denn noch am gleichen Tag radelten wir in Richtung Süden los, durch die weit verstreuten Vororte von Auckland. Kaum hatten wir die letzten Häuser hinter uns gelassen, waren wir schon von ausgedehnten Weideflächen umgeben. Ich fragte mich, wie viele Hektar Wald dafür wohl hatten weichen müssen. Daß auf jeden der 3,5 Millionen Neuseeländer ungefähr zwei Rinder und zwanzig Schafe kommen, war nicht zu übersehen. Nicht viel später hatten wir ordentliche Steigungen zu überwinden. Kein Problem für Axel und mich, aber ›unser Mädel‹, wie wir Omi scherzhaft nannten, war nach der Zeitumstellung nicht gerade optimal in Form. Ich staunte, wie gut sie die zwölf Stunden Zeitverschiebung bis jetzt dennoch verkraftet hatte.

So richtig konnte sich Omi nicht an der Landschaft erfreuen. Bei jedem Tritt in die Pedalen war ein für unsere Radlerohren schmerzhaftes Knacken und lautes Rattern zu hören. Omi kam mit ihrer Gangschaltung nicht zurecht.

»Du hast 21 Gänge, Omi. Die ersten helfen dir beim Anstieg und je weiter du hoch schaltest, um so größer wird der Widerstand«, sagte Axel. »Probier's mal aus. Und schalte möglichst in nur einen Gang auf einmal.«

Es half alles nichts. Sie kämpfte, den größten Widerstand in den Pedalen, Berge hinauf. Sie strampelte fast im Freilauf die flachsten, schönsten Abfahrten hinunter. Das ist jetzt über acht Jahre her, und Omi steht immer noch auf Kriegsfuß mit Gangschaltungen an Fahrrädern.

Trotzdem schaffte sie es, uns die meisten Berge hinunter in tollkühnen Manövern zu überholen. Wir hatten uns schon lange abgewöhnt, schneller als fünfzig Kilometer pro Stunde zu fahren. Man weiß nie, was hinter der nächsten Kurve auf einen wartet. Wir waren also immer darauf vorbereitet, so schnell wie möglich auch bremsen zu können. Omi hingegen genoß es, wenn sie unabhängig von Gangschaltung und Pedale zügig fahren konnte und verschwendete kaum einen Gedanken an das Risiko, das sie möglicherweise einging. Oft genug hatten wir sie auf die Gefahr hingewiesen. Omi überholte weiter. Womit ein weises Sprichwort Bestätigung gefunden hatte: Alter schützt vor Torheit nicht.

Omi erzählt gern und viel. Sie sorgte damit und mit ihren ohnehin spärlichen Englischkenntnissen bei vielen unserer Gastgeber für Verwechslungen und für jede Menge Heiterkeit. Sobald sie einzelne Wörter verstanden hatte, konstruierte sie in Gedanken einen möglichen Zusammenhang und redete drauf los. Wie in diesem Fall:

»Ich würde gern morgen zum Melken in den Stall gehen«, sagte ich. »Dafür brauche ich Gummistiefel. Ich glaube aber, meine Füße sind zu groß für eure Arbeitsstiefel.«

»Ich habe noch ein Paar, das ich im Winter mit drei oder vier Paar Socken zum Angeln, zum ›fishing‹, anziehe«, antwortete mir unser Gastgeber.

»Oh«, meldete sich plötzlich Omi zu Wort, die nur ›fishing‹ verstanden hatte. »Die große Packtasche hinten auf meinem Rad ist ein Angelrucksack.«

Wir gaben uns gerne weiter Mühe, alle Gespräche für Omi so synchron wie möglich zu übersetzen oder zu erklären. Trotzdem sorgte sie immer wieder für Heiterkeit. Wenn sie sich zum Beispiel um keinen Preis davon abbringen ließ, daß Freitag und Sonnabend auf englisch ›Friddai‹ und ›Satterdai‹ heißen.

»In der Schule habe ich es so gelernt«, beharrte sie.

Trotz allem staunte ich über ihr Erinnerungsvermögen, auch wenn sie sich letztendlich nur die englische Rechtschreibung und nicht die Aussprache gemerkt hatte.

Nach einer Nacht im Regenwald dicht am Rotorua-See roch es während der Fahrt mit einem Mal stark nach Schwefel. Das ›Höllentor‹ lag vor uns. Die weiße Erde, bunt schattiert durch verschiedenste Mineralien, kochte und brodelte überall. Der Grund für den üblen Geruch war der Schwefelwasserstoff in den Quellen. Dieser Fleck soll der heißeste der Erde sein. Die Erde war noch feucht vom Regen, Wasserdampf stieg neben den Quellen auf. Auf einem Gebiet von schätzungsweise einem halben Hektar wuchs nicht eine einzige Pflanze. Ich fühlte mich, als würde ich die Entstehung der Erde erleben. So muß die Erde in ihrer Anfangszeit ausgesehen haben. Ein brodelnder und doch toter Planet. Phantastisch und irgendwie auch ein wenig gespenstisch.

Nach diesem Gebiet fühlten wir uns in der saftigen Vegetation des Regenwaldes doppelt wohl. Die ganze Insel schien in diesem Teil zu brodeln und zu dampfen. Heiße Quellen, Vulkane, Thermalwasserfälle, Wasser spuckende Geysire. Im Waimangu-Thermaltal dampften die Felsen. Zum Jahrhundertbeginn gab es hier, so vermutet man, die größten Geysire der Welt. Das Wasser soll damals angeblich in Höhen von bis zu fünfhundert Metern geschossen sein. Auf der gegenüberliegenden Seite eines mit hellblauem Wasser gefüllten Kratersees war ein fortwährendes Grollen zu hören.

Durch Zufall gelangten wir in ein wunderbares ›Bad‹ mitten im grünen Wald. Im Zusammenfluß zweier unterschiedlich warmer Bäche mit starker Strömung nahmen wir herrliche Wechselbäder. Ein Flußlauf war beinah kochend heiß, während der andere mit leichter Strömung eiskalt den Wald durchfloß. Ein leichter Nieselregen vermischte sich mit langsam rinnenden Wasser der Bäche. Wir stiegen so lange abwechselnd vom einen zum anderen, bis unsere Haut ganz weich und schrumplig geworden war.

Die ersten Tage unserer gemeinsamen Radtour mit Omi, auch beim Wechselbad im Wald, wurden wir vom Regen begleitet. Oft stellten wir dabei fest, daß sich weder die Segler auf den neuseeländischen

›lakes‹, den Seen, noch die Golfspieler davon stören ließen. Die Landschaft war noch dazu so schön, daß auch uns das durchwachsene Wetter wenig ausmachte. Omi schlief meist selig im Zelt, Axel und ich in unseren Hängematten, über die wir vorsorglich Planen spannten. Unsere Räder lagen mit dem Gepäck gut geschützt darunter.

Einmal war Omi nicht recht damit einverstanden, im Nationalpark nur im Zelt zu schlafen. Es regnete in Strömen, und sie befürchtete wohl, der Stoff würde dem hartnäckigen Niederschlag irgendwann nicht mehr standhalten.

»Ich werde mich nicht ins Zelt legen. Können wir nicht irgendwohin fahren, wo es ein Dach gibt?« diskutierte sie.

»Es ist schon lange dunkel.« Axel unterbrach sie. »Wo sollen wir denn jetzt auf Verdacht noch etwas finden? Das Zelt wird schon halten.«

»Das glaube ich nicht.« Omi blieb hart. »Dann bleibe ich eben ganz draußen und werde gleich richtig naß.«

Das schien ihr letztes Wort zu sein. Aber es gab noch eine andere Möglichkeit.

»Dort drüben steht ein Toilettenhaus. Da gibt es mit Sicherheit eine große Behindertentoilette, in die du deinen Schlafsack legen kannst, Omi. Dann bist du richtig geschützt«, versuchte es Axel weiter.

»Ich soll in einer Toilette schlafen?« fragte sie mit diesem ›Das-ist-nicht-dein-Ernst-Blick‹ zurück.

»Schau es dir doch erst mal an«, mischte ich mich ein.

Ihre Skepsis legte sich tatsächlich. Die Toilette war sauber. Omi breitete noch etwas mißmutig ihren Schlafsack und die Isomatte auf dem Boden aus.

»Geht schon schlafen«, grummelte sie. »Ich bleibe hier. Aber das bleibt unter uns. Klar?!«

Über die Cook-Straße gelangten wir zum ›South Island‹, zur Südinsel. Die Ufer beider Inseln sind hier besonders zerklüftet und bergig. Dort wollten wir mit Kanus die Küste entlangpaddeln.

Axel organisierte wie immer innerhalb kürzester Zeit die speziell für Meere konstruierten Zweier-Kajaks mit reichlich Stauraum, für deren Benutzung wir eine ausführliche Einführung erhielten. Der Verleiher führte in einer Trockendemonstration vor, wie man ein Kanu nach dem Kentern wieder aufrichtet und einsteigt. Es folgte eine kleine Lehrstunde in Sachen Kajakkunde: Wo befinden sich Wasserpumpen, Schwimmwesten, Landkarten, Ersatzpaddel, Helme? Wie feuert man Signalraketen ab, was ist Signalqualm, wie funktioniert das Radio für den Wetterbericht, welche Sendezeiten und Frequenzen sind entscheidend? Wir wurden buchstäblich überhäuft mit Informationen. Und zwischendurch immer wieder auf die Gefahr hingewiesen, die der Landwind in sich birgt. Schnell kann er kleine Boote ins offene Meer hinaustreiben. Bei extremem Seegang und wenig Erfahrung kann ein Kanu leicht an den Felsen der Küste zerschellen. Deswegen werden diese Kajaks auch grundsätzlich nicht an Personen verliehen, die alleine losziehen wollen.

Axel fuhr selbstverständlich gemeinsam mit Omi, ich allein. Das Wetter war geradezu genial. Selbst der Wind meinte es gut und schob uns von hinten an. Die ›Crazy Mile‹, die verrückte Meile, ein sehr felsiger Uferabschnitt, zeigte sich entgegen allen Auskünften von Reiseführern von einer freundlichen Seite. Bei kaum merklichem Seegang konnten wir mit den Kajaks auch die ganz winzigen, engen Felsbuchten erforschen.

Bei meinen Versuchen, die Eskimorolle vorzuführen, scheiterte ich kläglich. Natürlich versuchte ich auch, wieder ins Boot hineinzukriechen und stellte dabei fest, daß dabei nicht nur ein gutes Gleichgewichtsgefühl hilft, sondern vor allem Übung wichtig ist. Erst nach meiner dritten schmählich mißlungenen Eskimorolle gelang es mir auf Anhieb, zügig ins Boot zurückzuklettern. Trotzdem war mir klar, daß ich beim Kentern in hohem Wellengang wohl nicht mehr ins Boot zurückkäme.

Etwas, was ich in dieser Nähe und Intensität noch nie so genießen konnte, erlebte ich während unseres Ausflugs zu den Seehunden. Zu Hunderten tummelten sie sich auf den flachen Felsen am Ufer und im Wasser. Über eine Stunde lang ließen wir uns in unseren Booten auf den Wellen vor der Insel schaukeln und beobachteten die Tiere. Nicht selten schwamm eines von ihnen bis auf einen Meter an unsere Kajaks heran. Gerne hätte ich sie fotografiert, aber im und vor allem unter Wasser waren sie einfach zu schnell und tauchten nur blitzartig auf. Mit bloßen Augen genoß ich es umso mehr, ihre graziösen Schwimmbewegungen zu betrachten. An Land stellten sie sich dagegen beinah tolpatschig an mit ihren zu großen Flossen ausgebildeten Gliedmaßen.

Auf einem Felsvorsprung entdeckten wir wieder zwei Seehunde, von denen sich einer schnell verkroch, während der andere wohl in Spiellaune war. Er ließ sich immer wieder, von den Wellen getragen, am Felsen entlang scheuern, schwamm umher und vollzog dabei die unglaublichsten Drehungen. Er schwamm zu unserem Boot und umkreiste es lange, bevor er sich auf den Weg an Land begab. Mit Sicherheit hatten wir uns in Anbetracht seiner Spiele viel zu passiv verhalten. Zurück auf den Klippen bedachte er uns mit einem Blick, der wohl soviel heißen sollte wie: Was sind denn das für lahme Typen?

Axel war vor uns zum Lagerplatz zurückgepaddelt. Tatsächlich entpuppte sich seine vorzeitige Rückkehr als gelungene Überraschung für mich. Es war mein zweiter Geburtstag unterwegs und im Sand ganz nah am Wasser entdeckte ich meinen Geburtstagstisch. Gummitiere, Schokoladenriegel und – das Wichtigste – ein neuer Fahrradsattel. Mein alter war schon an mehreren Stellen durchgeritten. Tatsächlich hatten mich in den vergangenen Wochen immer öfter Leute auf meine alte, löchrige ›Plastikschüssel‹ angesprochen. Die Polsterung darauf hatte sich schon seit Indien verflüchtigt.

Der ›Gabentisch‹ war mit Blumen, Muscheln und Blättern verziert. Ich hatte bis zu diesem Moment nichts von irgendwelchen Besorgungen oder Vorbereitungen mitbekommen. Entsprechend groß war meine Freude, weil ich überhaupt nicht damit gerechnet hatte.

Ein neugieriges Opossum hatte uns in der Nacht besucht. Omi war wohl als erste aufgestanden. Wir hörten nur, wie sie lauthals immer wieder ›Igitt‹ rief.

»Wie das riecht. So ein Gestank!«

Sie war zu Recht aufgebracht. Die neuseeländische Beutelratte hatte sicher genüßlich das Zelt markiert. Unser Mädel betrat ihre Schlafstatt in den nächsten vier Nächten nur äußerst widerwillig und rümpfte dabei demonstrativ die Nase. So lange dauerte es, bis die Zeltplanen gelüftet und vom Gestank des Drüsensekrets halbwegs befreit waren.

Beim Bootsverleih wurden wir überraschend von einem Journalisten erwartet. Durch einen Zufall waren er und der Bootsverleiher am Telefon auf uns zu sprechen gekommen. Der Zeitungsmann, der für eine Nelsoner Abendzeitung arbeitete, hatte uns im Fernsehen gesehen. Es folgten Fotos, Fragen. Am nächsten Tag sollte der Beitrag erscheinen. Immer öfter wurden wir in Neuseeland von Leuten erkannt.

»Seid ihr nicht die Ostdeutschen, die um die Welt radeln wollen?«

»Euch haben wir doch vor kurzem in den Nachrichten gesehen.«

Tja, scherzten wir in Gedanken, wir werden eben langsam berühmt.

Zu unseren ärgsten Feinden hatten sich die Sandfliegen entpuppt, die ich zu Neuseelands größten Plagegeistern ernannte. Nicht einmal Moskitonetze schützten uns vor ihnen. Gerade wenn man glaubt, das Jucken ihrer Bisse habe sich für immer verflüchtigt, beginnt es von neuem. Noch Wochen später juckten die Stiche, die auf unserer Haut kleine, widerlich rote Punkte hinterließen. Dennoch stellte sich mit der Zeit eine Art Gewöhnungseffekt ein.

In Picton verstauten wir mühsam unsere Räder im Inneren des Mietautos, weshalb wir sie leider total auseinanderbauen mußten. Omi hatten wir, so leid es uns tat, in ein Café verfrachtet. Das Chaos beim Packen wäre sonst wohl komplett gewesen. Zu zweit hatten Axel und ich noch den besten Überblick über all die Dinge im vollgestopften Wagen.

In den nächsten Tagen wurde das Auto zu meinem Schlafplatz. Allerdings kroch ich nicht eher hinein, bevor ich nicht Hunderte der kleinen blutrünstigen Störenfriede ins Grab gebracht hatte. Morgens hatte ich dann Mühe, ihr zur Rache gesandtes Heer in die Flucht zu schlagen. Das Auto ist mit der Zeit zu einer Art Massengrab geworden. Wie Axel und Omi diese Nächte überlebten, blieb mir schleierhaft.

Die Küstenfahrt in Neuseeland machte Spaß, solange die Sandfliegen nicht allzu aufdringlich waren. Auf einer Seite das Meer, auf der anderen Berge, die im Inneren des Landes wegen ihrer Höhe Schneekuppen tragen. Länger als zwei Tage waren wir nicht gefahren, als es uns wieder auf das Wasser zog. Mit obligatorischen Schwimmwesten versehen, nahmen wir in massiven Schlauchbooten Platz und schossen mit atemberaubender Geschwindigkeit auf das offene Meer hinaus. Mitunter sprangen die Boote so sehr über den Wellen, daß die Schrauben der Außenbordmotoren zu sehen waren. Zweimal machten wir Halt. Unser Bootsmann ließ ein Unterwassermikrofon hinunter, das beim zweiten Mal den gewünschten Erfolg brachte. Man hörte deutlich ein dunkles ›Tock, Tock‹, gleichmäßig wie ein Uhrwerk. Ein Wal sandte seine Sonargeräusche zur Orientierung aus. Dann sahen wir ihn. Wie ein U-Boot, das nur ab und zu aus dem Wasser ragt, bewegte er sich mit gleichbleibender Geschwindigkeit fort. An ihm selbst nahm man keine Bewegung war. Wie von einer Winde gezogen, schwamm er ungeachtet der Wellen seine Bahn. Nur die Wasserfontäne, die er ausatmete, zeigte, daß Leben in ihm war.

Solchen Touren wie der unseren stehe ich trotz aller Freude, die mir die Beobachtung der Tiere bereitete, skeptisch gegenüber. Ich habe dabei ein ungutes Gefühl, ein schlechtes Gewissen. Ich hatte den Eindruck, daß die Tiere durch uns gestört werden. Besonders bei den Walen kam es mir so vor, als tauchten sie eher genervt ab, wenn sie noch ein letztes Mal mit ihrer gigantischen Schwanzflosse winkten. Auch die Seehunde und Möwen, die am Ufer ihre Brutplätze haben, schienen durch unsere Anwesenheit belästigt. Wenigstens bildete ich mir das ein.

Wir wollten zu einer fast völlig in den Wolken liegenden Bergkette von bis zu dreitausend Metern Höhe fahren. Dort verbergen sich zwei besonders leicht begehbare Gletscher, die bis auf dreihundert Meter über den Meeresspiegel hinabreichen. Mitten in die Küstenregenwaldregion. Insgesamt soll es dort über sechzig Gletscher geben.

Die Wanderung über Flußgeröll war alles andere als langweilig. Wasserfälle und riesige Felswände boten eine imponierende Kulisse. Dann erreichten wir den Gletscher. Ich fand ihn gewaltig, sicher auch, weil es der erste war, den ich betrat. Der reißende Gletscherbach floß, so schien es, direkt unterm Gletscher hervor. Überall glitzerten Eistürme in der Sonne. Und nicht weit davon der Urwald in vollem Grün. Jeden Tag wurde ich aufs neue von Neuseeland überrascht. Die ganze Fahrt im Auto über waren unsere Gesichter an die Scheiben gepreßt, aus Angst, wir könnten eine besonders schöne Laune der Natur verpassen.

Es kam aber der Tag, an dem Omi von Christchurch aus wieder nach Hause flog. Die tief orangefarbene Abendsonne überm Meer war ein würdiges Abschiedsgeschenk für sie und sicher eine schöne Erinnerung an diese aufregenden Wochen mit uns. Das Opossum nicht zu vergessen.

»Omi!« Axel legte lachend seinen Arm um ihre Schulter. »Weißt du, was du sagst, wenn sie dich am Flughafen fragen, wie Neuseeland war? Du sagst: ›Es war oberaffengeil, als ich im Scheißhaus gepennt hab‹. Okay?«

›Unser Mädel‹ erinnerte sich zu Hause tatsächlich an Axels etwas unfeinen Vorschlag. Auf die Frage, wie ihr Neuseeland denn nun gefallen hätte, antwortete Omi:

»Es war sehr schön, als ich in der Toilette schlief.«

Von Christchurch aus fuhren wir ins Landesinnere. Ich genoß die landschaftlichen Schönheiten Neuseelands und seine Tierwelt. Um so größer war der Schock, als wir bestohlen wurden. Ein Großteil unseres gesamten Bargeldes wurde uns aus dem Auto entwendet. Mehrere hundert Dollar in verschiedenen Währungen waren einfach weg. Unser australischer Lohn ebenfalls. In mir machten sich abwechselnd Enttäuschung, Wut und Traurigkeit breit. Es dauerte lange, bis ich mich einigermaßen beruhigen konnte.

Erst dann erinnerte ich mich, wie wir von einer Wanderung aus dem Dschungel zurückgekommen waren und mir am Schloß der Heckklappe etwas aufgefallen war. Jemand hatte wohl mit einem spitzen Gegenstand daran herumgespielt. Als wir essen gehen wollten, bemerkte ich den Verlust. Mein Portemonnaie mit dem Geld hatten wir so gelegt, daß es von außen unmöglich jemand hätte sehen können. So war der Einbruch ins Auto ein Schock. Einen kleineren Teil unserer Finanzen trugen wir stets bei uns am Körper. Auch unsere Papiere waren uns zum Glück geblieben.

Axel und ich hatten noch gut zwei Wochen Zeit für Neuseeland. Danach wollten wir nach Tahiti fliegen.

Das Auto brachten wir nun zurück zum Mietservice, unsere Räder, die wir zwischendurch entladen hatten, standen noch in einem Hotel auf dem Weg zum Arthurs Paß. Es war noch ein langer Fußmarsch bis dorthin und wir waren froh, daß uns ein Farmer mit seinem Transporter aufsammelte. Axel kämpfte noch dazu seit mehreren Tagen mit einer schlimmen Lungenentzündung. Alles Bitten und Drängen von Omi, er solle doch endlich zum Arzt gehen, hatte nicht geholfen. Nun schlug er sich damit herum, jammerte, tat aber nichts dafür, daß es besser wurde. Noch bis auf die Nordinsel hustete und kränkelte er vom frühen Morgen bis in die Nacht hinein. Erst nach einer weiteren Woche hatte sich sein Körper einigermaßen erholt.

Da wir die zweifellos herrliche Landschaft nun schon kannten, widmeten wir uns den Erzählungen des Lasterfahrers, die mindestens genauso interessant waren. Erwartungsgemäß sind die Bären, die man

Touristen hier aufbindet, mindestens so groß wie die neuseeländischen Berge. Aber die Schilderung über das Wetter in Paßnähe fand ich beeindruckend:

»Der Wind kann hier oben besonders im Winter so stark und heftig werden«, begann unser Farmer mit todernster Miene und beschwörender Gestik, »daß sich die weidenden Schafe am Gras festbeißen müssen, um nicht davongeweht zu werden. Und oft schon hat man diese bedauernswerten Geschöpfe erfroren in dieser Haltung aufgefunden.«

An solche Geschichten konnte ich mich nie satt hören. Oft wurden uns auf unserer Reise fesselnde Storys oder schöne Märchen erzählt. Irgendwann hörte ich auf, darüber nachzudenken, ob sie wahr sind oder nicht. Entscheidend war ihr Unterhaltungswert.

Nicht weit von Auckland kehrten wir bei Kim ein. Nur durch Zufall hatten wir sie in Auckland überhaupt wiedergetroffen. Wir hatten nämlich ihre Adresse verloren.

Unsere Schlafsäcke waren schon irgendwo auf einer Wiese ausgebreitet. Um uns herum Farmland, Zäune und Schafe. Ich machte mich noch einmal auf den Weg zum Farmhaus, um nach Wasser zu fragen, klopfte und Kim öffnete die Tür. Nicht irgendeine Tracy. Wir hatten sie schon in Australien beim Arbeiten auf der Farm kennengelernt und waren von ihr nach Neuseeland eingeladen worden. Kim war mit den australischen Farmbesitzern gut befreundet.

Und nun stand sie hier mitten in Neuseeland vor mir. Was für ein Zufall. Die Welt ist eben ein Dorf.

Drei Tage wollten wir mindestens hier bleiben, so daß uns Kim anbot, auf der Farm ihrer Eltern bei der Heueinfuhr zu helfen und etwas Geld zu verdienen. Das konnte uns nur recht sein, nachdem wir quasi mit leeren Taschen von der Südinsel zurückgekehrt waren. Die Arbeit ging ohne viel Vorrede gleich los. Ich mußte Heuballen auf ein Förderband legen. Große Heuballen, die vom Regen durchnäßt und furchtbar schwer waren. Noch dazu hatte sich in all den Monaten auf dem Fahrrad die Hornhaut an meinen Händen fast vollständig zurückgebildet. Nach nicht einmal einer halben Stunde waren beide Hände voller Blasen. Außerdem schnitten die dünnen Schnüre, die die Bündel zusammenhielten, immer tiefer in meine Handflächen.

Axel wechselte zwischen Förderband und Scheune, in der die Ballen übereinander gestapelt wurden. Bis zur Abenddämmerung schufteten wir auf der Farm. Mir taten sämtliche Knochen weh, am schlimmsten schmerzten Rücken und Schultern. Auch am zweiten Tag ging es gleich am frühen Morgen auf dem Feld weiter. Dafür genossen wir unseren zeitigen Feierabend. Die letzten Tage auf den Rädern in Neuseeland taten uns und unseren Händen gut. Ich hatte wirklich genug von Heu.

In Auckland stiegen wir am Nachmittag ins Flugzeug und landeten in Papete, Tahiti, am frühen Abend. Die Datumsgrenze, die zwischen beiden Inseln liegt, hatte uns fast einen ganzen Tag geschenkt.

Tahiti ist eine kleine aber berühmte Insel. Bei straffem Radeln kann man diese Vulkaninsel, die für ihre schwarzen Sandstrände bekannt ist, an einem Tag umrunden. Aber wer wird denn so hasten? Tahiti ist ein Urlauberparadies mit bildschönen Frauen, allerdings auch einigen sehr dicken.

Trotzdem hatten wir einen Tag später scheinbar alles gesehen. Die geplanten Ausflüge zu umliegenden Inseln fielen ins Wasser. Die Fährgesellschaften streikten just zu der Zeit, in der wir uns auf Tahiti, noch dazu fast ohne Geld, langweilten. Weder Axel noch ich hatten große Lust, zehn Tage am Strand zu liegen.

Erst ein Journalist brachte uns auf die verrückte Idee, das Innere der Insel mit dem Fahrrad zu bezwingen.

»Drumrum fahren kann jeder. Versucht's mal quer durch. Ich schreib' was drüber.«

Warum nicht? Wir hatten sowieso nichts besseres vor.

Auf was hatten wir uns da eingelassen? Die Pisten, nur wenige Kilometer von der Küste entfernt, machten einen grauenvollen Eindruck und wurden immer wieder unterbrochen von kleinen Flußläufen. Mit hoch über unseren Köpfen gestemmten Rädern mußten wir sie alle durchwaten. Manchmal reichte uns das Wasser dabei bis zum Bauch. In den drei Tagen auf der Insel kamen sicher an die vierzig Flußdurchquerungen zustande. Unser Problem war dabei nicht selten die starke Strömung, die uns ständig das Gleichgewicht verlieren ließ und uns zum Abrutschen brachte. Zum Glück verlor ich durch das Mehrgewicht des Rades mein Gleichgewicht weniger schnell. Trotzdem fühlte ich am ersten Abend, wie Müdigkeit und Schwäche regelrecht überhand über meinen Körper gewannen. Aber der so nötige

Schlaf wurde die ganze schwüle Nacht hindurch von Moskitoschwärmen gestört, die problemlos unter unser viel zu kleines Mückennetz krochen. Am Morgen waren wir noch erschöpfter als am Abend zuvor.

Da kamen die steilen Straßen wirklich nicht gelegen. Wir waren kaputt, müde und nicht im geringsten motiviert. Hochschieben war schon anstrengend genug, doch auch die Abfahrten waren nicht besser. Vom Bremsen schmerzten uns die Hände, wir legten Pausen ein, um uns von den Abfahrten zu erholen. Die Straßen waren so steil, daß wir bergab nicht fahren konnten. Wir mußten schieben, und selbst dabei halfen unsere Bremsen nicht mehr. Sie griffen einfach nicht. Die Räder waren voller Gepäck, zusätzliches Gewicht, das die steile Straße hinunter wollte. Wir stemmten uns mit dem Rücken von vorn gegen den Lenker, bremsten mit unseren Füßen Schritt für Schritt die staubige Piste hinab. Eigentlich unvorstellbar. So etwas war uns noch nie passiert.

Endlich erreichten wir die Küste.

Wir hatten es geschafft! Drei Tage lang hatten wir uns durch Tahiti gekämpft. Gemeinsam mit unseren Rädern. Und was hatten wir davon? Die Idee war wirklich verrückt. Kein Wunder, daß angeblich noch kein Mensch je versucht hat, dieses Vulkaneiland mit dem Rad zu durchqueren. Es war zur reinsten Plackerei geworden. Wir hatten die Räder getragen, bestenfalls geschoben, meistens gebremst. Nicht einmal hatten wir Gelegenheit gehabt, darauf zu sitzen und zu fahren.

Durch Tahiti per Rad – das ist Blödsinn. Wieder einmal waren wir schlauer geworden.

Trotzdem hatten wir immer noch ganze fünf Tage Zeit. Und was taten wir? Gemeinsam mit Pierre, einem Franzosen heuerten wir auf seiner Yacht an, und es wurde eine wunderbare Woche. Auf seinem Segelboot fuhren wir zu anderen Inseln, lieferten Lebensmittel ab und hatten noch genügend Zeit, in Korallenriffen schnorcheln zu gehen. Axel, der begeisterte Segler, konnte unser Glück nicht fassen.

»Hier segeln zu können war schon immer mein Traum! Was ich nicht begreife ist, daß ich jetzt noch dafür bezahlt werde!«

Wenn die anderen Schiffe nicht gestreikt hätten, wir hätten auf Tahiti nie so viel erlebt. Manchmal ist es ganz gut, keinen Cent zu haben.

Es wollte mir nur schwer in den Kopf, daß unser Aufenthalt schon wieder zu Ende war. An das Reisen mit dem Flugzeug, mit dem wir zur Zeit zwischen den vielen Inseln öfter als üblich vorlieb nehmen müssen, konnten wir uns nie gewöhnen. Zu schnell und zu unbewußt änderten sich Kulturen, Klima, Lebensstandard, Landschaft und Länder. Nicht einmal die Zeit blieb davon verschont. Das Radreisen von einem Land ins nächste verschafft einem den zeitlichen Abstand, den man braucht, um sich mit Unterschieden vertraut zu machen.

Wir waren mit dem Düsenflugzeug in einem mittelalterlichen Dorf gelandet. Einfach so. Es gab kaum befestigten Straßen. Die Menschen ritten auf Pferden breite Wege entlang. Auf der Osterinsel findet man eine einzige Rundstraße. Davon abseits gelegene Gebiete sind nur per Pferdewagen erreichbar. Wir waren uns nicht einmal im klaren darüber, daß es nur ein Dorf gibt und der Rest des trockenen Eilands kaum bewohnt ist. Eine Handvoll flach auslaufender Vulkane bestimmt die Oberflächenstruktur dieses Stückchens Erde. Bis auf ganz wenige Sandstrände beherrschten rauhe Klippen die gesamte Küste.

Direkt an diesen Klippen fanden wir die ersten Relikte der Vergangenheit – aus Steinquadern geformte Mauern, Steinkreise und nicht zuletzt die berühmten Statuen, von denen an dieser Stelle alle umgekippt mit den Gesichtern in der Erde lagen. Die Steinmänner mit der markanten Miene sind aus dem grauen Vulkangestein der Insel gearbeitet. Bis auf sieben von ihnen blicken alle an der Küste stehenden Köpfe ins Inselinnere. Meist sind sie in Gruppen aus fünf bis acht Statuen aufgestellt, oft auch umgekippt. Ihre runden Hüte aus rotem Gestein rollten dann etliche Meter weit. Ein Einheimischer erklärte uns den für Wissenschaftler rätselhaften Transport der Steinmänner mit einer rationell nicht erfaßbaren Kraft. Die läßt sie einfach an den gewünschten Ort fliegen. Toki, so hieß der Verfechter dieser Theorie, konnte uns nicht wirklich davon überzeugen, daß die Steinmänner eine Art Schutzring bilden. Dann hätten die Gesichter der Figuren eigentlich in Richtung Ozean blicken müssen. Jeder Steinmann hat einen anderen Gesichtsausdruck, und manche von ihnen sind bis zur Nase oder noch weiter in der Erde versunken. Einige, die wohl Jahrhunderte lang im Sand gelegen haben müssen, waren erstaunlich gut erhalten. Ihnen fehlte so der ehrwürdige Eindruck des Alters und sie wirkten sonderbar künstlich. Später sahen wir noch mindestens hundert gewaltige unvollendete Steinmänner herumliegen. Den Transport der kleineren, etwa vier Meter hohen Steine konnte ich mir noch irgendwie ausmalen. Bei diesen unfertigen Riesen von über sechs Meter Größe überstieg das mein Vorstellungsvermögen.

Mit Toki gingen wir das erste Mal auf unserer Reise in eine Diskothek. Die einzige auf der Insel. Und wir gingen nicht nur, wir ritten auf Pferden dorthin. Kleine Pferde und selbstgebaute Sättel, beides nicht sonderlich bequem. Dennoch genossen wir den Ritt anfänglich. Mitten in der Nacht quer über die Insel, auf gemächlich trabenden Pferden. Plötzlich schnalzte Toki laut mit der Zunge, und unsere ›Rösser‹ galoppierten über das flache Gras, sie flogen förmlich dahin. Zu dritt ritten wir auf hölzernen Sätteln nebeneinander her, als sei diese Insel in alle Richtungen unendlich.

Vor der Disco banden wir, wie alle anderen Discobesucher auch, unsere Pferde an Pflöcken an und gingen hinein. Diese Nacht wurde richtig lang. Salsa, Lambada, zu rockiger europäischer und amerikanischer Musik. Stundenlang.

Den Ritt zurück erlebten wir wie in Trance, selbst unsere Pferde stolperten vor sich hin. Hinein in den Sonnenaufgang. Wir waren müde und die Hintern durchgeritten. 20.000 Kilometer per Fahrrad sind ein Klacks im Vergleich zu den zwanzig auf dem Pferd. Ich sehnte mich nach meinem Fahrradsattel. Selbst die alte Plastikschüssel wäre noch bequemer gewesen!

Kapitel Acht

Sturmböen auf Feuerland

Am 4. Januar 1992 flogen wir von der geheimnisumwitterten Osterinsel den Flughafen von Santiago de Chile an. Nach Stunden, in denen nichts als Meer zu sehen war, tauchten die schneebedeckten Berge der Anden vor uns auf: Südamerika! Was wir jetzt noch nicht ahnen konnten: Der Kontinent sollte zu unserer zweiten Heimat werden. Über zwei Jahre hielten wir uns in Lateinamerika auf, immer wieder kehrten wir nach unserer Weltumradelung hierher zurück.

Das chilenische Festland empfing uns mit brütender Hitze. Gegen Abend kamen wir in ein zwielichtiges Viertel von Santiago. Penner lungerten herum, Bordells luden zum Besuch, die Straßen waren mit Müll zugekippt. Es wurde höchste Zeit, daß wir nicht länger als ›gepäckbeladene Versuchung‹ herumfuhren. Kurzerhand fragten wir Privatleute. Schon beim Dritten hatten wir Glück und durften vor dem Haus schlafen. Die gesamte kleine Gasse wurde nachts mit einem massiven Eisentor abgeschlossen. Die Fenster an den Häusern waren mit extra starken Gittern versehen.

Am nächsten Tag entdeckten wir die chilenische Hauptstadt für uns. Moderne Villen standen neben alten Kolonialbauten, Straßencafés luden zum Verweilen ein, ganze Straßenzüge wurden zum bunten Markt umfunktioniert, auf denen Kleinkünstler aller Art Kostproben ihres Könnens gaben. Am meisten gefielen mir die vielen kleinen Grünanlagen, die stets überfüllt waren. So fand man dort weniger beschauliche Ruhe als vielmehr lautes Menschengewirr. Schachspieler fanden sich neben Clowns und Tänzern, Essende neben Musikern und Sängern. Oft wurden die Plätze von Häusern, Kirchen und Amtsgebäuden im spanischen Kolonialstil umrahmt.

Santiagos häßliche Seite ist der Smog. Weil die Stadt in einem Tal liegt, das sich vor der ersten Kordillere erstreckt, staut sich hier die Luft. Auch der ständig präsente leichte Südwind bringt keine Linderung, da fast alle Industrie am Südrand der Stadt angesiedelt wurde.

Wir schlugen den Weg Richtung Süden ein. Unser Ziel war Patagonien und Feuerland. Hinter Santiago gelangten wir auf den berühmten Pana Americana, einen Highway, der bis auf ein kleines Stück die

Enden des Doppelkontinentes verbindet. Der Verkehr war gewaltig, blieb aber für uns dank der bis zu zehn Fahrspuren erträglich.

Vielmehr machte uns wieder einmal die Hitze beim Fahren zu schaffen. Obwohl es selten mehr als 35 Grad Celsius wurden, empfanden wir die Hitze extrem. Die stechenden Sonnenstrahlen, Windstille und die geringe Luftfeuchtigkeit ließen uns die Temperatur zehn Grad wärmer empfinden.

Die häufigen Gaststättenbesuche im für uns nicht gerade billigen Chile hatten unseren Geldbeutel arg geschmälert, obwohl sie sich nach der Heueinfuhr bei Tracy wieder etwas gefüllt hatten. Also entwarfen wir ein Sparprogramm zugunsten unseres finanziellen Budgets. Restaurantbesuche wurden zur Rarität. Jetzt waren Supermarkt, Dorfkonsum und ›Completos‹ angesagt, die chilenische Variante des ›Hot Dog‹, der dick mit gelber Mayonnaise überstrichen wird. Nicht unbedingt eine Gaumenfreude, aber dafür billig.

Über Conception gelangten wir nach Puerto Montt. Als Autoschlosser besserte ich in einer Pkw-Werkstatt unseren Etat wieder auf. Die Stadt wuchs mir in dieser Zeit ans Herz. Puerto Montt ist einzigartig. Auch lernte ich die Leute dort sehr schätzen. Sie waren offen, kameradschaftlich und immer zu Späßen aufgelegt. Die sechs Wochen in der Werkstatt vergingen wie im Flug. Abends und an den Wochenenden halfen wir beide auf einer Milchfarm aus und verdienten so Kost und Logis.

Weiter nach Süden machten wir uns per Schiff auf den Weg. Fast drei Tage fuhren wir durch Fjordlandschaften an Chiles Küste entlang. Im Wasser tummelten sich Robben und Pinguine, Delphine spielten im Bugwasser unseres Bootes, ein kleiner Wal tauchte immer wieder auf. Seine Form und die Bewegungen, die er mit den Seitenflossen machte, konnte man vom Schiff aus gut sehen. Wie zum Gruß schickte er eine Pustefontäne. Der graue Meeresbewohner war mir sofort sympathisch.

Die Gegend wurde immer einsamer, die Landschaft wirkte geradezu lebensfeindlich. Verkrüppelte Bäume waren ganz und gar mit Flechten überzogen, die Ufer der Fjorde wirkten fast unwirklich steil. Wenn der Dunst nicht so stark ist, lassen sich in den Bergen, gar nicht hoch überm Meer, Gletscher erkennen. Starke Winde, die unberechenbar ihre Richtung änderten, verstärkten den trostlosen Eindruck.

Dennoch war ich fasziniert von der Landschaft. Als wir in Puerto Natales ankamen, war die Vegetationsgrenze auf zweihundert Meter gesunken. Etwas höher lag schon Schnee. Die Berghänge sind felsig und steil, das Ufer mit Wasserfällen durchsetzt. Alles wirkt einsam und wild. Kaum ein Baum, an dem nicht die hellgrünen bis gelblichweißen Haare der Flechten hingen, die hier uneingeschränkt wucherten. Der Sturm, der nie, nicht einmal kurze Zeit, aufhören wollte, trieb Regenschauer mit sich. Kein Zweifel: Ich hatte mich in Patagonien verliebt. Bevor wir richtig da waren.

Mit den Rädern fuhren wir von Puerto Natales durch eine Sturmsteppe nach Punta Arenas, der südlichsten Stadt des Kontinentes. Unterwegs sahen wir Flamingos und einen kleineren Laufvogel. Und dann lag sie vor uns: die Magellanstraße. Endlich! Ein Traum ging in Erfüllung. Die Gedanken wirbelten in meinem Kopf herum. Wie viel hatte ich über diese Gegend gelesen?! Wie oft war ich mit dem Zeigefinger auf der Landkarte hierher gefahren?! Nun war ich wirklich hier.

Die Fähre nach Feuerland hatte Verspätung. Doch als sie endlich abfuhr, wurden wir richtig durchgeschüttelt. Sturmwellen aus drei Richtungen, auch die Gezeitenströme sorgten für die reinste Hexenküche. Das Schiff erzitterte unter gewaltigen Schlägen. Drei lange, kalte Stunden dauerte das Schauspiel. Dann liefen wir in den Hafen von Porvenir ein, ein kleiner, windiger Ort. Feuerland erschien uns trostlos. Kein Baum, nur gelbe Steppe und dieser ewige, eisige Wind, der uns ständig ins Gesicht blies. Nicht mal das Schieben der Räder war mehr möglich. Axels Idee, noch weiter nach Süden, nach Ushuaia zu fahren, begruben wir hier. Wir hatten den südlichsten Punkt unserer Tour erreicht. 53,25 Grad südlicher Breite. Das reichte. Auf in den warmen Norden!

Der Wind blieb unberechenbar. Blies er von hinten, brausten wir mit sechzig Stundenkilometer über die Ebene, kam er uns entgegen, wurde selbst das Schieben der Räder zur Tortur. Den Lamas, denen wir ab und zu begegneten, muß es in so einem Land wohl gehen wie den Schafen am Arthurpaß in Neuseeland. An der Fähre angekommen, waren wir körperlich am Ende. Diesmal überquerten wir die Magellanstraße an der engsten Stelle.

Am nächsten Tag waren wir schon in Argentinien. Rio Gallegos war unser erstes Etappenziel. Schon vor der Stadt hingen die Zäune voll Plastiktüten und Papier. Man hatte den Eindruck, daß die Leute ihren Müll einfach in die Luft werfen, wenn sie ihn loswerden wollen. Den Rest erledigt der Wind. Die Stadt war ein gräßliches, tot wirkendes Kaff, wo sich nur der ewige Wind wohl fühlte. Kahle, lieblose Häuser stützten sich gegenseitig. Rio Gallegos stand stellvertretend für viele Pampaortschaften, die für uns nur ›Tankstellen‹ waren. Wir kauften Verpflegung ein und verließen die Städte gleich wieder.

Aber im Gegensatz zu den Ortschaften mochten wir die argentinische Pampa auf Anhieb. Ich genoß die Weite und Einöde dieser sturmdurchfegten Grassteppe. Wer sie jedoch nicht mag, wird sie ähnlich wie das Outback in Australien als langweilig empfinden. Der Wind spielte weiter mit uns. Außerdem machte uns zu schaffen, daß mit Axels linkem Low-Rider der letzte heile Gepäckträger an seinem Rad gebrochen war. Ich reparierte ihn notdürftig. Gepäckträger aus Aluminium sind für mehrjährige Radtouren nicht optimal. Lieber etwas aus Stahl zurechtgeschweißt.

Solche Gedanken schossen mir während des Radelns immer wieder durch den Kopf. Wenn ich mein Rad für eine Tour wie diese neu konstruieren müßte, würde ich jetzt vieles anders machen. Die Querstreben tiefer setzen, um die Gepäcktaschen und damit den Schwerpunkt weiter nach unten zu bekommen. Die Gepäckträger müßten viel schmaler sein. Der Luftwiderstand verbessert sich so automatisch, außerdem käme der Taschenschwerpunkt näher an die Auflagefläche des Mantels. Der Radstand müßte länger sein, was man am besten durch ein weiter nach hinten versetztes Hinterrad erreicht. Auch für Gepäckträger und Lenker gibt es bessere Lösungen. Aber das waren Gedankenspiele. Ich hatte ja ein Rad. Und ein Neues bauen oder kaufen kam vorerst sowieso nicht in Frage.

Die Temperaturen wurden nach fast zwei Wochen wieder erträglicher. Tagsüber stieg das Thermometer mitunter bis auf achtzehn Grad Celsius. Wir konnten wieder in Sandalen fahren und begannen uns zu ›entblättern‹. In Patagonien und Feuerland hatte ich mit vier T-Shirts, zwei Hemden, Pullovern und Windjacke alle verfügbaren Sachen übereinander gezogen. Wahrscheinlich hatte ich mir trotzdem eine Erkältung zugezogen. Halsschmerzen, Husten und Schnupfen plagten mich eine Woche lang, hielten uns aber nicht vom Weiterradeln ab.

Zwei Lkw-Fahrer, die mit Motorschaden an ihrem Truck schon fünf Tage an der Straße standen und auf Ersatzteile warteten, hatten gerade ein Schaf geschlachtet, das sie mit uns teilten. Wir blieben zwei Nächte bei ihnen. In dieser Zeit führten sie uns in die Kunst des

Matetrinkens ein. Dazu braucht man neben dem Mate-Tee und Wasser noch Bombillias, Saugröhrchen mit einer Art Sieb am Ende, und ein spezielles Gefäß, eine Kalebasse, so groß wie ein Kognakschwenker und geformt wie eine bauchige Vase.

Das Gefäß, oft aus beschichtetem Stahl, wird reichlich halb voll mit geschnittenen Mate-Teeblättern gefüllt. Das Behältnis muß man mit der Hand abdecken und ein paarmal umdrehen. Nimmt man dann die Hand weg, kann der aufgewirbelte Staub entweichen. Nun wird die Bombillia in den Mate gesteckt und das Gefäß mit kaltem Wasser gefüllt. Zuerst trinkt der Gastgeber. Dann kommt lauwarmes Wasser hinzu und der Mate geht in der Runde herum. Alle trinken aus demselben Gefäß mit der derselben Bombillia, die im besten Fall aus versilbertem Stahl ist. Je mehr der Mate an Kraft verliert, um so heißer wird aufgegossen und umso länger muß man vor dem Trinken warten.

Der Geschmack wird häufig mit Zucker, Milch, Kaffee oder Schnaps verfeinert. Viele nehmen den Mate, vergleichbar mit unserem schwarzen Tee, als Aufputschmittel. Bei mir wirkte er jedoch wie ein Appetitzügler.

Hinter Fitz Roy, ein Fünfhundert-Seelen-Nest, das sogar auf der Weltkarte eingezeichnet ist, erreichten wir den Atlantik.

»Der letzte der drei großen Ozeane«, seufzte Axel.

»Und sieht auch nicht anders aus als die anderen«, versuchte ich seiner aufkommenden Wehmut mit Humor zu begegnen. Aber er schien mich gar nicht zu hören:

»Und dieses Wasser trennt uns noch von der Heimat«, setzte er noch eins drauf.

Axel kämpfte in dieser Zeit schwer mit Heimweh. Regelmäßig übermannte ihn die Sehnsucht nach zu Hause. Ein paar Wochen später war es so schlimm, daß er am liebsten ein paar Monate im ›Gartental‹, einer deutschen Kolonie in Uruguay, geblieben wäre. Immer wieder mußte ich ihn aufmuntern.

»In vier Monaten sind wir im Amazonasbecken. Oder willst du auf einmal nicht mehr dahin?«

Die Fahrweise vieler Autofahrer schien uns von diesem Ziel eher abzuschrecken. Sie waren oft rücksichtslos bis brutal. Als Radfahrer kamen wir uns wie Freiwild vor.

Man muß sich das einmal vorstellen: Von hinten rast ein Lkw mit weit über hundert Stundenkilometer heran und macht keine Anstalten zu bremsen, obwohl auch von vorn ein fetter Brummi kommt. Man braucht sich nicht einmal umschauen. Man fühlt ganz genau, wie das Monster auf einen zu rast. Abbremsen kann man wohl auch nicht erwarten, aber wenigstens ausweichen sollten sie. Einen kleinen Radfahrer rettet da nur noch der Sprung in den Straßengraben. Ich möchte den sehen, der in dieser Situation auf sein Recht als ebenbürtiger Verkehrsteilnehmer pocht. Vermutlich könnte er es anschließend gar nicht mehr.

Selbst, wenn wir auf der Straße blieben, waren wir dem Sog der Lkw ausgesetzt. Bei dem starken Wind wurden vor allem entgegenkommende Fahrzeuge zum Problem. Es war jedesmal wie ein Schlag von vorn. Unsere Geschwindigkeit verringerte sich auf der Stelle um fünf bis sieben Stundenkilometer.

Nach und nach baute sich bei uns richtiger Haß auf die Brummifahrer auf. Lange Zeit wußten wir nicht, ob es Unvermögen oder Böswilligkeit war, wenn sie uns von der Straße zwangen. Aber als derselbe Lkw zweimal innerhalb einer Stunde äußerst knapp an uns vorbeiraste und danach jeweils wieder in die Fahrbahnmitte zog, war die Absicht klar. Wenn ich so einen Typ mal erwischt hätte, er hätte für alle anderen herhalten müssen. Vor allem ärgerte mich, daß ich keinen offensichtlichen Grund für so ein brutales Verhalten sah. Zur Polizei zu gehen, schien absurd.

»Die lachen uns doch aus«, stellte Axel richtigerweise fest.

»In meinen Augen ist so was genauso gefährlich, als wenn jemand mit einer Pistole ausprobiert, wie dicht er an deinem Kopf vorbeischießen kann«, ereiferte ich mich noch immer. »Darauf steht Knast, aber die LKW-Fahrer bleiben unbehelligt«.

»Irgendwann werden wir uns rächen«, beruhigte mich Axel für den Moment.

»Wo der Staat versagt, muß Eigeninitiative her. Ab einem bestimmten Punkt muß Rache erlaubt sein«, pflichtete ich ihm bei. Meinem Gerechtigkeitsgefühl war noch lange nicht Genüge getan. Dennoch fühlte ich mich besser. Wir nahmen uns vor, die Nummernschilder besonders brutaler Fahrer zu merken. Für alle Fälle.

Die erste argentinische Stadt, die mir halbwegs gefiel, war Bahia Blanca. Bisher hatte ich sie alle als eher abstoßend empfunden. Obwohl das Land für lateinamerikanische Verhältnisse als reich gilt, war dies den Städten kaum anzusehen. Viele einfallslose, ungepflegte Einfamilienhäuser verschandelten die Landschaft. Aber Bahia Blanca strahlte mit einigen alten, ehrwürdigen Häusern etwas kolonialen Charme aus.

Allmählich näherten wir uns der Hauptstadt Buenos Aires. Auf dem Weg dahin machten wir die Gesamtkilometerzahl von 33.333 voll. Wir zählten die restlichen 33 ein Drittel Meter zu Fuß aus und feierten die Zahl mit einer guten Flasche voll gutem argentinischen Wein.

Mitte April 1992, kurz vor Ostern, rollten wir in Buenos Aires ein. Müll, Dreck und schlechte Straßen, die es mit jeder miesen DDR-Piste aufnehmen konnten, ließen bei uns die Frage aufkommen, wie die Stadt jemals zu dem Titel ›Paris Südamerikas‹ gekommen ist. Straßennamen waren auch an Kreuzungen eine Rarität, was die Orientierung nicht gerade erleichterte.

Wir suchten die Adresse eines Deutsch-Argentiniers, mit dem wir in Puerto Montt drei Sätze gewechselt hatten und der uns zwischen Tür und Angel seine Adresse in die Hand gedrückt hatte. Mit dem Klingeln an seiner Tür begann für uns eine Glückssträhne.

»Wollt ihr ein paar Tage bleiben und auf das Haus aufpassen? Wir wollen über Ostern wegfahren«, empfing uns die Frau des Hauses.

Wir waren baff. Ein paar Tage Ruhe für Schreibarbeiten und Stadtbesichtigung – das war mehr, als wir erhofft hatten. In einem Schnellkurs wurde uns alles Wichtige für Haus, Hund und Garten erklärt, schon waren wir allein.

Nach der Rückkehr unserer Gastgeber ging es munter weiter. Wir hatten für die Familie Ostereier gefärbt und versteckt und sie revanchierten sich, indem sie für uns Arbeit suchten. Im weltberühmten Opernhaus ›Colon‹ konnte ich mir ein Ballett ansehen, wir wurden mit zum Segelfliegen genommen und erlebten einen Paddelbootausflug ins riesige Delta des Parana. Bei einem Bekannten waren zwei Wohnungen zu malern. In zehn Tagen verdiente jeder 350 US-Dollar. Gemessen an dem, was wir täglich ausgaben, eine ganze Menge. Wir brauchten nicht viel zum Leben.

Nach knapp einem Monat war es an der Zeit, Buenos Aires den Rücken zu kehren. Mit der Fähre gelangten wir über den Rio de la Plata, wie der Fluß nach der Vereinigung von Parana und Rio Uruguay genannt wird, nach Colonia del Sacramento auf der uruguayischen Seite des Flusses. Den Umweg über die Hauptstadt Montevideo sparten wir uns, weil wir eigentlich nach Nordwesten wollten und verließen die Stadt in diese Richtung. In Uruguay fühlten wir uns im Gegensatz zu Buenos Aires sofort wohl. Die kaum befahrenen Straßen waren oft Alleen, auf denen das Radfahren noch einmal so viel Spaß machte. Immer wieder, selbst in den Städten, begegneten wir Reitern oder Pferdekutschen. Ich werde das Bild nicht vergessen, wie uns drei kleine Kinder auf ihrem Schulweg entgegengeritten kamen. Mit weißer Bluse und schwarzer Schleife saßen sie gemeinsam auf einem Pferd, das viel zu groß für die drei erschien. Einfach niedlich.

Im Gegensatz zum reicheren Argentinien war hier alles gepflegter. Die Straße vor dem Haus wurde gekehrt, der Rasen geschnitten, die Bäume des Vorgartens standen in Reih und Glied. So bekommt auch ein armseliges Haus eine freundliche Note. Kriminalität war kaum spürbar. Selbst teure Fahrräder standen unbeaufsichtigt und nicht abgeschlossen herum, nirgends sah man vergitterte Fenster.

Ein Jude, der 1934 vor den Nazis aus Deutschland geflohen war, bestätigte unsere Beobachtungen. Er hielt Uruguay von den Menschen her für das schönste Land Südamerikas.

Wir radelten immer den Uruguayfluß entlang, der die Grenze zu Argentinien bildet. Plötzlich sahen wir am Straßenrand ein Schild mit den deutschen Worten: ›Gartental – Herzlich willkommen‹. Keine Frage, daß wir uns angesprochen fühlten. Wir kamen an eine kleine Kirche, daneben ein palmenumsäumter Friedhof. Auf den Grabsteinen ausschließlich deutsch klingende Namen. Unsere Neugier wuchs.

In einem Büro neben der Kirche wurden wir in leichtem Plattdeutsch empfangen. Diese Kolonie war eine Mennonitengemeinde, die sich vor vierzig Jahren in Uruguay angesiedelt hatte. Das Angebot zum Übernachten nahmen wir gern an.

Am nächsten Morgen hielt Axel in der kleinen Schule einen Vortrag über unsere bisherige Tour. Achtzehn Schüler wurden hier in zwei Klassen im Wechsel auf Deutsch und Spanisch unterrichtet. So lernten die Kinder beide Sprachen.

Zwei Tage verbrachten wir in ›Gartental‹, besuchten eine russische Nachbargemeinde, einen Gottesdienst in spanischer Sprache und ein Büfett im ›Kulturhaus‹. Wir sprachen mit vielen Leuten, die mächtig stolz auf ihre Kolonie waren. Anfang der 50er Jahre mit nichts begonnen, brachte man es mit Fleiß, religiöser Überzeugung und ein wenig Glück zum gehobenen Mittelstand Uruguays.

Axel war überaus begeistert und wäre gern ein paar Monate als Lehrer hier geblieben, was man ihm angeboten hatte. Aber ich wollte weiter. Mehr sehen von diesem Teil des riesigen Kontinents. Axel fiel der Abschied aus ›Gartental‹ deutlich schwerer als mir. Er schwärmte noch tagelang davon.

An der Grenze zu Brasilien waren die Unterschiede zu Uruguay sofort augenfällig. Die ersten Zuckerrohrfelder tauchten auf, dunkelhäutige Menschen sahen wir häufiger, das Warenangebot der Läden schwappte bis auf die Gehsteige, Schmutz und Kriminalität nahmen zu. Gleich im Grenzort beobachteten wir einen kleinen Jungen beim Diebstahl. Erstmals seit Asien sahen wir wieder richtige Slums. Auch die Sprache änderte sich. Statt Spanisch wird in Brasilien Portugiesisch gesprochen. Der Unterschied war größer, als ich angenommen hatte.

Unterwegs wurden unsere Geruchsnerven auf eine harte Probe gestellt. Mehrmals stank es auf einer Wegstrecke von etwa achthundert Metern so intensiv und penetrant, daß ich fast spüren konnte, wie sich ein Belag auf den Zähnen bildete. Die Ursache war uns klar, seit wir – noch in der argentinischen Pampa – die ersten Stinktiere gesehen hatten. Unglaublich, wie das Sekret des Stinktieres die Umgebung verpesten kann. Fortan glaubte ich alle Horrorgeschichten über diese Tiere, die zum Glück nicht sehr angriffslustig sind.

Nächstes Etappenziel waren die Iguazu-Wasserfälle im Dreiländereck Argentinien-Brasilien-Paraguay.

Iguazu wirkte wie ein riesiger Magnet auf uns. Nur zweimal ließen wir uns auf den letzten hundert Kilometern dahin durch Naturschauspiele ablenken.

»Halt!« rief Axel unterwegs aus heiterem Himmel. »Sieh dir das an!«

Wir staunten nicht schlecht, als auf der Straße vor uns Hunderte kleine gelbe Blätter in dieselbe Richtung liefen. Winzige Blattschneideameisen waren dabei, ihr Baumaterial nach Hause zu tragen.

Wenig später sahen wir an der Straße einen kleinen, abgestorbenen Baum. Er hatte keine Blätter und roch eigenartig bitter. An seinem Stamm hingen über hundert schwarze Schmetterlinge, jeder mit einem kräftigen roten Streifen. Die Vielfalt und Schönheit der Schmetterlinge im Bundesland Missiones hatte mich schon in den vergangenen Tagen beeindruckt.

Im übrigen waren hier selbst die Raupen so schön, daß einem jeder mitteleuropäische Ekel von allein vergeht. Eine von ihnen war strahlend gelb und wurde zum Schwanz hin grün. Außen schien sie mit ›Schneekristallen‹ in den zartesten Formen besetzt, die regelmäßig am ganzen Körper angeordnet waren und der Raupe ein wahrhaft majestätisches Aussehen gaben.

Das Wahrzeichen Misiones' allerdings sind nicht die Schmetterlinge, sondern Tukane, Vögel mit einem großen gelb-roten Schnabel, der in keinem Verhältnis zu ihrer Körpergröße steht. Noch während wir von einem zum nächsten Tukan schauten, hörten wir irgendwo in der Ferne ein dumpf tosendes Geräusch. Als es dann bergab ging, sahen wir in einem Tal ungeheure Nebel aufsteigen. Kein Zweifel: die Iguazufälle.

Was dort geschieht, ist schwer in Worte zu fassen. Man müßte sämtliche Superlative erschöpfen, ohne auch nur annähernd der Wirklichkeit gerecht zu werden. An der Kante der 275 Wasserfälle verbreitert sich der Iguazufluß von 1200 auf 2700 Meter. Die Fallhöhe beträgt 72 Meter, die normale Wassermenge 1700 Kubikmeter pro Sekunde. Der Rheinfall ist dreimal niedriger, führt viel weniger Wasser und ist viel, viel schmaler.

In vollkommen tropischer Vegetation fließen hier die vom Lehm dunkelbraunen Wassermassen gleichmäßig dahin, bis sie sich in viele Einzelläufe aufgliedern, die dann über die Kante schießen. Häufig werden die 72 Höhenmeter ohne weitere Terrassen im freien Fall überwunden. Bis dort, wo das Wasser aufkommt, reicht kein Blick. Nur das fürchterliche Donnern ist noch zu hören.

Wir sahen uns das gigantische Naturschauspiel aus mehreren Perspektiven an. Das schönste Bild bot sich an einem Ort, wo aus drei Richtungen Wassermassen in einen kleinen Kessel stürzten. Drei Wände aus fallendem Wasser. Die ›Teufelsschlucht‹, wie diese Stelle genannt wurde, könnte wirklich den Eingang zur Hölle darstellen. Niemand, der in diese Schlucht stürzt, aus deren weißer Gischt ein grauenvolles Donnern ertönt, hätte auch nur den Bruchteil einer Überlebenschance. Über die Stabilität des Steges, auf dem wir standen, dachte ich deshalb lieber nicht nach.

Trotz Regen machten wir uns über ein kurzes Stück Brasilien auf nach Paraguay. Gleich in der ersten Stadt staunten wir über die mit Elektronikartikeln vollgestopften Geschäfte. Paraguay importierte Elektronik und andere Technik fast zollfrei, weshalb sie billig zum Kauf angeboten wurde. Ansonsten machte das Land einen angenehmen

Eindruck auf uns. Die Landwirtschaft florierte, aber auch Urwald unterbricht immer wieder die hügelige Landschaft.

Gegen Abend grüßte uns ein großes Schild am Straßenrand: ›Biergarten‹. Deutsche, die in Paraguay viele Restaurants und Hotels betreiben, hatten hier zwei gegenüberliegende Kneipen eröffnet. Es gibt rund 20.000 Deutsche in diesem Land, darunter viele Steuerflüchtlinge. Paraguay war eines der wenigen Länder, das keinen Auslieferungsvertrag mit Deutschland hatte. Die Deutschen hier lebten von allen möglichen und unmöglichen Gewerbchen, wozu mitunter auch Schmuggel und Prostitution gehörten. Es wurde geschmuggelt, was das Zeug hielt – und jeder wußte Bescheid. Mit Schmuggelware bepackt, wurden ganze Völkerwanderungen über die Grenzbrücke vollführt. Die Zollbeamten sahen es und fragten scheinheilig:

»Haben Sie etwas zu verzollen?«

»Nein«, lautete dann die Antwort. Es war irgendwie skurril.

Einer der beiden Kneiper lud uns für zehn Tage ein. Zehn ereignisreiche Tage.

Wir erlebten eine deutsche Geburtstagsfeier, besuchten Indianer im Dschungel, töteten mit der Machete eine Klapperschlange, die später zu Klapperschlangenschnaps verarbeitet wurde, und übten Schießen mit Kleinkaliberwaffen und Revolvern. Unsere Gastgeber erklärten uns, der Umgang mit dem Schießeisen könne in Paraguay lebensverlängernd sein. Wir belächelten sie zunächst: Warum müssen manche immer so übertreiben?

In der darauffolgenden Nacht wurden wir eines Besseren belehrt. Gegen drei Uhr morgens hörten wir bei den Nachbarn plötzlich eine Schießerei. Die Deutschen trommelten sich gegenseitig aus ihren Häusern, auch Axel verschwand mit einem Schnellfeuergewehr in der Nacht. Ich blieb im Bett, weil mein Fuß durch einen Spinnenbiß geschwollen war und ich schon zwei Tage nicht mehr laufen konnte. Axel erzählte, was passiert war, als er zurückkam. Er war noch völlig außer Atem.

Der Nachbar, mit seinem kleinen Sohn allein zu Hause, war von Banditen überfallen worden. Wahrscheinlich hatten sie es hauptsächlich auf den Kleinbus vorm Haus abgesehen. Der Eigentümer bemerkte es und forderte die Räuber lauthals auf, zu verschwinden. Überfallener und Diebe lieferten sich nun eine wilde und völlig unkontrollierte Schießerei mit Pistolen, Revolvern und Gewehren unterschiedlichster Kaliber. Axel verschanzte sich hinter einer Palme und schoß kräftig mit in die Luft. Hauptsache, es machte Krach. Die Banditen zogen sich irgendwann zurück, als sie merkten, daß immer mehr Leute aufwachten und mit Waffen hinzukamen.

Am nächsten Morgen zählten wir über zwanzig Einschüsse in Haus und Garten. Der Kleinbus stand fast ohne Scheiben da. Der Überfallene feierte seine ›Wiedergeburt‹, packte entnervt alle wichtigen Sachen und zog zu Bekannten aufs Land. Auf eine Anzeige verzichtete er, weil die Korruption in Paraguay angeblich auch vor Polizei und Gerichten nicht Halt macht. Zwei Tage später hörten wir ein Gerücht, wonach der Sohn des örtlichen Polizeichefs am Überfall beteiligt gewesen sein soll.

Man erzählte sich hier eine Geschichte, die vielleicht nicht unbedingt wahr, aber symptomatisch ist. Ein Pfarrer wird im Wald von zwei Banditen überfallen. Es gelingt ihm, beide zu erschießen. Er fährt in den nächsten Ort, um den Polizisten zu holen. Als der nicht da ist, sucht er den Friedensrichter. Auch der ist weg. Er geht mit einem Mann aus dem Ort in den Wald zurück, der die beiden Erschossenen erkennt: Polizist und Friedensrichter.

Erst, als wir bemerkten, daß die Banditen in der Nacht auch auf unserem Grundstück gewesen sein mußten, wurde uns bewußt, wie dumm die ganze Angelegenheit für uns hätte ausgehen können. Außerdem fürchteten wir die Rache der Banditen, denn nach deren Verständnis hätten wir uns als Fremde niemals einmischen dürfen. Wir wollten uns sicherheitshalber eine Pistole zulegen, merkten aber sehr schnell, daß die Sicherheit mit einem Schießeisen nicht größer, sondern eher kleiner wird. Wenn du offensichtlich eine Waffe trägst, ist auch dein Gegenüber schneller bereit, zu gleichen Mitteln zu greifen.

Die Begebenheit in Paraguay ist ein weiterer Beleg dafür, daß die wirklichen Gefahren auf unserer Radtour fast immer von den Menschen ausgingen. Nicht Tiere oder Krankheiten, vor denen man uns vor Reiseantritt gewarnt hatte, bedrohten unser Leben, sondern unsere Artgenossen. Ein Löwe in Afrika, dem wir aus zwanzig Schritten Entfernung ins Auge blickten, lief sichtlich genervt davon. Der Elefant war zufrieden, als ich das Weite suchte, nachdem er mir durch eine Drohgebärde zu verstehen gegeben hatte, daß ich unwillkommen bin. Auch Piranhas, Krokodile oder Zitteraale, auf die wir als Badende im Wasser im Amazonasgebiet hätten treffen können, ließen uns in Ruhe.

Natürlich blieben wir bei so einer langen Tour nicht von Krankheiten verschont. Axel erwischte die Malaria kurz vor unserem ersten Weihnachtsfest in Indien, mich mitten in der australischen Wüste. In Honduras fühlten wir uns einige Tage lang schlapp und ausgezehrt. Daß uns dort die Gelbsucht ereilt hatte, merkten wir aber erst, als sie schon wieder im Abklingen war.

Glücklicherweise zogen sich unsere Erkrankungen nie allzu lange hin. Gute Medizin, von der wir zu Beginn der Fahrt knapp zwei Kilogramm bei uns hatten, und ein Buch über Tropen- und andere Krankheiten halfen uns, Malaria, Amöben, Blutvergiftungen und anderes schnell und halbwegs richtig zu behandeln. Wir lernten ständig dazu, fragten die Leute, wie sie solche Krankheiten behandeln. Glücklicherweise haben wir unsere Krankheiten stets richtig diagnostiziert und behandelt. Zumindest bilden wir uns das ein.

Wir hielten uns vor Augen, daß dort, wo Giardia, Malaria und andere Sachen vorkommen, auch Menschen leben. Für sie sind diese Krankheiten so normal und unspektakulär wie bei uns zu Hause der jährlich wiederkehrende Schnupfen. Oft sind sie für die angepaßten Einwohner dort sogar ähnlich ungefährlich.

Weniger harmlos sind manche Mitmenschen. In den USA schliefen wir einmal nahe Las Vegas in einem kleinen Tal, als in der Nacht ein Auto vorfuhr und ein paar betrunkene Gestalten grölend ausstiegen und anfingen, wahllos in der Gegend herumzuschießen. Wir wollten nicht als Zielscheiben mißbraucht werden und duckten uns, so schnell und so leise es ging, flach in eine Erdmulde. Beide hatten wir nicht den Mut, aufzustehen und die Leute zu bitten, nicht weiter zu schießen.

In Kirgistan, am Ufer des Issyk-Kul-Sees, wurden wir vom Hufgetrappel eines galoppierenden Pferdes aufgeweckt. Der Gaul eines Kirgisen kam schnaubend zwischen unseren Schlafsäcken zum Stehen. Sein Reiter machte uns unmißverständlich klar, daß er Geld von uns wollte. Wir ließen uns nicht auf seine unverschämte Aufforderung ein. Wir lagen hier auf staatseigenem Gelände. Da hatte niemand etwas zu fordern. Außerdem befürchteten wir, daß er, in sein Heimatdorf zurückgekehrt, von uns erzählen und damit andere Leute aufstacheln würde, uns ebenfalls abzukassieren.

Er merkte, daß bei uns nichts zu holen war, und wurde zornig. Laut rufend trieb er sein Pferd auf uns zu und versuchte, uns mit seiner kurzen Peitsche zu schlagen. Doch ich hatte inzwischen Axels Machete gezückt und stellte mich damit demonstrativ hin, wie die Samurai es mir im Fernsehen vorgemacht hatten – bereit, sofort zuzuschlagen. Die Drohung verfehlte ihre Wirkung nicht. Der Kirgise zog wütend ab und auch wir sahen zu, daß wir diesen unwirtlichen Ort verließen.

Trotz dieser Vorfälle ist die Angst vor den Ländern der Dritten Welt übertrieben. Es war nicht halb so gefährlich, wie manchmal glaubhaft gemacht werden soll. Selbstbewußtes Auftreten, gepaart mit einer gehörigen Portion Vorsicht, war so etwas wie unser Sicherheitsgarant. Oft halfen in kritischen Situationen schon unsere Größe, die wilden, langen Haare und ein lauter Fluch in deutscher Sprache, die in den Ohren Fremder aggressiv und hart klingt.

Oft schliefen wir, gerade in den Slums großer Städte, bei Leuten, die durchaus bereit schienen, uns einfach auszurauben. In solchen Situationen war es wichtig, die anfängliche Anonymität aufzubrechen. Erst einmal miteinander bekannt, baut jeder Mensch eine gewisse Hemmschwelle auf, wenn es darum geht, sein Gegenüber zu bestehlen oder gar auszurauben.

In Südamerika erzählten wir den Leuten häufig, daß wir irgendwo in Asien Karate gelernt hätten. Dazu zeigte Axel manchmal auf die kurzen Stöcke, mit denen er sein Moskitonetz aufspannte und holte ein Foto von einem chinesischen Tempel heraus. Hollywood sorgte für den Rest, so daß jeder seiner Phantasie freien Lauf lassen konnte.

Natürlich versuchten wir, potentielle Diebe so wenig wie möglich zu provozieren. Dazu gehört schon, keine modische oder auffällige Kleidung zu tragen. Mit dem Fotoapparat oder anderen elektronischen Geräten wie dem kleinen Fahrradcomputer gingen wir möglichst unauffällig um. Das Gehäuse dieser Geräte sah dank einiger Streifen häßlichen Klebebandes alt und unattraktiv aus.

Die Spinne, die mich in Paraguay in den Fuß gebissen hatte, hatte sich von all dem offenbar kein bißchen beeindrucken lassen. Sie hatte sich einfach ein Stück von mir abgebissen. Mein linker Fuß war so dick geschwollen, daß ich nicht mehr laufen konnte. Zum Glück waren wir mit Rädern unterwegs. Zwei Tage nach dem nächtlichen Überfall fuhren wir weiter. Solange ich nur mit der Ferse auftrat und den Fuß nicht bewegte, konnte ich den Schmerz ganz gut ertragen.

Das ideale Fortbewegungsmittel in Paraguay scheinen übrigens einachsige Ochsenkarren mit riesigen Holzspeichenrädern zu sein, die man überall sieht. Es war häufig das einzige Gefährt, das auf den aufgeweichten Pisten nicht im rotem Lehm stecken blieb. Selbst Autos mit Allradantrieb versagten hier. In dem schmierigen Schlamm drehen auch vier Räder problemlos durch. Noch nie hatte ich zuvor so rutschige Erde erlebt wie diese rote hier.

Mitte Juni 1992 erreichten wir die Hauptstadt Asunción, die einen guten Eindruck auf uns machte. Wir holten unsere Post in der Botschaft ab und verbrachten einen netten Abend mit einem dänischen Missionar. Axel konnte wieder mal ausgiebig seiner Lieblingsbeschäftigung, dem Philosophieren, nachgehen. Bei mir wurde er da immer etwas kurz gehalten, da ich dies oft für sinnlos halte. Was ändert sich schon oder was hilft es, wenn zum Beispiel ein Philosoph herausfindet, daß alle Menschen schizophren sind? Nichts! Also wäre es besser, wenn der Philosoph Holz gehackt hätte. Leider verstand Axel eine abgebrochene philosophische Diskussion nie als Aufforderung, Holz für das Lagerfeuer zu suchen.

Asunción soll die grünste Hauptstadt der Welt sein. Das ist gut möglich. Noch mehr beeindruckte uns aber der über seine Ufer getretene Paraguayfluß. Von manchen Häusern schauten nur noch die Dächer aus dem Wasser. Da der Fluß alle zehn Jahre so eine Flut hat, fragten wir uns, weshalb die Leute an solchen Stellen überhaupt bauen. Wahrscheinlich war das zentrumsnahe Land extrem billig.

Der Fluß ist die Grenze zum Chaco, einer großen Tiefebene, die sich bis nach Brasilien und Bolivien zieht. Die Landschaft prägen Palmen, deren Stämme halb im Wasser standen, weil riesige Flächen des Landes überschwemmt waren.

Nach vier Tagen erreichten wir Filadelfia, eine deutsche Mennonitensiedlung mit rund viertausend Einwohnern. Die Stadt, deren Name ›Bruderliebe‹ bedeutet, wirkte für Paraguay auf den ersten Blick ausgesprochen reich. Wir sahen gepflegte Fabrikanlagen und große Hallen, an den Häusern standen Satellitenantennen, es gab vier Kirchen im Ort. Unglaublich, wenn man bedenkt, mit welchen einfachen Mitteln die Mennoniten hier in den zwanziger Jahren angefangen haben.

Am Abend diskutierten wir mit dem Redakteur eines deutschsprachigen lokalen Radiosenders und einem Bibellehrer ausgiebig über das Gottesverständnis und wie man danach lebt. Da die meisten der hier lebenden Mennoniten streng gläubig waren und lange Zeit wenig Kontakt mit der Außenwelt hatten, überlebte in Filadelfia eine Lebenseinstellung, die uns in Glaubensfragen recht konservativ und altmodisch erschien. Dennoch war ich überzeugt, daß unser europäisches, ›modernes‹ Gottesverständnis weiter von Gott entfernt ist, als das ihre.

Axel hielt in der Schule wieder seinen Vortrag, holte den seit Neuseeland fälligen Zahnarztbesuch nach, wir besuchten einen mennonitischen Gottesdienst und unternahmen eine schöne Reittour. An unserem Abschiedsabend bedankten wir uns bei unseren Gastgebern mit einem großen indischen Essen, das Axel gezaubert hatte. Ich war erstaunt, wie gut er es hingekriegt hatte. Zwar tönte er immer herum, daß er gerne kocht, doch hatte ich bisher immer das Gefühl, daß es mit den Koch- ähnlich wie mit seinen Sangeskünsten bestellt ist: Axel singt gern und schrecklich.

Der Weg bis zur bolivianischen Grenze sollte zur Tortur werden. In Filadelfia konnte uns niemand etwas über die Qualität der Transchaco sagen, die nur äußerst selten befahren wird. Nach fünfundsiebzig Kilometern hörte der Asphalt auf. Es begann eine Piste mit einer hauchfeinen Staubschicht darauf, die das Fahren zur Hölle machte. Wir blieben stecken und verschluckten ständig den aufgewirbelten Schmutz. Husten blieb da nicht aus. Die Sonne zeigte kein Erbarmen und die massenhaft auftretenden und scheinbar völlig ausgehungerten Mücken gaben uns den Rest. Zum ersten Mal mußten wir am hellichten Tag einen Platten unter dem Moskitonetz reparieren. Zum Schutz zog ich mir trotz der Hitze freiwillig lange Sachen und Socken über.

Unser Flüssigkeitsbedarf war enorm in die Höhe geschnellt. Wir tranken jeder vier Liter Wasser, einen halben Liter kalten Mate und zwei Liter Cola. Rund ein halber Liter Wasser zum Frühstücksmüsli kam noch hinzu. Trotzdem hatte ich nie das Gefühl, genug getrunken zu haben. Als wir nach 140 Kilometern die langersehnte Ortschaft erreichten, waren wir körperlich am Ende.

Am nächsten Tag wurde die Piste so sandig, daß wir die Räder schieben mußten. Wir übernachteten in einem Militärlager. Die Soldaten waren froh über die Abwechslung und ließen uns mit unserem Durst an ihren Biervorrat, den sie einem Schmuggler abgenommen hatten.

Mit dickem Kopf schoben wir die Räder am nächsten Morgen die restlichen dreißig Kilometer bis zur Grenze nach Bolivien. Diese Kilometer wurden richtig hart. Erst am Abend erreichten wir die Grenzstation. Mir schmerzten vom Schieben durch den Sand beide Waden, die Arme, die rechte Schulter und der Rücken. Wir hatten uns nach Bolivien geschunden.

Kapitel Neun

Abenteuer im Regenwald

Wir verfluchten die Transchaco und ihre mit feinem, tiefen Sand bedeckte Oberfläche. Noch bis Boyuibe mußten wir uns schinden. Die Stadt lag in einem weiten Kakteental unter uns. Sie sah ärmlich, aber trotzdem traumhaft aus. Wie aus einem Bilderbuch. Ohne Weiteres konnten wir allerdings nicht hinein. Ein Militärposten versperrte uns den Weg. Es dauerte eine ganze Zeit, bis wir unsere Pässe mit Einreisestempeln zurückbekamen. So viele Stempel, wie wir in unseren Pässen hatten, machten jeden Beamten neugierig.

Solche auf Kontrolle erpichte Posten gab es viele in Bolivien. Wenn es möglich war, umfuhren wir sie einfach. Die Straßensperren bestanden meist nicht einmal aus einer Schranke. Die Militärs rollten oft nur zwei große Felsblöcke so auf die Straße, daß Autos und Lastwagen nicht mehr vorbeikamen. Auch wir hielten zunächst fast immer an und taten so, als wollten wir uns bereitwillig einer Kontrolle unterziehen. Dann kam der Moment der Flucht. Ich fuhr langsam ein Stück vor und im nächsten Augenblick traten wir beide kräftig in die Pedalen. Wir paßten wunderbar zwischen den Steinen hindurch oder schlängelten uns an der Seite vorbei.

»Hola Amigos!«

Mitunter hörten wir den schrillen Ton einer Trillerpfeife hinter uns, aber was konnten uns Rufe oder Pfiffe schon anhaben? Mit den Rädern waren wir ohnehin schneller als die Soldaten, die uns hinterherrannten. Sie hatten weder Autos, noch Motorräder oder Fahrräder.

Boyuibe ist eine typisch bolivianische Ortschaft mit erdfarbenen Häusern aus Lehm. Die Straßen haben den gleichen graubraunen Farbton. Zu leben beginnt ein Ort wie dieser erst durch die Menschen, die in ihm wohnen. Einen größeren Gegensatz zwischen Kleidung und Häusern kann ich mir gar nicht vorstellen. Schreiende, grelle Farben, die in Europa wohl eher verpönt wären. Besonders Gelb und Rot stechen hervor. Man kann gar nicht oft genug betonen, wie bunt Röcke, Hosen und Blusen sind und wie gut die lebensfrohen Gesichter der Menschen dazu passen.

Boyuibe ist der letzte Ort an der Transchaco. Die Strecke von Asunción bis hierher haben wir in acht Radeltagen zurückgelegt –

wohl eine Leistung, die sich sehen lassen kann. Dafür waren wir jetzt mit unseren Kräften am Ende, nicht nur körperlich. So richtig kamen wir nicht mehr voran. Wir schoben unsere Langsamkeit auf die schlechte Piste, aber es lag genaugenommen an uns selbst und der fehlenden Motivation.

Beim Übernachten wurden wir und besonders unsere Räder innerhalb kurzer Zeit von Menschen umringt. Auch die Bewohner der Orte, die noch vor uns lagen, wußten schon, daß wir kommen würden. Oft waren die Frauen sehr aufgeschlossen. Bei den Männern saß wohl der Haß auf ›Gringos‹, amerikanische Soldaten, zu tief, und die vermuteten sie in uns. Um so freundlicher wurden sie dafür, wenn wir erklärten, daß wir aus Deutschland, und nicht aus den Staaten kommen.

Obwohl die Transchaco zu Ende war, ging es schlammig und dreckig weiter. Nur in Borneo war der Matsch noch tiefer, hatte sich aber nicht über so viele Kilometer erstreckt. Unterwegs sahen wir ununterbrochen Lastwagen, die in die Gräben gerutscht waren. Ein Wunder, daß trotzdem so viele durchkamen. Schließlich wurde uns bewußt, daß uns die schlammige Piste den letzten Nerv rauben würde.

Da kam uns die Eisenbahn, oder besser, ihr Gleisbett zu Hilfe, das unweit der Piste verlief. Dort zwischen den Schienen konnten wir ab und zu sogar fahren. Außerdem konnte uns und unseren Rädern der Dreck nichts mehr anhaben.

1700 Meter hoch, in einem breiten Tal, inmitten von Bergen lag Samaipata vor uns. Beim hiesigen Padre de Alemania, einem Priester aus Deutschland hielten wir uns fast zwei Wochen auf. Durch Alfredo und die langen Gespräche über Katholizismus, den Papst in Rom oder die Menschen im Allgemeinen lernte ich den katholischen Glauben verstehen. Die Diskussionen füllten ganze Nachmittage, meist bei starkem bolivianischen Kaffee.

Bevor wir gegen Abend einschliefen, unterhielten wir uns immer öfter über Religionen, das Christentum und die Missionierung. Vor allem katholische Missionsstationen leisten phantastische Arbeit. Nichts ist da mehr von ›früher‹ übrig, nach dem Motto ›Und bist du nicht willig, …‹

Der schlechte Ruf, den diese Missionen haben, ist unbegründet und falsch. Missioniert im eigentlichen Sinne wird meiner Meinung nach fast gar nicht mehr. Allerdings haben sich in den letzten Jahren schreckliche Sekten gebildet, die im verpönten, mittelalterlichen Stil weitermachen. Vor allem aus den USA.

Eine Tagesfahrt hinter Samaipata lag Pampa Grande. Dort trafen wir Pater Michael wieder, dessen Faible für Uniformen und Trikots aller Art nicht zu übersehen war. Meist trug er über seinem Priestergewand einen Pullover der britischen Armee oder eine Bundeswehrjacke, oder auf dem Kopf die Mütze eines russischen Soldaten. Er meinte, gegen die Kälte in den Bergen gäbe es nichts besseres. Von seinen Besuchen in Deutschland bringt er jedesmal eine unglaubliche Menge davon mit und verteilt die Sachen zu einem großen Teil auch unter der Dorfbevölkerung. Die Bewohner Pampa Grandes liefen deshalb in den lustigsten Uniformzusammenstellungen herum. Wir trafen ›Spieler der deutschen Fußballnationalmannschaft‹, britische Fallschirmjäger und Mitglieder einer russischen Militärkapelle. An ihren Beinen schlackerten Bundeswehrhosen.

»Wenn sich ein Tourist hierher verirrt, versteht er die Welt nicht mehr«, lachte Axel.

»Möglich«, antwortete Michael. »Aber erstens sind die Klamotten billig und zweitens von richtig guter Qualität. Die Leute hier finden die Sachen noch dazu exotisch. Und deshalb ziehen sie sie gern an.«

Michael hatten wir bereits in Samaipata kennengelernt. Er ist Zeitgeschichtler, stammt aus dem sächsischen Görlitz und erzählte uns unglaublich viel über das, was in Ostdeutschland passiert. Erst vor wenigen Tagen war er von einem mehrwöchigen Europaurlaub zurückgekommen.

»Manchmal bekomme ich hier an der Grenze Probleme mit den mitgebrachten Uniformen«, lachte er. »Dann sehen Zöllner Uniformen, von denen sie schon immer geträumt haben. Ironischerweise gibt es hier in Bolivien ein Gesetz, was das Tragen ausländischer Uniformen oder Teilen davon verbietet. Wenn die Zöllner oder Polizisten das wüßten, würden sie mir wohl alle Sachen abnehmen.«

Zusammen mit dem Padre gingen wir abends zu einem Kindergeburtstag. Der erste der Jungen wird in Bolivien groß gefeiert. Bei den Mädchen ist es traditionell der 15. Geburtstag, mit dem sie dann gleichzeitig ins heiratsfähige Alter eintreten. Gegen solche Sitten sperrt sich Pater Michael zunehmend. Er macht lieber zur Bedingung, daß Braut und Bräutigam sich erst eine Toilette bauen, bevor sie heiraten dürfen. Gerade seit dem Auftreten der Cholera, einer seuchenartigen Darmkrankheit, sind Toiletten wichtig geworden.

Michael erzählte uns auch von Lydia, die in Santa Cruz lebt. Eine damals 73 Jahre alte Deutsche, die die meiste Zeit ihres Lebens den Straßenkindern in Bolivien gewidmet, ein Kinderheim, ›Mano Amiga‹, gegründet hat und bis heute für die kleinen Bolivianer da ist. Mit ihrem Mann, einem Beamten, war sie vor Jahrzehnten in Bolivien angekommen und nach seinem Tod im Land geblieben.

Aus einer kurzen Begegnung mit Lydia ist eine bis heute währende Verbindung entstanden. Ihre selbstlose Arbeit für die Straßenkinder beeindruckte uns so stark, daß wir Lydia versprachen, uns nach unserer Rückkehr nach Deutschland für sie einzusetzen. Inzwischen haben wir über den Verein ›Saalfeld–Samaipata‹ Geld und Sachspenden im Wert von über 200.000 Mark nach Bolivien bringen können. Dort entstanden neue Unterkünfte, Ausbildungsmöglichkeiten und eine bessere Gesundheitsversorgung für die Straßenkinder.

Auf den Bergen hinter Pampa Grande genossen wir eine grandiose Aussicht. Bei der anschließenden Abfahrt hatten wir mit einem Mal Wolken und grünen, dichten Bergregenwald vor uns. Gewaltige, mit langen Moosflechten bewachsene Urwaldriesen standen hier in 2500 Meter Höhe. Die Sonne hatte die Luft auf über dreißig Grad aufgeheizt, als wir plötzlich in Nebel kamen. Die schmutzige Schotterstraße, auf der jeder Lkw eine riesige Staubwolke hinter sich herzog, verwandelte sich schlagartig in eine rutschige Lehmpiste, die mich unangenehm an die Transchaco erinnerte.

Mehr als der Lehm störte uns jedoch die Temperatur. Innerhalb von fünf Minuten war sie auf unter zehn Grad gesunken. Sprühregen setzte ein. Ein böiger, starker Wind blies uns ins Gesicht. Das Wetter muß typisch sein für diese Strecke, die ›Siberia‹ genannt wird.

Und es ging noch weiter nach oben. Das Wetter war ungemütlich.

Da, plötzlich, begann sich der Nebel zu lichten. Die Sonne war gerade untergegangen. Berggipfel ragten einsam aus den Wolken. Links von uns erhoben sich Hunderte Kilometer lang die Anden. Langsam trocknete der Urwald und am Himmel wurden die ersten Sterne sichtbar.

Im Dorf Siberia waren wir bis auf 3400 Meter ›geklettert‹. Für uns ein neuer Rekord. 1600 Höhenmeter am Nachmittag, fünfzig Kilometer Strecke – wir hatten zwar nicht ein einziges Mal mit der Höhenkrankheit zu kämpfen gehabt, aber unsere Beine zitterten so sehr, daß wir Probleme beim Gehen hatten.

Auch die nächsten Tage schienen sich gegenseitig überbieten zu wollen mit ihrem Auf und Ab, den Bergen und Tälern. Hinter dem Rio Grande wand sich eine allmähliche ansteigende Straße hinauf zur bolivianischen Hauptstadt Sucre.

In diesen Tagen war ich weniger von dem Geschmack der Cola, als vielmehr von der Wirkung dieses Getränks begeistert. Ich kann mit gutem Gewissen sagen, Cola vor unserer Reise um die Welt nie angerührt zu haben. Jetzt half uns der hohe Zuckergehalt vor allem bei Steigungen weiter. Manchmal tranken wir neben den vielen Litern Wasser noch drei oder vier große Flaschen Cola am Tag.

In Sucre verliebte sich Axel. Auf einen Schlag und scheinbar hoffnungslos. In einer Kneipe hatte alles mit einem Gespräch begonnen. An diesem Abend war ich für meinen Partner nicht vorhanden. Juanita unterrichtete an einem deutschen Institut. Die beiden tanzten, und spätestens beim Salsa schien es endgültig um Axel geschehen zu sein. Sie war Axels Traumfrau, und genau das ließ den Traum vorerst platzen. Er traute sich weder, sie nach einer Adresse zu fragen noch, ihr seine Gefühle zu sagen. Die beiden drückten sich lange beim Abschied und Juanita ließ Axel scheinbar mit gebrochenem Herzen zurück.

»Sie ist irgendwie zu schön und zu lieb, um wahr zu sein«, seufzte er immer wieder. »Warum sollte sie sich für mich interessieren?«

Lange mußte ich mir Sätze wie diese anhören. Ungefähr ein Jahr lang. Dann kamen wir nach Nicaragua. In einer Kneipe unterhielten wir uns mit einem Bolivianer. Er war aus Sucre.

»Ach, Sucre«, seufzte Axel wie erwartet. »Dort habe ich mich verliebt.«

Ich wollte ihm schon trostspendend auf seine hängenden Schultern klopfen, als sich der Typ aus Sucre erstaunt zu Wort meldete.

»Dann mußt du Axel sein, was? Juanita hat mir von dir erzählt. Es hat sie ganz schön erwischt, mein Lieber.«

Damit hatte mein Radlpartner nicht gerechnet. Sein trauriger Blick verwandelte sich zunächst in ungläubiges Staunen und kurz darauf leuchteten seine Augen wie der Sternenhimmel über dem Sulu-Archipel. Nun ging alles schnell. Anrufe, Gespräche, Absprachen. Die Pläne für den gemeinsamen Urlaub in den USA waren komplett. Axel und Juanita machten da weiter, wo sie vor mehr als einem Jahr in

Sucre aufgehört hatten. Noch heute schwärmt Axel von den gemeinsamen Stunden.

»Beim Abschied haben wir uns beide auf nichts festgelegt,« sagt Axel. »Wir wollten das Schicksal entscheiden lassen.«

Es hat ihnen keine dritte Chance gegeben.

Auf winzigen Pisten, die so selten befahren wurden, daß uns niemand Auskunft geben konnte, ob sie zur Zeit überhaupt passierbar seien, erreichten wir Oruro, ein Bergbauzentrum auf dem Altiplano. Eine unangenehm stark befahrene Straße führte uns weiter nach La Paz, von wo aus wir wieder in das tropische Tiefland Boliviens radelten.

Unser Etappenziel kurz vor der brasilianischen Grenze hieß Riberalta. Die Stadt lag im Mokickwahn. Auf den kleinen Mopeds spielt sich ein großer Teil des Lebens ab. Mit ihren motorisierten Zweirädern ›flanierten‹ die Menschen, kaum jemand ging ohne seinen fahrbaren Untersatz aus dem Haus. Alle, selbst Frauen jenseits der siebzig, drehten so unzählige Runden auf der Hauptplaza in der Mitte des Ortes. Traf jemand Bekannte, wurde erst einmal ein paar Runden geredet. Auf dem Mokick natürlich. Man gab sich ein Zeichen, traf sich in der nächsten Runde und fuhr nebeneinander her. So wurde alles besprochen. Neuigkeiten, wo man sich abends trifft und natürlich der aktuellste Klatsch. Im ersten Moment konnten wir diese Art der Verständigung einfach nur komisch finden. Dann kam der Gedanke an den unglaublichen Benzinverbrauch hinzu. Sparsamkeit schien nicht im Trend zu liegen.

Hier, und bald auch in Brasilien, war ohnehin einiges anders. Höchst zweifelhaft aussehende Gestalten trieben sich auf den Straßen herum. Angeblich sollen sich aber die wichtigen, großen ›Gangsterbosse‹ auf der anderen Seite des Flusses niedergelassen haben.

Entlang der Straße wechselte sich eine ›Estanza‹ mit der anderen ab. Große Flächen außerhalb der Städte und Dörfer fielen Brandrodungen zum Opfer. Meist brannte aber nur noch Gras und Gestrüpp, Bäume wuchsen längst nicht mehr. Die kontrollierten Feuer sollen die Weideflächen der Rinder freihalten. Der beißende Geruch von Qualm lag über dem ganzen Gebiet.

Das Dorf Araras paßte perfekt in diese tote, unwirtliche Gegend. Nicht ein einziges Haus aus Stein, dafür Holzhütten und Bretterbuden gaben ihm ein erbärmliches Gesicht. Eine Kirche suchten wir vergebens. Viele hätten wohl diese Ansammlung von regelrechten Bruchbuden spontan als ›nicht gerade vertrauenerweckend‹ bezeichnet. Und selbst das wäre wohl noch geschmeichelt. Es war ein wüstes Kaff und würde wahrscheinlich hervorragend den Wilden Westen ergänzen. Genauer gesagt war es ein Ort, in dem wenig erfolgreiche Goldgräber ihren ohnehin spärlichen Verdienst ließen. Axel war kaum geneigt, die Nacht ausgerechnet hier zu verbringen. Doch ich drängte ihn dazu, weil wohl zuviel Abenteuerlust und Neugier in mir steckten. Das hier war meine Chance, endlich einmal Klondike live zu erleben.

An der Straße drängten sich die Kneipen, richtige Läden gab es kaum. Wozu auch? Es gab keine Kunden hier. Ab und zu lugte mal eine Goldankaufsstelle hervor. Die Übergänge von Laden zu Kneipe waren beinah fließend, die von Kneipe und Puff zu Hotel kaum noch feststellbar. Mehr als die Hälfte aller Mädchen auf den Straßen waren käuflich.

Das einzige offizielle Hotel war belegt. Wir fragten lange herum, bis wir ein billiges Zimmer in einem Puff zugewiesen bekamen. Im Laufe des Abends wurde uns der Preis plötzlich erlassen. Einfach so. Ohne Vorankündigung. Wir beschwerten uns nicht. Das Zimmer, in dem auch unsere Räder standen, verließen wir nur getrennt. Zu suspekt kam uns die Umgebung vor. Der Puffbetreiber hatte uns gleich zu Beginn aufgeklärt.

»An eurer Stelle würde ich vorsichtig sein. Hier treiben sich nur Verrückte herum«. Beim Reden lispelte der Kahlköpfige durch eine wenig ansehnliche Lücke zwischen seinen Vorderzähnen.

»Die Polizei weiß genau, daß sie sich besser nicht in das Leben im Ort einmischt. Seit über 17 Jahren haben die sich nicht mehr hineingetraut.«

Axel ging zurück ins Zimmer, ich stolperte durch die Tür ins Freie. Komisch, im Dorf schien niemand eine Waffe zu besitzen oder gar ein Messer bei sich zu tragen. Zumindest nicht offen sichtbar. Dabei hätte diesen Gestalten ein wenig Munition hervorragend gestanden. Die meisten sahen abgerissen, versoffen und müde aus. Von ihrem Leben als erfolglose Goldsucher gezeichnet. Ich blickte in fahle Gesichter mit glasigen Augen. Die Menschen machten in ihrem Auftreten trotzdem einen verwegenen Eindruck.

Überall wurde um Geld gewürfelt und gepokert, selbst beim Domino. Nie ging es dabei um wirklich hohe Beträge. Die Musik war im ganzen Ort viel zu laut, und die Beatles taten mir leid, denn solche schlechten Imitationen hatten sie wahrlich nicht verdient.

Auf den Toiletten in den Kneipen schienen sich Millionen von Lebewesen wohl zu fühlen, nur ich nicht. Axel war müde, er lag schon im Bett. Also spannte ich meine Hängematte auf. Schlafen wollte ich noch nicht. Deswegen spielte ich noch zwei Stunden Billard, eingekreist von zwanzig Dorfbewohnern, die mich nicht feindselig ansahen, aber mich skeptisch beobachteten, wenn ich an der Reihe war und den Queue nahm. Im Zigarettenqualm sah ich ohnehin nur die Hälfte von ihnen mit verschränkten Armen an den Wänden lehnen. Ich fühlte mich nicht wohl, denn mein Gegner war stark. Das sah ich seinem Spiel, aber auch seinem ganzen Verhalten und dem Blick in den zusammengekniffenen Augen an. Er war der Beste hier, angeblich seit Monaten ungeschlagen. Aber ich brauchte mich nicht vor ihm verstecken. Ich hatte Übung, Nerven und behielt die Übersicht. So gewann ich tatsächlich gegen den Dorfchampion – einen etwa sieben Jahre alten Jungen. Überall anerkennendes Nicken für den ›Alemão‹, den Deutschen.

Als ich mich in meine Hängematte legte, sah ich Ratten kreuz und quer durch den Raum huschen und hoffte, daß mich im Schlaf keine mit ihrem Besuch beehren würde. Mitten in der Nacht spürte ich ein eigenartiges Krabbeln auf meinem Kopf, fuhr hoch und begriff sofort, daß eine auf meinem Kopf saß. Der Geschwindigkeit nach zu urteilen, die sie bei der Flucht an den Tag oder besser an die Nacht legte, müssen wir uns beide gegenseitig fürchterlich erschreckt haben. Mit der Überlegung, daß noch ein Rattenbesuch doch sehr unwahrscheinlich sei, fand ich tatsächlich einen tiefen Schlaf.

Ein Boot, das beinah aussah wie die typischen Mississippidampfer, brachte uns auf dem Rio Madeira nach Manaus. Rund um den Amazonas nehmen Wasserwege die Bedeutung von Straßen ein. Unsere Hängematten spannten wir auf dem Oberdeck zwischen anderen auf. Sie hingen so dicht, auch übereinander, daß sich viele die Nacht über ständig berührten. Der Fluß hatte eine gewaltige Breite. Die wenigen Orte an seinen Ufern machten einen verschlafenen Eindruck, so als wäre die Zeit dort stehengeblieben. Nirgends sah ich Autos. Die Urwaldstädtchen wirkten faszinierend, ohne Verkehr. Als wir nach zwei Tagen auf den Amazonas fuhren, wechselte der Fluß seine Farbe. Aus der unansehnlichen, braunen Brühe wurde ein gelbgrüner Strom. Die Breite dieses Flußarmes war schwer zu schätzen – vielleicht betrug sie drei, vielleicht auch acht Kilometer. Wir fuhren jetzt immer dichter am Ufer, um der starken Strömung aus dem Weg zu gehen. Ich wollte auf keinen Fall den Wechsel der Wasserfarben verpassen, denn ich wartete darauf, daß sich der Fluß kurz vor Manaus schwarz färbte und wir auf den Rio Negro abbiegen. Ob ich den Unterschied wirklich erkennen würde, war ich mir gar nicht mehr so sicher, da der Fluß in diesem Abschnitt sehr verzweigt ist. Es war sieben Uhr und schon seit einer Stunde hell, aber sehr diesig. Wir fuhren auf dem nördlichen Arm des Amazonas und ich nahm an, daß sich das Wasser über einige Kilometer langsam, aber nicht sichtbar vermischen würde. Also konnten wir uns längst auf dem Rio Negro befinden, ohne die unterschiedlichen Wasserfarben bemerkt zu haben. Nun tauchte am rechten Ufer eine Stadt auf. Manaus? Ich schaute nach unten. Unglaublich. Schlagartig wurde das Wasser in einer gestochen scharfen Linie schwarz. Der Rio Negro – der Schwarze Fluß. Meine Vermutung war also falsch gewesen. Die Trennlinie konnte man nicht übersehen. Das schwarze Wasser beeindruckte mich immer wieder. Es war sehr sauber und führte keine Sedimente mit sich. Im Gegensatz zum ›Weißwasser‹ wirkt ein Schluck hiervon sehr erfrischend. Es soll auch gutes Trinkwasser sein, aber sicherlich nicht direkt unterhalb von Manaus.

Eine Frau aus Deutschland hatte uns nach hierher geschrieben.

›Mein Bruder Eberhard ist vor mehr als zehn Jahren nach Brasilien gegangen. Seit über acht Jahren habe ich nichts mehr von ihm gehört. Diese Karte ist das Einzige, was ich von ihm geschickt bekam. Würdet ihr für mich nach ihm suchen?‹

Wir hatten Zeit. Soweit waren wir inzwischen. Und wir würden uns auch die Zeit nehmen, nach diesem Eberhard zu suchen. Die Karte zeigte nur ungenau, an welchem der vielen Flußarme des großen Amazonas Eberhard leben sollte. Irgendwo zwischen Rio Aripuanã und Rio Tapajós müßten wir uns wahrscheinlich durch den Urwald schlagen. Unsere Räder würden uns dabei nur unnötige Last sein. Sie blieben in Manaus.

Axel hatte in den Wochen als ›Touristenjäger‹ einiges gelernt und nutzte seine Erfahrungen nun für uns. Er hatte als Schlepper gearbeitet. Am Flughafen fing er Touristen ab, bot ihnen organisierte Reisen an und vermittelte sie an Reisebüros. Auf diese Art fanden wir tatsächlich ein britisches Pärchen, das sich an der Fahrt nach Borba und den Paddelbooten beteiligen wollte. Sie bekamen dafür eine preiswerte Erlebnisreise in den brasilianischen Dschungel. Natürlich unter der kundigen Leitung zweier weltmännischer, krisensicherer und urwalderfahrener Abenteurer. Uns!

Mit der Fähre schipperten wir den Rio Madeira hinunter bis nach Borba. Von hier an waren wir auf uns gestellt. Wenn wir aber etwas gewohnt waren, dann das.

Mit geliehenen Paddelbooten, auf denen wir nur das Nötigste hatten mitnehmen können, paddelten wir los. In südöstliche Richtung. Uns begegnete kaum eine Menschenseele, und das gab uns das gute Gefühl, auf dem richtigen Weg zu sein. Mehrere Tage gab es nur Wasser und dichten grünen Regenwald um uns. Ab und zu entdeckten wir Bretterhütten, die auf Pfählen am Ufer standen. Die meisten waren verlassen.

Hier stand alles unter Wasser. Langsam wurde Axel und mir doch etwas mulmig. Waren wir noch richtig? Ganz falsch konnten wir nicht sein, denn ein Indianerjunge kam uns in einem kleinen Einbaum entgegen. Wenigstens gab es also Menschen hier.

»Kennst du Eberhard? Einen Weißen? Der muß hier irgendwo ein Haus haben«, machte Axel dem Jungen verständlich.

»Na klar. Gar nicht mehr weit. Noch zwei Tage flußaufwärts, dann den nächsten Seitenarm einen Tag links rein.«

Und weg war er. Wir waren wieder allein. Noch einen Tag und einen Flußarm lang. Uns wurde langsam bewußt, welches Glück wir hätten, Eberhard durch diesen Wasserwald zu finden. So traumhaft die riesigen Bäume mit den wuchtigen Stämmen aussahen, so ähnlich waren sie sich auch. Es gab keine erkennbare Fahrrinne. Und trotzdem gelangten wir zu einem See, an dessen anderem Ufer ein Lehmhaus mit einem Dach aus Palmwedeln stand. Es mußte Eberhards sein.

In sprichwörtlicher Einsamkeit lebt der ehemalige Seemann aus Pommern im Regenwald. Ursprünglich hatte er in Brasilien arbeiten wollen. Geglückt war ihm das nicht. Jedenfalls nicht so, wie er es sich vorgestellt hatte. Enttäuscht hatte er gemeinsam mit seiner Lourdes ein ganz neues, anderes Leben begonnen. An einer Stelle, die nur mit kleinen Booten zu erreichen ist. Selten findet jemand hierher.

So läßt sich auch seine Freude über unseren Besuch erklären, den ihm Hündin Susi schwanzwedelnd ankündigte. Wir erzählten Eberhard vom Brief seiner Schwester, von unserer Reise.

»Ihr könnt gerne bei mir bleiben«, sagte Eberhard nachdenklich in tadellosem Deutsch. »Aber ihr müßt mit anpacken.«

Nur selten fährt er zum Einkaufen in die Stadt. Er baut alles selbst an. Gurken, Kartoffeln, sogar Radieschen. Und Tomaten. Die Einheimischen hier, die Caboclos, erzählten sich anfangs Geschichten über diesen merkwürdigen Weißen.

»Bei dem wachsen komische rote Früchte. Und bevor er sie erntet, verrichtet er sein Geschäft darauf.«

So oder ähnlich. Eberhard baut Tomaten an, und Dünger gibt es im Urwald nicht zu kaufen. Er hilft sich also mit dem, was der Urwald und auch er selbst bieten können. Mittlerweile ist er auf Hochbeete umgestiegen, riesige Holzkästen, die auf Stelzen stehen und die er so unabhängig von den ungünstigen Bedingungen des Bodens bewirtschaften kann. Keineswegs eine leichte Arbeit. Neben den Beeten müssen auch Hühner, Schweine und ein Rind versorgt werden. Wenn Eberhard Dona Lourdes nicht hätte, wäre jeder seiner Tage sicher 24 Stunden gefüllt mit Arbeit. Jetzt sind es gute 14. Lourdes, seine brasilianische Lebensgefährtin, steht morgens fünf Uhr mit Eberhard auf.

»Schlafen kann man um diese Zeit sowieso nicht mehr. Die Brüllaffen wecken dich. Der Dschungel lebt um diese Zeit. Der Dschungel lebt eigentlich immer und ist ständig voller Geräusche«, erzählte uns der hagere Mann.

Selbst mich weckte das Zirpen, Brüllen, Rascheln und Knacken in den Bäumen. Dabei konnte ich mich noch gut an Zeiten erinnern, in denen ich niemals vor acht Uhr morgens aus dem Bett gekommen wäre. Noch dazu freiwillig. Hier tat ich es einfach, ohne mich müde zu fühlen und ohne schlechte Laune. Ich war schlicht neugierig auf dieses Einsiedlerleben.

Axel stand mir übrigens in nichts nach. Er verliebte sich sozusagen ein zweites Mal. In ein Stück Dschungel und seine Bewohner. Eberhard und Lourdes wurden richtige Freunde für ihn, und das sind sie bis heute. Seit unserer Heimkehr flog Axel fast ein Dutzend Mal nach Brasilien, schipperte unzählige Flußarme entlang und fand jedesmal wieder zu Eberhards Haus zurück. Heute gehört ihm dort ein kleines Stück Urwald, auf dem er sich mit seinen eigenen Händen unter der fachmännischen Anleitung des ›Seemannes‹ eine Strohhütte gebaut hat. Mit wunderbaren Palmwedeln, die wie beim ›großen Vorbild‹ das Dach formen.

Der folgende Monat wurde anstrengend und faszinierend zugleich. Unsere Begleiter aus England waren bald nach unserer Ankunft bei Eberhard wieder zurückgefahren. Wir blieben und versuchten, soviel wie möglich von dem Gefühl von vollkommener Freiheit mitzubekommen, aufzusaugen und zu speichern. Denn das waren Eberhard und Lourdes. Frei. Dafür arbeiten die beiden wirklich hart. Täglich müssen sie ihr Überleben sichern. Es macht ohne Zweifel Mühe, Pflanzen zu züchten, alle Tiere zu füttern, das Haus in Schuß zu halten. Zu jagen und zu fischen, irgendwann die Ernte einzuholen und auch festzustellen, wie selbst angebaute Früchte und Gewächse einfach eingehen. In so einem Moment gehen Monate harter Arbeit verloren. Eberhard ist es anzusehen, daß die vergangenen Jahre mühevoll waren. Er hat kaum noch Zähne, Folge der einseitigen Ernährung in den ersten Jahren im Dschungel. Auf einem Auge ist er nach einer Entzündung blind. Und trotzdem ist er mit siebzig Jahren älter als die meisten hier. Das wissen auch die Caboclos.

»Der ist über hundert Jahre alt«, sagen die Halbnomaden über ihn.

Wer älter ist als fünfzig Jahre, ist in ihren Augen steinalt. Also mindestens hundert.

In seinen Jahren im Dschungel hat Eberhard sein Wissen sicher vervielfacht. Er kennt Heilpflanzen, ihre Wirkung und – das Wichtigste – er weiß, wo sie wachsen. Die Indianer, die dieses Wissen an ihn weitergegeben haben, leben zumeist nicht mehr. Ihre Nachfahren, die sich Caboclos nennen, da ›Indianer‹ auch als Schimpfwort verwendet wird, haben dieses Wissen nicht mehr übernommen. Vielleicht ist Eberhard der einzige, der heute einige Heilmittel aus dem brasilianischen Regenwald noch nutzen kann.

Wir halfen, so gut es ging. Schleppten Wasser, verjagten ohne langfristigen Erfolg die ewig hungrigen Affen und Vögel. Das Schönste war die allabendliche Entschädigung. Gemeinsam saßen Eberhard, seine schwarzhaarige Lourdes und wir, die beiden ›Greenhorns‹ aus dem kalten Deutschland, dann im Palmenhaus und genossen es, einfach nur dazusitzen. Immer noch rumorte und raschelte es um uns herum. Der Dschungel lebt immer.

Zurück in Manaus gefiel mir das städtische Leben dort aber auch. Im Gegensatz zu Axel, der sie von Anfang an wegen des vielen, lauten Verkehrs und des Schmutzes nicht leiden konnte, gefiel mir das Flair der alten Gebäude und die lebensfrohe Art der Menschen dort. Wir verließen sie mit geteilter Meinung.

Einen Tag später hatte ich den schlimmsten Sturz auf einer Schotterpiste. Viel zu spät sah ich eine Wasserrille. Ich bremste, so hart es ging. Doch um über die Rinne zu kommen, mußte ich das Rad schießen lassen. Das reichte aus. Das Rad beschleunigte so sehr, daß ich bei der nächsten Rinne viel zu schnell war und stürzte. Ich schlitterte auf meiner linken Seite über den groben Schotter und blieb liegen. Die Schmerzen waren durch den Schock im Moment noch zu ertragen. Ich sah mein blankes Fleisch. Aber kein Blut. Noch nicht.

Ein Lastwagen hielt neben uns. Es dauerte nie lange, bis uns jemand half. Axel mußte die Räder auf die Ladefläche wuchten und anschließend auch mich. Ich konnte mich vor Schmerzen nicht einmal festhalten. Der Lkw holperte die Piste entlang, bei jedem Schlagloch drohte mich das Schütteln des Autos von der Ladefläche zu werfen.

Beim Waschen und Desinfizieren der Wunden litt ich fürchterliche Qualen. Schließlich wurde ich ohnmächtig. Es war abzusehen, daß ich für eine Weile nicht mehr würde Rad fahren können. In der Hängematte rissen die Wunden immer wieder auf und bluteten stark. Deshalb legte ich mich kurzerhand auf den Billardtisch einer kleinen Kneipe. Der Wirt hatte nichts dagegen. Vielleicht machte er sogar ein Geschäft mit mir, denn immer wieder kamen Leute zu uns in die Kneipe, gaben Ratschläge und medizinische Tips und fachsimpelten bei einigen Bier über meine Wunden. Viele trugen ›genau die richtige Salbe‹ wie durch Zufall gleich bei sich und schmierten sie mehr oder weniger ungefragt auf meine eiternden Wunden. Jede einzelne dieser Cremes hatte eine andere Farbe. Die farbenfrohsten Pasten hatten die Indianer zu bieten. Nach dieser flächendeckenden Behandlung sah ich aus wie ein Papagei. Wenigstens hatte Axel einen Grund zu lachen.

Nach Boa Vista fuhren wir noch einmal auf einem Lkw mit. Die Fahrt über die Schotterpiste war kaum auszuhalten. Der Fahrer hielt am Äquator und wir stiegen für einige Minuten aus, so daß ich behaupten kann, ihn wenigstens zu Fuß überquert zu haben. Nun waren wir schon fast ›zu Hause‹, schließlich war das hier die Nordhalbkugel.

Um Boa Vista liegt eine gewaltige Grassteppe, in der Indianerreservate errichtet wurden. Wir erfuhren von der umstrittenen brasilianischen Indianerschutzbehörde ›Funai‹, die eigentlich dafür sorgen soll, daß die verschiedenen Stämme weiterbestehen und nicht vertrieben werden. Schon in einem Reservat, achtzig Kilometer von Boa Vista entfernt, zeigte die Behörde keinerlei Interesse. Bei den dortigen Mokaxi-Indianern fiel mir sofort auf, wie wenig Neid und Mißgunst es gab. Besonders die Kinder, die kaum ermahnt wurden und ausgelassen herumschrien, hatten ungewöhnlich liebenswerte Züge an sich. Einem von ihnen hatten wir ein Jo-Jo geschenkt, obwohl Dutzende andere Kinder um es herumstanden. Es gab aber nicht etwa Streit oder Zank um das seltene Spielzeug. Anstandslos wurde es von Kind zu Kind weitergereicht, so daß jedes sich ausprobieren konnte. Trotz des langen Nachmittags, den wir im Dorf verbrachten, erhielten wir leider nur einen kleinen Einblick in ihr Leben und noch weniger in ihre Denkweise.

Unsere Visa für Brasilien liefen in drei Tagen aus. Wir mußten das Land verlassen. Mein Rücken machte mir beim Radfahren arg zu schaffen und meine linke Seite schmerzte immer noch unerträglich. Deshalb entschied ich mich für einen Lkw bis zur venezuelanischen Grenze.

Venezuela schien ein reiches Land zu sein und ich hatte so meine Schwierigkeiten, mich hier einzuleben, nachdem ich so viele vergleichsweise arme Länder und ihre Menschen kennengelernt hatte. Hier brauchte niemand einen Gedanken daran verschwenden, wie es am nächsten Tag weitergehen würde.

Die größte Freude waren trotz allem die asphaltierten Straßen, in erster Linie natürlich für meine Wunden. Santa Elena liegt am südlichen Rand der ›Gran Sabana‹, der Großen Savanne, auf die ich mich schon lange gefreut hatte. Diese Gegend, ein Nationalpark, brachte letztendlich auch den erwarteten Wechsel zwischen Bergen, Hügeln, Wasserfällen, Felslandschaft und verschiedenen Vegetationen. Nicht zu vergessen die Tafelberge, die häufig senkrecht weit über tausend Meter aus der flußreichen Savanne aufragten. In diesen Tagen feierte ich meinen dritten Geburtstag auf unserer Reise und ›La Gran Sabana‹ mit ihrer milden und lieblichen Schönheit war mein Geburtstagsgeschenk.

Uns fehlte nach wie vor der Einreisestempel, wir hatten die entsprechende Behörde in Santa Elena nicht finden können, allerdings auch wenig Elan bei der Suche danach gezeigt. Das Glück blieb uns hold und an keiner Straßensperre wurde bemerkt, daß unsere Einreisestempel fehlten. Sicher auch dank Axel, der selbstbewußt und wie selbstverständlich alle Kontrollposten durchschritt und die Soldaten zu unseren Gunsten beeindruckte.

Fast zwei Monate blieben in Puerto Ordaz am Orinoco und arbeiteten in einer Werkstatt. Anschließend setzten wir über und stiegen auf unsere Fahrräder. Wie schön war es, wieder in die Pedalen zu treten, zu rollen, zu radeln, auch wenn das Sitzfleisch nach der langen Pause erst wieder ›eingearbeitet‹ werden mußte.

Unterwegs trafen wir deutsche Bustouristen. Die meisten von ihnen wohnten nicht weit von Saalfeld, Axels Heimatstadt, so daß er verständlicherweise allen Grund zur Freude hatte. Es wurde erzählt und ein mündliches Telegramm an die Eltern aufgegeben.

Immerhin waren wir nun in der Karibik, dem Urlaubsziel so vieler Menschen im ›kalten‹ Europa. Ich traue mir fast nicht zu erwähnen, daß ich in der ersten Nacht im ›Paradies‹ zitternd in meinen Schlafsack kroch, weil die Nacht so kalt wurde.

Aus meiner Hängematte heraus sah ich in der Nacht das erste Mal wieder den großen Wagen und den Polarstern, und irgendwie lief es mir ganz unerwartet kalt den Rücken hinunter. War es Sehnsucht nach Deutschland? Vielleicht gab der Stern mir das Gefühl, nicht mehr so ›allein‹ in der Welt herumzureisen. Ich brauchte nur Polarstern und großen Wagen zu sehen, und schon war ich zu Hause. Die Welt war in Ordnung und ausgeglichen.

Es machte mir jetzt wieder richtig Freude, Fahrrad zu fahren. Ich hatte mir eine neue Schaltkette geleistet. Alle Gänge funktionierten wieder. Vorher hatte ich mich kilometerlang auf einem abgekämpft, der mir zwar bei Anstiegen half, aber mich auf der Geraden fast ins Leere treten ließ. Wir wollten trotzdem nicht auf dem Highway nach Caracas fahren, sondern wählten den längeren Weg an der Küste entlang. Er führte durch satte Vegetation – Bananenstauden, Bambus, Palmen. Hübsche, kleine Dörfer. Alles war genau so, wie ich es mir vorgestellt hatte. Neben uns toste das Meer an den schönsten Stränden oder wurde von bizarr geformten Klippen gebrochen. Kokospalmen wiegten sich im Passatwind, der tatsächlich von Osten und so für uns von hinten kam. Auch die Berge, deren über tausend Meter hohe Gipfel in den Wolken verschwanden, gaben dieser Gegend ihr reizvolles Gesicht. In meiner Phantasie bildeten sie einen Wall, der den Küstenstreifen vor dem Ansturm der vielen Kurzzeittouristen aus Caracas abschirmte.

An einem der Strände badeten wir, was durchaus keine Selbstverständlichkeit ist. Wir beide mögen warmes Salzwasser nicht besonders und außerdem störten solche Unterbrechungen unseren Fahrrhythmus. Zugegeben, meine letzte Überlegung erschreckte mich. Hier in den großen Wellen jedoch war das Baden ein Genuß.

In Caracas bekamen wir wieder Post. Anfangs hatten wir die Post von Familien und Freunden postlagernd an irgendeine Hauptpost oder an eine deutsche Botschaft schicken lassen. Erst nachdem wir damit ein paarmal Pleiten erlebten, Briefe verloren gingen und wir ein halbes Jahr keine Post erhielten, kamen wir auf den Gedanken, die Adressen von unterwegs kennen gelernten Freunden zu nutzen. Dies sollte bis zum Schluß der sicherste Weg für uns bleiben, Briefe aus der Heimat zu erhalten.

Immer häufiger bekamen wir jetzt Karten und Briefe von Zeitungslesern aus Thüringen. Die ›Ostthüringer Zeitung‹ hatte regelmäßig unsere Reiseberichte in ihrer Wochenendausgabe abgedruckt. Wir waren überrascht, wie viele Leute in der Heimat auf diese Weise an unseren Erlebnissen teilhaben wollten. Immer wieder bekamen wir aufmunternde Worte zu lesen. In den USA bekamen wir einmal über zweihundert Karten und Briefe von Lesern. Axels Bäcker erinnerte daran, daß der gute Streusel- und Pflaumenkuchen auf ihn warte, Bekannte schickten Grüße. Aber auch wildfremde Menschen wünschten uns ›Durchhaltevermögen, Kraft und einen Schutzengel‹, ›Hochachtung und Bewunderung‹ wurde uns ausgesprochen, viele Menschen, gerade im Osten Deutschlands, waren einfach stolz auf uns. Sie warteten regelrecht auf die zumeist vierwöchig erscheinenden Reiseberichte, sammelten sie, verfolgten auf den Landkarten unsere Tour. Wie groß die Anteilnahme daran tatsächlich war, sollten wir erst bei unserer Rückkehr erfahren.

Der Passat und unser Ehrgeiz schoben uns kräftig weiter. Maracaibo, eine Wasserstadt erinnerte seine Eroberer an Venedig. Sie nannten das Gebiet in Venezuela, ›Kleinvenedig‹. Schnell voranzukommen, war uns im Moment wichtig. In Costa Rica wartete mein Bruder Andreas auf uns. Wir stellten einen neuen Tagesrekord auf. Unglaubliche 305 Kilometer an einem Tag.

Obwohl wir keinen venezuelanischen Einreisestempel und die erlaubten sechzig Tage weit überschritten hatten, wurden wir an beiden Seiten des Grenzübergangs nach Kolumbien fast nicht ernstgenommen. Die Grenze war eigentlich fast keine richtige. Es dürfte ein Leichtes sein, hier Tonnen von Kokain einfach so hinüberzuschmuggeln. Wohl deshalb ist die Stelle so berühmt, exzessiv für den Drogenhandel genutzt zu werden.

Die erste Stadt im neuen Land schien in einer anderen Welt zu liegen. Elende Slums, wie ich sie schon seit Brasilien nicht mehr gesehen hatte, zogen sich lange am Straßenrand hin. Die Stadt selbst war voller Leben, auch ohne Autos, dafür aber mit übermäßig starker Polizeipräsenz.

Der Wind schob uns im Sauseschritt die Küste entlang. Die Kilometer flogen nur so dahin, ohne daß wir es merkten. Wie sollten wir auch? Es änderte sich ja nichts wirklich.

Oft wurden wir in Kolumbien mit arbeitenden Kindern konfrontiert. In Kneipen, als Verkäufer am Kiosk, als Schuhputzer oder in einer Werkstatt. Wir wollten den kleinen Menschen immer eine Freude machen. Nicht mit Geld. Das müßten sie ohnehin an ihre ›Arbeitgeber‹ abliefern. Mit einem Luftballon! Schnell malten wir ein lustiges Gesicht darauf und reichten es weiter. Auf der ganzen Reise habe ich kein Kind gesehen, das sich nicht darüber gefreut hätte.

In einem hoch gelegenen Dorf wurden wir von bewaffneten Armisten empfangen, die uns zur Wache kommandierten. Uns war nicht nach einem Verhör zumute. Wir ließen die Soldaten herumschreien und gingen in die Dorfkneipe nebenan. Natürlich rannten uns alle hinterher und wollten Paß oder Ausweis sehen. Ich gab ihnen schließlich meinen alten DDR-Personalausweis und brachte sie so für einige Zeit zur Ruhe. Inzwischen bekamen wir etwas zu essen. Schließlich wollten die Armisten unser Gepäck durchsuchen. Axel griff in seine Tasche, holte eine Klappkarte heraus und gab sie den Soldaten. Die bestaunten sie lange und verabschiedeten sich schließlich freundlich von uns, was uns tief befriedigte. Extra für solche Gelegenheiten hatten wir in Caracas eine Infokarte angefertigt. Sie enthielt die wichtigsten Angaben über unsere Tour in Deutsch, Englisch und Spanisch, einige Bilder und die Weltkarte.

Ab Caracas waren die Räder leider viel zu schnell gerollt. Von Land und Leuten hatten wir viel zu wenig gesehen und erlebt. Das machte uns beide etwas unzufrieden. Gerade Kolumbien hätte mich sehr interessiert.

Der Abschied von diesem Land gab uns eine Lehre mit auf den Weg. Wir wollten uns nach einem mißlungenen Tauschgeschäft an der Zunft der ›Trickser‹ rächen und tauschten nach dem Verlust von 55 US-Dollar unter viel lautem Geschrei ein zweites Mal. Diesmal sollten die Betrüger mit ihrem eigenen Trick von uns betrogen werden. Obwohl wir den Dreh in groben Zügen kannten und uns siegessicher fühlten, waren wir durch unglaubliche Fingerfertigkeit noch einmal um 35 Dollar erleichtert worden. Am liebsten hätte ich das natürlich verschwiegen. Aber es lehrte uns, niemals zu versuchen, Trickser auszutricksen.

Kapitel Zehn

Auf den Spuren der Mayas durch die Bananenrepubliken

Weil eine Überfahrt um das Darien Gap mit dem Boot kaum billiger gewesen wäre, nahmen wir in Cartagenas das Flugzeug und schwebten am 3. März 1993, dem Vorabend von Axels 26. Geburtstag in Panamacity ein. Ich schenkte ihm einen tomatengroßen Donald-Duck-Kopf mit ein paar Süßigkeiten daran.

Panama wirkte auf mich sofort wie amerikanischer Abklatsch. Überall übertrieben bunte Werbung, stressiger Verkehr, amerikanische Soldaten an der Kanalzone. Ein Einheimischer, neben dessen Haus wir schliefen, erzählte uns, daß es wegen des Wandels von der Diktatur zur Demokratie im Lande zur Zeit viele Arbeitslose gebe.

»Wie in Ostdeutschland«, sagte er.

Über die aktuelle Situation zu Hause konnten wir nicht mitreden. Die Verhältnisse kannten wir nur noch aus Briefen und den Nachrichtensendungen.

Es wunderte uns kaum, daß in Panama anstandslos überall US-Dollar akzeptiert wurden, obwohl das Land mit dem Balboa eine eigene Währung besaß.

Die US-amerikanischen Soldaten waren mir so unsympathisch wie die Vorherrschaft einfordernde US-Außenpolitik. Sie schienen alle irgendwelchen schlechten Hollywoodfilmen entstiegen zu sein. Tätowierungen, verspiegelte Sonnenbrillen, Stirnband und ein freier Oberkörper waren die Markenzeichen.

Erst vier Jahre vor unserer Ankunft in Panama hatten landesweite Unruhen die USA zu einer Invasion in dem Land veranlaßt, das kaum mehr Einwohner als Thüringen hatte. Diktator General Noriega wurde seines Amtes enthoben und von einem Gericht in Miami wegen Drogenhandels verurteilt. Angeblich befand sich Panama nun auf dem Weg zur Normalisierung.

Die Kanalbrücke begeisterte uns, obwohl ich die moderne Bauart sonst nicht so mag. Sie zeigte, daß Harmonie und Eleganz nicht nur bei alten Brücken zu finden sind. In einem gewaltigen Bogen führt die Straße über den Kanal und wird durch einen einzigen Träger, der weit über die Straße ragt, gehalten. Einfach großartig!

Der Panamakanal, der den Pazifik im Süden mit der Karibik im Norden verbindet, lief auf der Südseite in vielen Inseln aus. Dazwischen warteten etliche Boote und Schiffe auf Durchfahrt.

Nach vier Tagen Radeln in hügeliger Landschaft erreichten wir die Grenze zu Costa Rica. Der Verkehr nahm ab, alles wirkte ruhiger, gemütlicher. Wir fühlten uns sofort viel wohler. Einen besonderen Pluspunkt bekamen die Costa Ricaner von mir, als ich erfuhr, daß sie 1948 ihre Armee abgeschafft hatten. Es geht also doch! Sogar mitten im brodelnden Lateinamerika. Später erfuhren wir allerdings, daß es dafür reichlich paramilitärische Polizei gab.

In San José wollten wir uns mit meinem Bruder treffen. Bis dahin stand uns noch ein herber Anstieg auf fast dreitausend Meter und eine schöne Abfahrt bevor. Mit drei bis vier Stundenkilometer, immer noch schneller als beim Schieben, krochen wir an den Kilometersteinen vorbei. Das letzte Stück ließen wir uns von einem Lkw ziehen, eine Methode, die wir in Mittelamerika wieder öfter anwenden konnten, die aber nicht ungefährlich war, weil die Arme beim Festhalten immer ›länger‹ wurden.

Auf dem Paß war es kalt. Wir zogen uns warme Sachen an und tranken heißen Tee.

Bei halbwegs guter Talsicht konnten wir links den Pazifik und rechts den Atlantik, wenn nicht erkennen so doch wenigstens erahnen. Die Bergwelt mit ihrer seltsamen Vegetation beeindruckte mich einmal mehr. Ein Grün, das so satt und kräftig in den tiefer liegenden tropischen Regionen nicht zu finden ist. Von dort ging es rund hundert Kilometer lang bergab nach San José, das immer noch auf 1100 Metern Höhe liegt.

Die Hauptstadt von Costa Rica sollte für drei Monate unsere Heimat werden. Hier arbeiteten wir als Maler und übernahmen bei einer Pfarrkonferenz lutherischer Pfarrer deutscher Gemeinden ganz Lateinamerikas das Beaufsichtigen der mitgereisten Kinder. Viele Bekannte trafen wir bei der Konferenz wieder, denn Kirchen, zumal mit deutscher Gemeinde, waren häufig Anlaufpunkte für uns.

Die freie Zeit nutzten wir, um das Land zu erkunden. Diesmal allerdings getrennt. Axel reiste mit einer Bekannten aus Berlin, ich mit meinem Bruder Andreas. Die Wiedersehensfreude war gewaltig! Drei Jahre waren vergangen, in denen wir nur sehr sporadisch voneinander gehört hatten. Drei Jahre, in denen so viel passiert war und nicht nur ich so viel erlebt hatte! Das Fragen und Erzählen wollte kein Ende nehmen: Was hat sich in der Heimat alles verändert? Geht es Freunden und Verwandten auch wirklich gut?

Den laufenden Beteuerungen in den Briefen, daß es so sei, schenkte ich nicht allzu viel Glauben. Wenn ich einen Brief nach Hause schickte, schrieb ich auch nichts über Probleme, die wir gerade hatten. Schließlich wollte ich niemanden beunruhigen. Aus dem selben Grund verschwieg ich lange meinen Sturz in Brasilien. Doch jetzt, von Angesicht zu Angesicht, konnten wir uns auch über solche Sachen unterhalten. Nur mußten wir dazu nicht in San José bleiben. Also packten wir unsere Rucksäcke und machten uns auf, das Land zu erkunden.

Ausgiebig genossen wir die Traumstände an der Pazifikküste, an die der wild wuchernde Urwald heranreicht. Wir unternahmen Dschungeltouren, Bootsfahrten an der Karibikküste, Ausflüge mit dem Pferd. Für mich war das sozusagen ›Urlaub von der Reise‹.

Die Zeit verging wie im Fluge. Andreas flog wieder nach Hause, Axel fand sich wieder ein und wir mußten weiter, da unsere Visa abliefen. Also schwangen wir uns wieder auf die Räder und zogen weiter in Richtung Nicaragua. Durch die Arbeit in San José hatten wir Geld für die nächsten zwei bis drei Monate.

Wir ließen es uns nicht nehmen, dem Vulkan Arenal einen Besuch abzustatten, einer der wenigen noch aktiven Vulkane in dieser Gegend. An einem Bach am gegenüber liegenden Hang hatten wir uns mit Freunden aus San José zu einer Abschiedsfeier verabredet. Genüßlich in einer natürlichen heißen Quelle sitzend, von Kolibris umflattert, ein Bier in der Hand, das nächste in Griffweite und die den Vulkan herabfließende, rotglühende Lava beobachtend, schmiedeten wir unsere weiteren Reisepläne. Das fiel uns verdammt schwer.

San Carlos, die erste Ortschaft auf nicaraguanischem Boden, hinterließ einen herunter gekommenen Eindruck bei uns. Aus dem reichen Costa Rica kommend, fiel die Armut noch stärker auf als sonst. Baufällige Häuser, schlecht gekleidete Menschen und viel Schmutz. Wohl Folgen des über ein Jahrzehnt dauernden Bürgerkrieges zwischen Sandinisten, Contras, Recontras und was weiß ich wem. Splittergruppen schien es noch mehr als Namen dafür zu geben.

Schon am nächsten Tag konnten wir mit der Fähre über den riesigen Nicaraguasee bis zur Insel Ometepe fahren. Früher soll der See mal eine Bucht des Pazifik gewesen sein, wurde jedoch durch seismographische Veränderungen von ihm getrennt. Über einen neu entstandenen Abfluß zur Karibik wurde das Salzwasser langsam aus dem See herausgespült. So hatten sogar Fischarten wie Hai, Schwert- oder Sägezahnfisch Zeit genug, sich an das Leben im Süßwasser zu gewöhnen. Leider bekamen wir keines dieser Tiere zu sehen.

Dafür tauchten nach etlichen Stunden Fahrt am Horizont zwei Vulkane auf, die zur Insel Ometepe gehörten. Die Vulkankegel sind über tausend Meter hoch und sollen den Ausschlag gegeben haben, daß der Kanal zwischen der Karibik und dem Pazifik nicht hier, sondern in Panama gebaut wurde, behauptet man hier. Wer errichtet ein Milliardenbauwerk schon in der Nähe eines Vulkans?

Auf der Pana Americana war es nun nur noch eine Tagesreise bis zur Hauptstadt Managua. Ein Anfang der Stadt war nicht zu erkennen. Es gab auch kein Zentrum im eigentlichen Sinn. Irgendwann redeten wir uns ein, da zu sein. Sonst wären wir wahrscheinlich auf der anderen Seite wieder herausgefahren, ohne es zu bemerken.

Wir hatten uns entschlossen, trotz gut gemeinter Warnungen den Weg in die nicaraguanischen Berge anzutreten. Hier sollten sich angeblich diverse Gruppen und Untergruppen der früheren Konfliktparteien bekämpfen. Bis auf einen mit Gewehr und Handgranaten bewaffneten Mann, der uns auf der Straße entgegenkam, und ein paar Kreuzen am Straßenrand, die ganz sicher nicht auf Verkehrsopfer hinwiesen, fiel uns nichts derartiges auf.

Dafür genoß ich die durch die Regenzeit grüne Landschaft und wurde erst hier oben mit Nicaragua richtig warm. Wir passierten einige Städtchen, ließen uns von Lastwagen aus DDR-Produktion die Berge hochziehen, kamen überraschend unkompliziert über die Grenze zu Honduras und waren schon zwei Tage später in der nächsten Hauptstadt: Tegucigalpa.

Nicht weit entfernt, vor der honduranischen Karibikküste, erfüllten wir uns unseren Robinsontraum. Ein Fischerboot brachte uns auf eine kleine vorgelagerte Riffinsel. Das unbewohnte Eiland war nicht größer als dreißig mal hundert Meter. Eine Hütte stand darauf, sonst nur Palmen. Unsere Inseltage verbrachten wir schaukelnd in der Hängematte, mit Essenkochen, Brotbacken, Kokosnüssepflücken und vor allem mit Schnorcheln. Das Eiland war von herrlichen Korallenbänken umgeben.

Gastfreundschaft erfuhren wir überall auf der Welt

Fünf Jahre gemeinsam reisen, schweißt zusammen

In der ehemaligen UdSSR waren die Geschäfte oft leer (Kasachstan)

Immer wieder wurden in Rußland unsere Pässe kontrolliert

Der Gegenwind zwang uns in Patagonien oft zum Schieben

Irgendwie konnten wir alles wieder gerade biegen

Lamaherde im bolivianischen Altiplano

Schnell gewöhnten wir uns an exotisches Essen (Ägypten)

Tarahumara-Indianer in Mexiko

Durch Zeichensprache konnten wir uns recht gut verständigen

Die Olgas liegen in Sichtweite des Ayers Rock

In Australien arbeiteten wir als Cowboys auf einer Rinderfarm

Sonnenuntergang am Nil

Ein afrikanischer Markt (Tansania)

Bei den Masai in Tansania lernten wir Hunger kennen

Die Tierwelt in Ostafrika beeindruckte uns am meisten

Leider verließen wir Afrika viel zu schnell wieder

Auch die Pyramiden zogen uns in ihren Bann

Pannen kamen immer ungelegen

So unangenehmes Wetter hatten wir nur in den USA

Täves Eltern hatten sich schon auf mehreren Rennen bewährt

Faszinierende, weite Landschaften im Südwesten der USA

Auch in Las Vegas saß uns das Geld nicht locker

Im Sequoia-Nationalpark in Kalifornien

Nach dem siebenten Rahmenbruch wechselten wir Axels Rad aus

Fahrradersatzteile mußten wir in Hongkong lange suchen

Uns gegenüber waren die ›Kopfjäger‹ in Borneo sehr freundlich

Bei unserer Heimkehr wurden wir gefeiert wie Helden

Über 5000 Leute begrüßten uns in Saalfeld

Der Fischer beendete wie vereinbart nach ein paar Tagen unsere freiwillige Robinsonade. Das Geld fürs Übersetzen hatten wir ihm vorsichtshalber bis zur Rückfahrt vorenthalten, obwohl er verständlicherweise die Hälfte schon vorher haben wollte.

Ein Ziel hatten wir noch in Honduras: die Maya-Ruinenstätte Copan. Die Mayas zählen zu den größten Kulturen der Menschheitsgeschichte. Im Gegensatz zu den Inkas standen bei ihnen nicht kriegerische Eroberungen, sondern angeblich Kunst und Geisteswissenschaften im Vordergrund. Neuere Forscher sind sich damit allerdings nicht mehr so sicher.

Mit Copan erreichte die Mayakultur ihre größte Ausdehnung. Die auf dem Höhepunkt der Mayageschichte errichtete Tempelanlage wurde im 19. Jahrhundert wiederentdeckt. Wichtigster Teil ist die ›Geschichtstreppe‹ – 2500 Reliefs mit hieroglyphischer Bedeutung sind auf den 63 Stufen untergebracht und erzählen aus der Vergangenheit dieses Volkes. Wenn Wissenschaftler irgendwann einmal diese Zeichen lesen können, ist diese Treppe wohl die Chance, Genaueres über die Mayas und vor allem auch über das geheimnisvolle Ende dieser Kultur zu erfahren.

Auf den Spuren der Mayas sollten wir noch ein ganzes Stück bleiben und besuchten später weitere Mayastätten in Guatemala, Belize sowie in Mexiko. Ihrem Geheimnis kamen wir freilich nicht auf die Spur. Mir persönlich gefielen die Pyramiden in Ägypten besser. Hier jedoch bekam alles durch den dichten Urwald ringsum einen verwunschenen oder auch romantischen Anstrich.

Weiter ging es Richtung El Salvador. Bei der Abfahrt von einem 1500 Meter hohen Paß passierte das, was ich ständig befürchtete. Mir riß der Bowdenzug der Vorderradbremse. Zum Glück war ich fast im Tal, wollte nur noch auf Axel warten und war schon sehr langsam. So stand ich trotzdem recht schnell. Während der Fahrt hätte es fatale Folgen haben können, denn die Hinterradbremse bremst lange nicht so kräftig. Wir überlegten, daß es sicher wäre, eine zweite Vorderradbremse am Rad zu haben. Umgesetzt haben wir diese Überlegung natürlich nie. Nicht einmal stärkere Bowdenzüge, zum Beispiel vom Motorrad, setzten wir ein.

El Salvador ist das kleinste und am dichtesten besiedelte Land in Mittelamerika. Das Gebiet mit zwanzig zum Teil noch aktiven Vulkanen ist stark erdbebengefährdet. Ähnlich wie in Nicaragua hatte bis

1991 ein Bürgerkrieg in dem Land getobt und rund 75.000 Menschenleben gefordert. Die politischen und wirtschaftlichen Auswirkungen dieses Konfliktes waren deutlich spürbar.

Die Hauptstadt San Salvador war von der Grenze keine hundert Kilometer entfernt. Überall stand Militär, was sich aber keinesfalls beruhigend auf den Straßenverkehr auswirkte. Salvador ist von den Hauptstädten Lateinamerikas, die wir gesehen haben, die mit dem dichtesten und chaotischsten Straßenverkehr.

Axel wollte weiter nach Guatemala, ich noch einen Abstecher zum ›Teufelstor‹ machen.

»Das würde ich mir schon gern noch ansehen. Ich habe viel darüber gelesen«, lockte ich Axel anfangs noch freundlich.

»Ein Aussichtspunkt mehr oder weniger. Laß uns nach Guatemala fahren«, hielt Axel dagegen.

Mein Dickkopf wollte aber zum ›Teufelstor‹ und so wandte ich jene Methode an, mit der ich Axel immer rumkriegte.

»Ich fahre jetzt dorthin!« sagte ich mit dem Brustton der Überzeugung.

Das gab Axel die Möglichkeit, mitzukommen, auf mich zu warten oder allein weiter zu radeln. Natürlich wußte ich genau, daß er dann mitkommt.

Axel wußte das genauso.

»Das ist Erpressung«, nuschelte er und hatte den Widerstand bereits aufgegeben.

Also fuhren wir die fünfzehn Kilometer und sollten es nicht bereuen. Uns erwartete ein Berg mit einem Doppelgipfel, dazwischen das ›Teufelstor‹. Der Felsen, der die Gipfel einst verband, war gespalten und eröffnete gewaltige Ausblicke nach Süden bis zum Ozean hinab. Auf der anderen Seite grüßte die Stadt und dahinter der Vulkan Salvador.

Der Weg nach Guatemala führte fast ständig bergauf. Wir waren froh, daß wir einen Lkw erwischten, der uns hinaufziehen konnte. Wir hatten einen wunderschönen Blick über ein Hochtal, das von Vulkanen eingerahmt war und wo von unten weiße Wolken ins Tal zogen. Eine weiße, koloniale Kirche stach ebenfalls kurz vor den Wolken von der Struktur der Wälder und Kaffeeplantagen ab.

»Was für ein Bild!« rief ich spontan aus und stellte mir vor, wie schön jetzt ein Schwarz-Weiß-Foto ausgesehen hätte.

»Dann laß doch los und fotografiere!« forderte mich Axel hinterhältig auf.

Ich überlegte kurz. Den Lkw loslassen und ein Foto machen hätte zehn Kilometer schieben gekostet. Natürlich verzichtete ich auf die Aufnahme. Radlerschicksal. Falls man sich beim Ziehenlassen Radler nennen darf.

Auf dem Paß befand sich eine Kirche mit dem Namen ›de Dios‹ – dem Gott – in der gerade ein Gottesdienst stattfand. Solche Sektenkirchen hatten wir in Zentralamerika massenhaft gesehen und uns zuweilen über ihre Veranstaltungen, die wir aus der Ferne hörten, lustig gemacht.

»Die Leute gehen offenbar in die Kirche, um sich beschimpfen zu lassen«, mutmaßte Axel.

»Vielleicht Masochisten?« scherzte ich.

Aber was wir hier auf dem Paß sahen, war Sektentum in Vollendung. Alle schrien wild durcheinander, zuckten unkontrolliert und machten einen äußerst lächerlichen Eindruck. Man hatte regelrecht den Eindruck, das Denken würde ausgeschaltet und an seine Stelle tritt eine völlige Abhängigkeit. Ich begriff, warum solche Sekten gerade in Dritte-Welt-Ländern so erfolgreich sind und empfand Abscheu. Durch ihre Doktrinen zerstören sie Kultur- und Gesellschaftsstrukturen. Sie erzeugen Haß, oft genug auch Gewalt. Egal, was sie predigen.

An der Grenze gab es keine Probleme. Ende Juli 1993 erreichten wir Guatemala-City. Guatemala, das wohl exotischste Land Zentralamerikas, hat einen relativ hohen Prozentsatz an indianischer Bevölkerung. Die Sprachen und religiösen Bräuche waren in vielen Volksstämmen noch lebendig. Leider wütete auch in diesem Land seit vierzig Jahren ein Bürgerkrieg, der gerade anfing abzuflauen.

Die alte Kolonialstadt Antigua liegt am Fuße mehrerer Vulkane. Bei einem Erdbeben Anfang des 18. Jahrhunderts wurde die einstige Hauptstadt der Spanier in Zentralamerika stark zerstört. Von den halb verfallenen Prachtbauten und den kleinen, wieder aufgebauten Kolonialhäusern ging noch immer eine eigenartige Faszination aus.

In der Nacht überraschte uns ein Erdbeben – das stärkste, das wir bisher erlebt hatten. In Wellen kamen die Erdstöße, Glas splitterte, einige Leute schrien und alle Hausbewohner stürmten in den Innenhof. Im Schlafanzug oder nur in Badetüchern, warteten alle zitternd ab, daß die gute alte Erde aufhörte, sich wie Götterspeise zu benehmen. Am nächsten Tag erfuhren wir, daß das Erdbeben die Stärke sechs auf der Richterskala hatte. Das Epizentrum lag etwas entfernt. Was würde passieren, wenn so ein Erdbeben kommt, während ich gerade rasant einen Berg hinabschieße?

Wieder hatten wir Glück mit Arbeit. Am Atitlan-See, von dem Humboldt behauptete, er sei der schönste See der Erde, hatten wir ein Haus zu malern. Wir mußten dem alten Weltenbummler Recht geben. Der See liegt 1500 Meter hoch und ist von mehreren hohen Vulkanen umgeben, deren steile Hänge voller Wälder sind.

Unser zu malerndes Häuschen lag abseits der Touristenroute in einem kleinen, schwer zugänglichen Indianerdorf. Dort schien die Zeit stehen geblieben zu sein. Die Einheimischen trugen auch im Alltag ihre schönen Trachten. Schon bei Sonnenaufgang kamen im Morgennebel die Frauen und Mädchen zum Wasserholen. Fröhlich schnatternd und lachend, standen sie um den Wasserhahn. Farbenfroh leuchteten ihre Trachten: lange schwarze, mit Blumenmotiven bestickte Röcke, ein breiter gewebter Gürtel mit rotem Streifenmuster, dazu eine rote Bluse mit filigranen Vogelmotiven und das Tzutes, ein Kopfschmuck aus einem meterlangen roten Band. Es war so kunstvoll mit dem langen schwarzen Haar verflochten und geschickt um den Kopf gewickelt, daß eine Art ›Heiligenschein‹ entstand.

Ich bin während und vor allem nach unserer Weltumradlung oft gefragt worden, wie wir es mit Frauen und Sex hielten. Natürlich sucht jeder Zuneigung und menschliche Wärme. Der Gefahr, für immer irgendwo hängen zu bleiben, wollten wir uns aber nicht aussetzen. Wir haben sicher nicht nach dem Zölibat gelebt. Intern gab es in bezug auf Frauen eine gute Regelung: Wer leer ausging, durfte sich aus der Gemeinschaftskasse eine Flasche Schnaps kaufen. Alkoholiker sind wir bis heute beide nicht. Dabei hätte ich's Axel gegönnt.

Der käuflichen Liebe begegneten wir auf der ganzen Welt. Manchmal, wie in Paraguay oder Brasilien, waren die Grenzen zwischen Gaststätte, Hotel und Puff fließend. Dennoch haben wir nie davon Gebrauch gemacht.

Abseits der üblichen Reiserouten sind die Märkte noch ursprünglicher. Einige Indianergruppen kamen extra aus versteckten Flußtälern in tagelangem Marsch zu diesen Markttagen, um ihre gewebten Sisalbeutel und Tücher, Vieh oder Früchte anzubieten. Mit Stirnriemen trugen sie die schweren Lasten durch die Berge. Auf dem Markt entdeckten wir Wahrsager, hölzerne Göttermasken und Glücksbringer. Letztere entpuppten sich als kleine gelbe Vögel im Käfig, die Zettel aus einer Dose zogen.

Eine deutsche Touristin konnte der Versuchung nicht widerstehen und wagte einen Blick in die Zukunft. Die schien durchaus verheißungsvoll. Axel übersetzte den spanischen Text:

»Du wirst einmal viel Geld bekommen und einen Traummann dazu.«

Sie sah uns fragend an. Ich versuchte, die Situation zu retten:

»Du brauchst uns gar nicht so anzuschauen. Wir sind es beide nicht«.

Die Berge und damit auch die Pässe wurden an die dreitausend Meter hoch. Das Gebiet an der mexikanischen Grenze, in das wir jetzt kamen, wurde ›Todesdreieck‹ genannt. Uns empfing allerdings eine wunderschöne Märchenlandschaft mit lieblichen Wiesen, steilen Hügeln, hohen Bergen und tiefen malerischen Tälern. Die Ruhe war ›himmlisch‹ und wir vergaßen fast die Grausamkeiten, die sich im Ixil-Dreieck ereignet hatten. Ein Viertel der Bewohner wurde ermordet oder vermißt, andere fanden in mexikanischen Flüchtlingslagern Zuflucht. Gerade war ein hoher Militär, der wohl zu liberal war, von den eigenen Leuten erschossen worden. Kinder waren an Waffen ausgebildet und in den Bürgerkrieg geschickt worden.

Der Faschismus hatte hier noch zehn Jahre vor unserer Durchfahrt hartnäckig Bestand, als die Militärs brutal gegen das eigene Volk vorgingen. Achtzig Prozent der Indianerdörfer im Ixil wurden nach dem Prinzip der ›verbrannten Erde‹ zerstört, die alten Dorfgemeinschaften auseinandergerissen und die Menschen in kontrollierbaren ›Modelldörfern‹ angesiedelt. Wir sahen einige davon.

Mich schockierte, daß einerseits vom ›globalen Dorf‹ gesprochen wurde und sich andererseits niemand um den aufkeimenden Faschismus kümmerte, wenn er nur weit genug von der eigenen Haustür entfernt blieb.

Die Indianer wurden wie Vieh behandelt. Hier in Guatemala wurde mir bewußt, wie leichtfertig man mit Worten umgehen kann. In den Städten ermahnte man die Kinder, sich nicht wie Indios zu benehmen. Das war zum Schimpfwort geworden. Die Indianer selbst nannten sich jetzt ›Indigenas‹, also ›Einheimische‹.

Ein unangenehmes Erlebnis hatten wir eines Abends mit einer bewaffneten Zivilstreife. Ein paar offensichtliche betrunkene Männer forderten uns zum Anhalten auf. Schnell fuhren wir in der Dunkelheit davon. Ein blödes Gefühl, wenn man damit rechnen muß, daß gleich hinter einem ein Schuß losgeht. Die Finsternis und ihr Alkoholpegel hielten sie wohl davon ab.

Als wir zwei Tage später noch einmal in Guatemala-City anriefen, erfuhren wir Schreckliches. Die Touristin mit dem gelben Wahrsagervogel war am Atitlansee überfallen und mit Macheten so zugerichtet worden, daß sie mit dem Hubschrauber in eine Klinik und später mit dem Flugzeug nach Deutschland geflogen werden mußte. Es war noch nicht klar, ob sie querschnittsgelähmt bleiben wird. Eine Österreicherin war vor wenigen Tagen an anderer Stelle wegen einer Verwechslung aus politischen Motiven heraus erschossen worden.

Wir empfanden diese Untaten als Beispiele der alltäglichen sinn- und ziellosen Gewalt in einem Bürgerkrieg. Ich bin froh, daß uns nie Ähnliches passierte. Wahrscheinlich hatten wir einfach Glück und einen sehr wachsamen Schutzengel.

Die hohen Berge lagen nun hinter uns. Wir wollten uns aus dieser Gegend nicht verabschieden, ohne den Quetzal gesehen zu haben. Der Paradiesvogel Lateinamerikas ist etwa taubengroß und sehr scheu. Er lebte nur noch vereinzelt in den Wäldern und läßt sich nicht in Zoos halten. Er kann nur in Freiheit überleben. Daher ist er auch im Wappen Guatemalas als Symbol der Unabhängigkeit erhalten und gab der guatemaltekischen Währung ihren Namen.

In einem Reservat entdeckten wir tatsächlich einen dieser leuchtend grünen Vögel. Ich fand ihn hübsch. Nur saß er so passiv auf einem Ast, daß ich an einen nassen Pudel denken mußte.

Bei der Fahrt ins Polochic-Tal spürten wir regelrecht, wie die Temperatur durch den Wind aus der Karibikebene anstieg. Plötzlich erkannten wir ›unser‹ Guatemala wieder. Die Vegetation änderte sich, Menschen, Dörfer – alles wirkte tropischer, lebhafter. Die Leute waren offener, die Kleidung der Mädchen aufreizender.

Bei El Estor erreichten wir den Izubalsee, den größten See Guatemalas. Hier mieteten wir uns ein Boot, das uns in die Hafenstadt Puerto Barrios bringen sollte. Am Ausgang des Sees sahen wir Nobelvillen, teils mit mehreren Segel- oder Motoryachten davor. Ein krasser Gegensatz zum sonst so armen Guatemala. Wenige Kilometer weiter lebten Indianer in Stelzenhütten aus Bambus. Die Männer fischten in Einbäumen, Motoryachten jagten vorbei. Ich hatte ein schales Gefühl. Selten paßten Menschen so gut zu einer Landschaft wie diese

Fischer hier. Um so deplazierter wirkten die teuren Villen. Ich glaube, daß Kriminalität dann besonders hoch ist, wenn Arm und Reich so kraß aufeinander stoßen.

Bis zum Meer ging es nun den Rio Dulce entlang durch Urwald. Bewachsene Hänge mit extrem steilen, fast gleichmäßig sechzig Meter hohen steilen Felswänden rahmten das Ufer. Viel zu schnell erreichten wir die Mündung des Rio Dulce in die Karibik. Hinter dem offenen Wasser grüßten auf der einen Seite die Berge Belizes, vor uns Guatemala und auf der anderen Seite Berge von Honduras.

Belize sollte unsere nächste Station werden. Von dem ehemaligen Britisch-Honduras hatten wir vor unserer Weltumradlung noch nie gehört. Belize erlangte erst 1981 als letzter Staat in Amerika seine formale Unabhängigkeit. Aus der Kolonialzeit hatte sich die Amtssprache Englisch und ein hoher Anteil afrikanischer Bevölkerung erhalten.

Mit einer Fähre setzten wir über. Unterwegs sahen wir Pelikane und eine Art fliegende Fische. Am Landesteg erwartete uns ein dunkelhäutiger Beamter, der seine giftgrüne Brille ins Haar geschoben hatte und auch sonst einen lockeren Eindruck machte. Alle Leute waren freundlich, lachten viel und antworteten umständlich in einem Karibikenglisch, das für uns sehr schwer verständlich war.

Mitten im Urwald schauten wir uns eine verfallene Mayastätte an und gönnten uns einen Ausflug auf eine kleine Karibikhalbinsel, die nur von Schwarzen und ein paar Aussteigern bewohnt wurde. Die Halbinsel bestand aus Muschelkalk, Korallen und vielen Palmen. Die Leute lagen tagsüber in der Hängematte und abends tanzten sie nach heißen Karibikrhythmen. Auf unsere Frage, wovon sie leben, bekamen wir die Antwort:

»Von Sonne, Luft und Liebe«.

Wir paßten uns also an, schaukelten in unseren Hängematten genüßlich vor der Kulisse des blauen Meeres und gingen abends in eine kleine Strandkneipe zum großen Hummeressen. Um nicht gänzlich zu ›versumpfen‹, besiegten wir nach ein paar Tagen unsere Faulheit und kämpften uns schwitzend auf der staubigen Straße weiter bis zur Hauptstadt Belmopan.

Ab Stann Creek benutzten wir den Hummingbird-Highway, was soviel wie Kolibri-Straße heißt. Seit Bolivien hatte ich oft diesen Vogel gesehen, der so perfekt fliegen und sogar in der Luft stehenbleiben kann. Kolibris schaffen bis zu zweihundert Flügelschläge pro Sekunde und können 70 Stundenkilometer schnell fliegen, erzählte mir jemand. Wie sie innerhalb weniger Sekunden blitzschnell etliche Blüten eines Strauches nach Nektar absaugen, faszinierte mich immer aufs Neue.

Weniger angenehm, ja fast schon ein Plagegeist, ist ein Fisch mit dem spanischen Namen Bilam, mit dem ich zum ersten Mal in Panama Bekanntschaft gemacht hatte. Die zirka sechs Zentimeter langen Fische haben die Unart in Leberflecken und andere Hautunebenheiten zu beißen. Es ist an sich nur ein kurzer, leichter Schmerz. Dennoch verleidet einem die ständige Erwartung des nächsten Bisses das Baden. Im Süßwasser von Belize war der nervende Fisch fast überall zu finden.

Die Hauptstadt Belmopan war ein Nest von sechstausend Einwohnern und ist eigentlich keiner weiteren Erwähnung wert. Vor dem Parlament grasende Kühe unterstrichen die Bedeutung des Bauwerks. Mich beeindruckte in Belize, daß wir keinerlei Anzeichen von Rassismus erlebten. Europäer, Asiaten, Araber, Schwarzafrikaner, Indios und Mischungen aller Art lebten offenbar in Eintracht miteinander. So ein gutes Zusammenleben hatten wir sonst nirgendwo bemerkt.

In einem Schutzgebiet bekamen wir ein typisches Beispiel lateinamerikanischer Logik gelehrt. Die Wächter am Eingangshaus wollten uns für das Übernachten auf dem Campingplatz abkassieren. Nun war Axel gefragt:

»Wir sind keine Touristen. Unser Geld haben wir drüben in Guatemala hart erarbeitet. Außerdem wollen wir nur einen Platz, wo wir die Hängematten aufspannen können«.

»Dann schlaft ihr eben hier im Haus«, legte einer der Wächter fest.

»Und was kostet das dann?« wollte ich unangenehmen Überraschungen vorbeugen.

»Nichts«, erklärte der Mann, »fürs Campen muß man bezahlen, aber ihr campt ja nicht, wenn ihr im Haus schlaft«.

Logisch.

Tikal, die berühmteste Mayastadt, Kulturzentrum und Regierungssitz vieler Mayaherrscher, lag nur noch drei Tagestouren im Tiefland hinter der Grenze nach Guatemala. Abgesehen vom Touristenrummel hielt die Anlage, was sie versprach. Die Massen an Ruinen erdrückten uns. Der Blick von einer 60 Meter hohen Pyramide über den Urwald war noch beeindruckender als wir es uns erträumt hatten. Während am Horizont die Sonne unterging und die Touristen längst wieder in ihren Bussen saßen, genossen wir die majestätische Ruhe, die nur durch kreischende Affen in den Baumkronen unterbrochen wurde.

Nachdem wir den Nationalpark verlassen hatten, fuhren wir am Nordufer des Petensees entlang. Eine Luftaufnahme diente uns als Karte. Die Strecke galt als unpassierbar. Typische Indiodörfer, abseits allen Touristenrummels, entschädigten uns für den schlechten Weg. Mitunter mußten wir die Räder tragen, wenn die Piste streckenweise weggeschwemmt war.

Abgekämpft erreichten wir einen von Touristen nicht benutzten Grenzübergang nach Mexiko. Unter der Veranda eines kleinen Ladens verbrachten wir unsere letzte Nacht in Guatemala. Am nächsten Morgen konnte Axel schnell einen Bootsfahrer auftreiben, der uns über den Usumacinta nach Mexiko bringen sollte. In einem extrem langen und schmalen Boot aus Brettern schipperten wir über den Fluß. Den guatemaltekischen Grenzer ließen wir erbost zurück. Die vier Dollar Schmiergeld, die er von uns haben wollte, befanden sich sicher in unserer Tasche.

»Der dachte wohl, er bekommt das Geld umsonst?« freute sich Axel. »Ich mußte nicht einmal eine Stunde diskutieren, bis er aufgab. Allerdings wollte er uns zur Strafe auf die schwarze Liste setzen. Nun dürfen wir über diesen Grenzübergang nie wieder nach Guatemala einreisen.«

»Ich glaube nicht, daß ich das in den nächsten hundert Jahren versuchen werde.«

Kapitel Elf

Vivat Mexico!

Über den Rio Usumacinta waren wir in die Vereinigten Mexikanischen Staaten, die ›Estados Unidos Mexicanos‹ eingereist. Mit ›Estados Unidos‹ neckten wir die Mexikaner oft, weil sie damit eigentlich die ihnen so verhaßten USA meinen.

Die Sonne schien vom ersten Tag an kräftig, und zunächst ging es die meiste Zeit bergauf. Gerade beim langsamen Bergauffahren in völliger Windstille brannte sie besonders unbarmherzig. Wir schwitzten, unsere Hemden klebten auf der Haut und ständig lief der Schweiß in unsere Augen.

Hinter Palenque, unserer letzten Mayaruinenstätte, bogen wir in die Berge ab. Obwohl wir allmählich immer höher fuhren, bewegten sich die Temperaturen bei zwanzig Grad. An den Kammspitzen hielten sich Regenwolken. Wir waren umgeben von Bergen und Tälern voller grüner Wälder. Es nieselte leicht. Den Wäldern tat der häufige Regen gut. Sie waren saftig und grün. Am Straßenrand blühten über zwanzig verschiedenartige Blumen. Darunter entdeckte ich auch eine schwarze Blume wieder, die mir schon in Mittelamerika aufgefallen war. Sie war klein, schwarz und doch schön – ich pflückte eine und preßte sie in mein Tagebuch. Leider wohl nicht fest genug. Sie muß später hinaus gefallen sein. Ich fand den Verlust schade, da mich die Blume an Guatemala erinnerte: empfindlich, wunderschön und doch so schwarz.

Zwölf Kilometer vor San Christobal stießen wir wieder auf die Pana Americana, die uns schließlich bis in die alte Kolonialstadt hineinführte. Diese Stadt enttäuschte uns nicht – sie war hübsch, sauber und außerdem kauften wir hier in einer ›Panaderia‹, in einer Bäckerei, herrliches Schwarzbrot, das für die nächsten Tage reichen würde. Das Leben in Mexiko kann recht preiswert sein, wenn man sich in so einer Panaderia den Bauch vollschlägt und eine große Tüte Backwaren mit auf den Weg nimmt. Dazu ißt man ›Quesillo‹, Käse, die Spezialität dieses Landes oder würzt einfach mit Salz und Pfeffer. Es war inzwischen bei uns zur Gewohnheit geworden, daß sich jeder selbst um seine Versorgung kümmerte. Das hatte den Vorteil, daß wir öfter den Appetit darüber entscheiden lassen konnten, was wir kauften. Ich konnte mich auf meinen Körper verlassen. Wenn ihm etwas fehlte, dann meldete er sich von allein. Der Appetit malte mir üppige Bilder in meiner Radfahrerphantasie. Salz, Früchte, fettige Speisen – wenn wir auf unsere Körper hörten, fühlten wir genau, was wir gerade brauchten. Nie zuvor merkte ich das so deutlich wie hier. Vielleicht lag es daran, daß ich zu Hause einfach zu satt war, um meine ›innere Stimme‹ zu vernehmen.

Während unseres kurzen Aufenthaltes in Tuxtla Gutierrez gingen meine Wünsche mit mir durch. Ich vergaß mein knappes Budget. Im größten Fahrradladen der Stadt gönnte ich meinem strapazierten Rad in einer Art Kaufrausch eine neue Alufelge, Zahnkranzsätze, zwei Ketten, zwei Schaltungshebel, eine Flaschenhalterung und einen Schlauch. So gut wie alles in irgendwelchen Doppelpacks. Manches hätte ich wohl gar nicht gekauft, wenn es einzeln im Angebot gewesen wäre, aber so machte es mir ungeheuren Spaß, mein Rad wieder für viele hundert Kilometer in Schuß zu bringen. Ich war nun gewissermaßen stolz auf mein Rad – Axel dafür um so verärgerter über meine Verschwendungssucht.

Noch auffälliger als in anderen Ländern auf diesem Riesenkontinent war der Haß auf die Vereinigten Staaten von Amerika in Mexiko. Wiederholt schrien uns sogar kleine Kinder wütend »Gringos« hinterher. Wir hatten keine Lust, immer und immer wieder zu erklären, daß wir aus Deutschland kommen. Besonders, weil wir merkten, daß die meisten Menschen hier nicht wissen, daß Deutschland nicht in den USA liegt. Oft ist ihnen gar nicht bewußt, daß es noch andere Länder außer den USA gibt, in denen Weiße leben. Ein denkwürdiger Erfolg nordamerikanischen Kulturexportes. Rational konnte ich mir die Verteufelung der US-Amerikaner nicht erklären. Immerhin wird alles, was aus dem reichen Nachbarland im Norden nach Mexiko kommt, angehimmelt – von den Jeans bis zum Dollar. Emotional gesehen hatte ich allerdings Verständnis dafür.

Seit wir die Berge verlassen hatten, wurde die Gegend trockener, eine Dornbuschsteppe. Die größten Bäume wuchsen nicht viel höher als wir. Ringsum wurde das trockene, braune Gras sichtbar, was der ganzen Gegend den steppenhaften Anstrich verlieh. Vereinzelte Reiter vervollkommneten das Westernbild in meinem Kopf. Die weiten Ebenen wurden von steil aufragenden Bergen begrenzt. Aber selbst diesen Wilden Westen hatte der Fortschritt längst überholt. Sicher zogen die Reiter eine Staubwolke hinter sich her. Wir aber radelten auf einer richtig guten Straße daneben. Weil ich meinem Rad in Tuxtla Guterriez etwas wahrhaft Gutes getan hatte, hörte ich beim Fahren wie zum Dank nur das Summen der Reifen auf dem Straßenbelag. Ein Ton, den nur bester Asphalt erzeugen kann.

Es sollte nicht einfach werden, nach San Francisco de Mar zu finden. Der Ort liegt am Pazifik. Wir hatten eben keine Lust auf einen über fünfzig Kilometer langen Umweg um die Bucht herum, auf deren anderer Seite das Fischerdorf lag. Der Sandweg quer hinüber war zwar etwas von Wasser bedeckt, aber wir würden die Räder einfach hinübertragen können. Auf der gegenüberliegenden Seite konnten wir die Dächer des Ortes schon sehen.

»Also los!« rief ich Axel zu. »Packen wir's an!«

»In dreißig Minuten sind wir da«, rief der zurück und stemmte sich sein Rad auf die Schulter.

Ich folgte ihm durch das seichte Wasser. Die Ausläufer der Wellen umspielten unserer Füße, die fast bis zum Knöchel im hellen Sand versanken. Wir kamen trotzdem gut voran. Etwa bis zur Mitte der Furt. Nun reichte uns das Wasser plötzlich bis zu den Knien.

»Verdammt. Was ist denn jetzt auf einmal los?« fluchte ich in mich hinein.

»Das ist die Flut«, sagte Axel.

Wir hatten sie einfach vergessen. Und das Wasser um uns stieg immer weiter in die Höhe. Das Meer dachte gar nicht daran, uns unseren dummen Fehler zu verzeihen. Überall Wasser. Als wir bei Ebbe losgingen, ließ sich noch alles gut an. Der Sand, die Sonne, der leicht wehende Wind. Jetzt waren wir gezwungen, unsere Räder hoch über unseren Köpfen zu balancieren. Es sah nicht gut für uns aus. Die Windböen und auch die Wellen wurden kräftiger. Wie lange würden unsere Kräfte noch reichen? Nach beiden Seiten waren es gute drei Kilometer bis zum Ufer. Und wie hoch steigt das Wasser bei Flut hier überhaupt? Weit und breit war niemand zu sehen. Oder doch?

»He, ein Boot, Axel!«

Wir fingen wie Verrückte an zu schreien und mit unserer Last zu ›fuchteln‹, so gut es eben ging. Der Fischer hatte uns gesehen und steuerte seinen kleinen Kahn auf uns zu. Wir waren gerettet. Mit letzter Kraft hievten wir unsere durchnäßten Körper und die Räder in das Fischerboot. Aber nicht mal hier war es so richtig sicher. Der

Wind hatte sich in der Zwischenzeit in einen kleinen Sturm verwandelt, der das Boot wie die sprichwörtliche Nußschale hin und her warf. Die Gischt spritzte auf Deck, und ich war nicht mehr davon überzeugt, daß wir je wieder Land sehen würden. Wir würden sicher gleich kentern.

Es schien glücklicherweise nicht Alexandros erster Sturm zu sein, obwohl sein Gesicht die ganze Zeit über von Falten durchzogen war. Er hatte sein Boot samt Wellen im Griff und brachte uns irgendwie ins Dorf.

Der Empfang in San Francisco de Mar stellte dann auch alles in den Schatten, was uns bisher an Gastfreundschaft widerfahren war. Alle begannen lautstark zu diskutieren, in wessen Haus wir schlafen sollten. Jemand drängelte sich vor und erinnerte daran, daß wir doch hungrig sein mußten. Alexandro nahm uns schließlich mit zum Haus seiner Schwiegermutter. Nachdem wir uns abgetrocknet und umgezogen hatten, kochte er heißen Kaffee. Ich glaube, jeder von uns trank gut einen halben Liter, um warm zu werden. Wir verschlangen regelrecht die hier üblichen Tortillas, Maisfladen und getrocknete Garnelen. Dazu konnten wir zwischen hervorragend schmeckenden Schweinefleisch und süßem Brot wählen. Garnelen waren immer das Hauptgericht. Wir kamen einfach nicht um sie herum.

»Oh«, pflegte Axel die nächsten Tage jedesmal ohne Regung zu sagen. »Garnelen. Wie köstlich.«

Beim Essen murmelte er dann mit leiser Stimme vor sich hin.

»Ihr widerlichen kleinen Viecher!«

Wir aßen sie – gekocht, getrocknet, gegrillt. Und überfraßen uns irgendwann daran. Wir konnten sie nicht mehr sehen noch riechen, wollten aber aus Höflichkeit und Dankbarkeit – Alexandro war schließlich unser Retter – nicht ablehnen.

In der Nacht schliefen wir in unseren Hängematten in einem separaten Raum. Hier lag etwas ganz Besonderes zum Trocknen und stank vor sich hin. Garnelen!

Tagsüber sah ich mich im Dorf um. Gleich neben den Häusern, von denen einige vom ständigen Sandsturm bis zum Dach mit Sand bedeckt waren, ragte ein Granitrücken auf. Ich kletterte auf die Felsen, um mir einen groben Überblick über die Gegend zu verschaffen. Meer, Lagunen, flaches Land, von Flüssen durchzogen und teilweise geflutet. Granitfelsen und weit entfernt am Horizont die Berge Nord- und Mittelamerikas. Ein herrlicher Anblick. Dabei mußte ich jedoch ständig aufpassen, daß mich der kräftig stürmende Norte, der Nordwind, nicht von dort oben herunterwehte.

Alexandro hatte ohne unsere Bitte im Dorf herumgefragt, ob jemand vorhat, nach Santa Maria zu fahren. Mit Erfolg. In dem kleinen Ort waren wir längst die Attraktion. Selbst kleine Kinder kannten nach zwei Tagen unsere Namen. Für die Dorfbewohner waren wir keine reichen ›Gringos‹. Wir hatten von unserer Tour erzählt, sie neugierig gemacht. Immer wieder brachten uns die Leute Brot und, wie sollte es anders sein, Garnelen. Wir wurden mehr als nötig versorgt.

Ich machte einen letzten, wehmütigen Rundgang durch das Dorf. Beim Abschied versammelte sich halb ›San Francisco‹ am Steg. Wir fuhren los und waren keine fünf Minuten unterwegs, als uns ein Boot vom Dorf hinterher kam. Sie hatten vergessen, uns unser Abschiedsgeschenk zu überreichen. Einen riesigen Sack getrockneter Garnelen. Guten Appetit!

Wieder lernte ich, die Straße zu verabscheuen. Wir waren von einer Piste gekommen, auf der uns in einer Stunde keine zwei Autos begegneten. Hier donnerten ständig Busse und riesige Lastwagen an uns vorbei. Der Nordwind wehte von der Seite und die Böen drückten uns direkt vor die Autos, was nicht ganz ungefährlich war. Lastwagen und Busse fuhren zwar weit schneller, als erlaubt war. Trotzdem sind die Fahrer bemerkenswert rücksichtsvoll. Eher bremste das von hinten kommende Fahrzeug, als daß es uns abdrängte oder zu knapp überholte.

Erst als wir Tehuantepec verlassen hatten, wähnte ich mich wirklich in Nordamerika, weil dieser Erdteil nordwestlich vom Golf von Tehuantepec liegt. Die Sonne brannte. Es stand keine einzige Wolke am Himmel, die uns hätte Schatten spenden können. Nur Geier kreisten in den Aufwinden.

Oaxaca lernten wir als hübsche Stadt mit vielen alten Häusern aus der Kolonialzeit kennen. Auf der Plaza hätte ich stundenlang nur sitzen und beobachten können. Rings um den Platz standen Luftballonverkäufer, Schuhputzer, Spielzeughändler. Ich entdeckte ein Verkaufshäuschen für Bücher und einen Stand, der offenbar einer politischen Partei gehörte. Das Zentrum war voller Leben.

Wie so oft war es nicht leicht, einen Schlafplatz zu finden. Noch während wir suchten, entdeckte ich einen am Straßenrand sitzenden

Mexikaner. Plötzlich hob der seinen Kopf und sagte sehr langsam in gut verständlichem Deutsch:

»Deutsche Demokratische Republik.«

Ich war so überrascht, daß ich einige Sekunden brauchte, um zu begreifen, daß er das DDR-Schild an Axels Rad gesehen hatte. Bis zu diesem Abend war es uns noch nie passiert, daß ein Einheimischer das Schild verstanden und richtig gelesen hatte. Wir unterhielten uns kurz auf Deutsch, aber es war nicht zu überhören, daß ihm jegliche Übung fehlte. Er hatte in Deutschland studiert, war aber nach dem Studium nie wieder dort gewesen. Beim Weiterradeln fragte ich mich, wie er wohl die Umstellung verkraftet hatte, wieder zu Hause zu sein. Uns stand das noch bevor.

Wir rollten die Schlafsäcke schließlich im Haus einer freundlichen Familie aus, die eine Tienda betrieb. Die Leute hatten uns beim Vorbeirradeln einfach so von der Straße weg eingeladen, bei ihnen zu bleiben. Der Vater erzählte, daß er im kommenden Monat erneut illegal in die USA reisen würde, um dort zu arbeiten. Er legte wie viele hier besonderen Wert darauf, daß seine Kinder Englisch lernen, weil ihre Chancen auf eine gute Arbeit damit natürlich steigen. Nur in den USA konnte er dafür genug verdienen.

In Tehuacan besuchten wir Rogelio, einen Lkw-Fahrer, den wir unterwegs getroffen hatten. Wir folgten seiner Einladung. Seine Frau hatte er schon über unser Kommen informiert, deshalb konnten wir sofort heiß duschen. Eine Wohltat. Im Haus herrschte Trubel. Verwandte und Freunde waren gekommen, weil Rogelios Frau am nächsten Tag ihren dreißigsten Geburtstag feiern würde. Wir wurden gebeten, zu bleiben und mitzufeiern. Schließlich wurde ich am selben Tag 25. Am nächsten Morgen passierte erst einmal nichts, obwohl sich der allgemeine Trubel noch verstärkt hatte. Rogelio und ich schlachteten drei Kaninchen.

Erst gegen Mittag wurde gefrühstückt. Die Frauen hatten sich in der Küche versammelt und bereiteten alles vor. Ich hatte mich nur einmal kurz dazu gesellt und fand meinen ersten Eindruck bestätigt. Das ›schwache Geschlecht‹ hat in Mexiko nicht nur in der Küche, sondern im ganzen Haus und in der Familie das Sagen. Die ›Köchinnen‹ amüsierten sich noch dazu dermaßen, daß sie sich kaum ums Essen kümmerten. Heftige Witze wurden gerissen. Bei uns geht es so vielleicht nur am Stammtisch in der Kneipe zu. Mexikanische Frauen wissen genau, was ihnen zusteht und setzen ihre Rechte genau so durch, wie die Männer die ihren.

Das Mittagessen wurde, vielleicht wegen der guten Stimmung am Herd, erst gegen vier Uhr nachmittags aufgetischt, Abendbrot um zehn. Wir hatten aber bereits in anderen Familien festgestellt, daß das offenbar völlig normale Zeiten waren. Manchmal wurde auf das Abendbrot nach einer Vesper am frühen Abend auch verzichtet. Bei Rogelio erlebte ich den schönsten Geburtstag der bisherigen Tour, was zunächst einmal dem Essen zu verdanken war. Dazu kam, daß die Leute hier alle sehr herzlich und lebensfroh sind, und jede Familienfeier zu einer richtigen Party wird.

Wir saßen auf unseren Fahrradsätteln und schauten kaum nach vorn, als plötzlich auf einer steinigen Paßhöhe der Pico de Orizaba vor uns auftauchte. Mit 5700 Metern ist er der höchste Berg Mexikos und der dritthöchste Nordamerikas. Im krassen Gegensatz zur trockenen, von der Hitze flimmernden Hochsteppe stand er da und zeigte seinen schroffen, schneebedeckten Gipfel. Ein großartiger Anblick. Jetzt machte mir sogar der Anstieg Freude, weil ich immer nur nach vorn schaute und den Berg genoß. Nach dem Paß schlängelte sich die unglaublich steile Straße mit waghalsigen Kurven ins Tal hinab.

Der Wind dachte nicht daran, abzunehmen. Er wirbelte noch dazu Sand auf, den Erzfeind von Rädern und Fotokamera. Der Sand, die schlechte Straße an der Golfküste entlang und der dichte Verkehr ließen die folgenden dreißig Kilometer unangenehm werden. Wir bogen ins Land ab. Rogelio hatte Verwandte hier, bei denen wir schlafen sollten. Das Haus war etwas unordentlich, was uns aber nicht störte. Sofort nach unserer Ankunft entschuldigte sich die Familie mehrfach für ihre Armut, was uns nicht recht einleuchten wollte. Im großen Wohnzimmer teilten sich Videorecorder, Stereoanlage und zwei übereinander stehende Fernseher den Platz auf einem Holzregal. Beide waren eingeschaltet und zeigten zwei unterschiedliche Programme. Angesichts der technischen Versorgungslage in diesem Haus war ›Armut‹ wohl nicht ganz das richtige Wort. Typisch für die mexikanische Mentalität. Zwölf Menschen, eine wahre Großfamilie, lebten auf engstem Raum in diesem Haus. Die ›Großeltern‹ teilten sich ihr Bett mit Axel und mir. Wir schliefen gar nicht so übel in der mexikanischen ›Besucherritze‹.

Klo und Dusche befanden sich im Garten in einem kleinen Holzhaus. Aus dem Gartenschlauch plätscherte das von der Sonne erwärmte Wasser. Am Morgen bildete sich eine lange Schlange von müden, zerknirscht dreinschauenden Mexikanern, die alle duschen und ihre Blase erleichtern wollten. Axel konnte es nicht glauben.

»Wieso hängen die den Gartenschlauch nicht einfach hinter die Hütte?« fragte er in meine Richtung. »Dann könnte immer einer duschen und einer aufs Klo. Und die Schlange wäre nicht so lang.«

Ich sah das genau so. Nur unsere Gastgeber konnten wir nicht davon überzeugen.

Mexico City liegt auf der anderen Seite einer Hochebene, die von zwei Vulkanen, dem Popocatepetl und dem Ixtaccihuatl, geteilt wird. Beide ›Volcanos‹ sind weit über fünftausend Meter hoch und durch einen Paß getrennt, über den wir die Hauptstadt erreichen wollten. Der Smog, für den Mexico City berühmt ist, füllte bereits das ganze Tal, das sich nun vor uns erstreckte.

Inzwischen hatte es sich schon zur Routine entwickelt, daß ich immer öfter allein vorausfuhr. Mir machte es Spaß, mein eigenes Tempo zu bestimmen. Ich konnte schneller fahren und bildete mir ein, vieles intensiver zu erleben und aufnehmen zu können. Dabei kam es nicht darauf an, ob wir fünf Meter oder fünf Kilometer oder noch weiter auseinander waren. Wir hatten das gleiche Ziel. Ich hielt das für sehr wichtig. So konnten wir in Ruhe unseren Gedanken nachhängen. Die Vorteile des ›gemeinsamen‹ Reisens gingen uns nicht verloren. Wir hatten immer noch genügend Möglichkeiten, uns mit der Sichtweise des anderen auseinanderzusetzen.

In Kontakt blieben wir durch die gute, alte Auto-Zettel-Methode. Wenn ich vermutete, daß ich nun ein ›erreichbares Tagesziel‹ geschafft hatte, machte ich Schluß und wartete auf Axel.

Es mußte die bis eben noch so frische Bergluft gewesen sein, die uns den beginnenden Smog so bewußt und intensiv erleben ließ. Wir drangen geradezu in eine Smogschicht ein, die so dicht und teilweise auch übelriechend war, daß uns schlecht wurde. Unglaublich, daß dort Menschen leben!

In der letzten Nacht, bevor wir die Hauptstadt erreichten, schliefen wir in einer kleinen Kirche. Davor waren auf einer Plaza trotz Dunkelheit Stände aufgebaut, denen ich nicht widerstehen konnte. Es waren ja nicht irgendwelche Stände, sondern Buden mit den leckersten süßen Backwaren. Köstlich. Ich rechtfertigte meinen kleinen Einkauf vor mir selbst damit, daß heute der erste Advent war.

Inzwischen war es dunkel geworden und vor mir, unten im Tal breitete sich ein riesiges Lichtermeer aus. Der Moloch Mexico City mit seinen Randsiedlungen. War das wirklich die größte Stadt auf diesem Planeten? Gibt es noch andere Anwärter auf diesen Titel? Und was wird aus Mexico City, wenn es weiter in diesem Tempo und ohne Kontrolle wächst? Ist ein Kollaps unvermeidlich? Wird der Gigant an seinem eigenen Atem ersticken?

Nach allem, was ich bis jetzt über Mexiko City gehört hatte, sollte es keine schöne Stadt sein. Wenigstens nicht, was den ersten Eindruck betrifft. Wenn man aber erst einmal eine Weile dort ist, lernt man sie entweder lieben oder hassen. Ich habe niemanden getroffen, der dieser Stadt gefühllos gegenüber stand. Ich fragte mich, wie es mir gehen würde.

Die Nacht im kleinen Gotteshaus wurde kalt. Axel lag noch wach.

»Ich habe eine Idee, wie wir etwas Wärme hier hinein bringen können«, flüsterte er zitternd.

Zehn Minuten später brannten alle Kerzen und Teelichter, die wir in der Kirche hatten finden können. Sie gaben ein wunderbares Licht und wärmten tatsächliche ein wenig. Draußen war es dunkel, ich stellte mir in Gedanken die riesige Stadt unter uns vor und schlief ein.

Am nächsten Morgen war Mexico City nicht mehr zu sehen. Der Dunst hatte es verschluckt. Hier oben schien die Sonne vom blauen Himmel. Wir brauchten nur noch loszurollen. In einem der nordwestlichen Randbezirke, fanden wir relativ schnell die Wohnung einer deutschen Pfarrerfamilie, der wir in Costa Rica begegnet waren. Und das, obwohl wir nach einer wirklich kleinen Straße suchen mußten. In der Bezeichnung des Vorortes und des Stadtviertels folgt eine weitere Eingrenzung – die ›Colonia‹, die Kolonie. Diese Kolonien sind bereits so klein, daß man in ihnen kaum Mühe hat, die betreffende Straße oder Familie zu finden.

Die Hauptstraßen sind zu den Stoßzeiten jämmerlich verstopft, ganz unabhängig davon, wie viele Spuren sie zu bieten haben. Im Zentrum fährt die Metro, die sich in ausgezeichnetem Zustand befindet und ihre Fahrgäste praktisch zu jedem Punkt im Stadtinnern befördert. Obwohl die Wagen im Zwei-Minuten-Takt in die unterirdischen Bahnhöfe einrollen und bald darauf wieder in den dunklen Röhren verschwinden, herrscht auch hier zu bestimmten Tageszeiten ein solches Gedränge, daß längst nicht alle auf einmal mitkommen. Trotzdem ist die Metro wohl das zuverlässigste Fortbewegungsmittel. Die weit über hundert Haltestellen tragen fürchterlich einfallslose Namen. Ausgerechnet neben dem Militärcollege hält die Metro an der Station ›Normal‹.

Der Straßenverkehr ist unbestritten eine der Hauptursachen für die permanente, dichte Smogglocke über der Stadt. Aber nicht nur die Dichte des Verkehrs, vor allem der Gestank und die Abgase waren erschreckend.

In Abhängigkeit von der Anfangsziffer des Nummernschildes zwingt die Stadt die Autobesitzer, ihre Wagen an bestimmten Tagen der Woche stehen zu lassen. Betroffen sind dabei wie so oft die Durchschnittsverdiener. Reiche Städter legen sich ein zweites Auto zu, dessen Nummernschild eine andere Anfangsziffer hat. In zehn Tagen Mexiko Stadt sah ich den Popocatepetl, das Wahrzeichen der Stadt, nur ein einziges Mal. An diesem Tag war ich schon vor Sonnenaufgang aufgestanden.

Inzwischen mochte ich Mexiko Stadt. Trotz Smog, Größe, absinkender und baufälliger Häuser. Die City lebte. Die vielen Polizisten, die mit Trillerpfeife und einigem Herumhampeln erfolglos den Verkehr zu regeln versuchten, nahm ich gar nicht mehr wahr. Wenn, dann konnte ich mich über so viel vergebliche Mühe nur amüsieren. Die Autolawine, die an ihnen vorbei rollte, zeigte sich gänzlich unbeeindruckt.

Früh am Morgen verließen wir den Moloch. Auf dem Land spürte ich erst wieder die extremen Temperaturunterschiede zwischen Tag und Nacht. Früh mußte ich über die zwei T-Shirts zusätzlich drei Pullover ziehen, um nicht vor Kälte zu zittern. Mittags war es dann unerträglich heiß. Bereits am dritten Tag hatte sich unser früherer Rhythmus wieder eingestellt. Trotzdem mußten wir uns zunächst übermäßig anstrengen, um unsere alte Form zurückzugewinnen. Wir hatten Muskelkater in den Oberschenkeln – kaum zu glauben.

Ich suchte mir einen späten Nachmittag heraus, um mir einzureden, es sei erst Mittag, ich wäre noch frisch und wir hätten sowieso noch mehr als einen halben Tag zu radeln. Auf einmal hatte ich wieder Kraft. Meine Psyche ließ sich an der Nase herumführen. Ich fühlte mich nicht mehr so schlapp. Unsere Erschöpfung war wohl doch mehr mentaler Natur.

Die Straße führte schnurgerade bis zum Horizont. Der Wind blies uns über die flache Landschaft von vorn entgegen und blieb kaum in den wenigen dornigen Sträuchern und Kakteen hängen. Kilometersteine begannen urplötzlich wieder von Null aufwärts zu zählen, nachdem es vorher bis Null abwärts gegangen war. Keine Ortschaft, kein Haus, nichts deutete darauf hin, daß hier ein besonderer Punkt sein müsse, der dem Kilometerstand Null würdig war. Ein einsames Schild am Straßenrand entpuppte sich als wichtige Markierung. Hier überquerten wir den nördlichen Wendekreis. Völlig unspektakulär. Damit wir nicht etwa auf die Idee kamen, die Tafel zu fotografieren, standen in jeder Richtung dahinter riesige häßliche Strommasten.

Bei Kilometer 34 machte die Straße ganz unerwartet und ohne besonderen Anlaß einen Knick. Den ersten seit langem. Als die Ebene aufhörte, empfing uns eine großartige Westernlandschaft. Schroffe Berge, die in der Höhe felsig und jäh aufragten. Sie wirkten wie Tafelberge. Büsche bedeckten den Boden und verliehen der Gegend einen graugrünen Anstrich. In der Abenddämmerung fühlte ich mich nach Australien zurückversetzt. Alles wurde von einer tiefstehenden, unglaublich gelben Sonne angestrahlt und merkwürdig verfremdet. Dieser Eindruck verstärkte sich, je mehr die Sonnenstrahlen in Rot umschlugen. Leider wurde dieses so alltägliche und dennoch immer wieder außergewöhnliche Ende des Tages viel zu schnell selbstverständlich. Wir dachten schon gar nicht mehr daran, die Dämmerung auf einem Foto festzuhalten. Und trotzdem wollte ich keinen dieser Sonnenuntergänge versäumen. Nach einem anstrengenden Tag auf dem Rad dieses Licht, Ruhe und etwas Gutes zu essen – was konnte es Schöneres auf der Welt geben? Irgendwo zwischen den Büschen schlugen wir unser Nachtlager auf, genossen den Abend, den Sternenhimmel und einen traumhaften Sonnenaufgang. Auch wenn morgens meist unter null Grad waren und wir lange brauchten, um in Schwung zu kommen, war es ein wunderschönes Reisen.

Eine unserer Tagesetappen führten uns in ein Dorf, daß meiner Meinung nach völlig zu Unrecht in unserer groben Karte eingezeichnet war. Es schien auf den ersten Blick nur aus Ruinen zu bestehen. Eine Handvoll schäbiger Häuser, deren flache Dächer mit Staub bedeckt waren. Ein Dorf, das keine Existenzberechtigung zu haben schien. Ein erdfarbenes, totes Nest in einer erdfarbenen, leblosen Dornensteppe. Für einen flüchtigen Betrachter wohl kaum wahrnehmbar. Und doch paßte es hierher wie kein anderes Dorf.

Wir streiften die Sierra Madre de Occidental zu unserer Linken. Ihre schroffen, wilden Berge grenzen das Hochland von Mexiko zum Pazifik hin ab.

Ich hatte den Nationalpark nicht sofort erkannt. Er war nicht ausgeschildert gewesen. Die Felslandschaft war zugegebenermaßen noch schöner geworden. Jedenfalls lag er plötzlich vor uns. Der Kupfercañon. Groß, tief, steil. Einfach umwerfend. Vor diesem einzigartigen Panorama stand eine Tarahumaraindianerin. Das Bild war perfekt. Die ›Barranca del cobre‹ gehört neben der ›Baja California‹ zu den Attraktionen in Mexikos Norden. Völlig zu recht. Auf der Straße, die hinab führte, rollten wir nicht einen Kilometer am Stück. Ständig forderten wir uns gegenseitig zum Anhalten auf, um das bestaunen zu können, was da unter uns vor Tausenden von Jahren entstanden war. Und doch war alles viel zu weit und groß, als daß man mit einem Foto die Stimmung hätte einfangen können. Noch völlig hingerissen entdeckte ich auf einmal die Felsenhäuser der Tarahumaras. Nie hätte ich damit gerechnet, diese Häuser wirklich zu sehen. Ich hatte soviel von ihnen gelesen. Sie lagen gar nicht weit von der Straße entfernt und waren zur Zeit unbewohnt, weil die Indianer im Winter in tiefer gelegene Häuser ziehen. Wir kletterten hin. Die Häuser waren in sogenannte Boofen, längliche Felsscharten, hineingebaut. In einer standen vier winzige Hütten und zwei Ställe. Die Hütten brauchten kein Dach und auch die Wände reichten nicht bis an die Felsen heran, damit der Qualm der Feuerstellen abziehen konnte. Aus dem Tal drang von fern das rhythmische, dumpfe Schlagen der Indianertrommeln zu uns. Von Februar bis April wird getrommelt, so verlangt es die Tradition.

Über Chihuahua – nun schienen wir endgültig die Sierra Madre zu verlassen – gelangten wir ins trockene Tiefland Sonoras. Wir radelten nicht viel weiter. Das Thermometer zeigte 34 Grad, unser Wasserverbrauch stieg enorm. Aasgeier waren nun unsere Begleiter und kreisten in stiller Hoffnung dicht über uns. Bis Hermosillo war es nicht mehr weit und diese Stadt hatte bereits etwas Eigenartiges an sich. Wir rätselten lange, wo sich wohl Zentrum und Altstadt befanden. Beides fehlte. Alle Straßen schienen in die Wüste zu führen. Der erste, den wir hier ansprachen, warnte uns:

»Seid bloß vorsichtig. Es kann passieren, daß eure Räder geklaut werden – so schnell könnt ihr gar nicht gucken.«

So wirkte diese Grenzstadt auch, obwohl sie einige hundert Kilometer im Inland lag. ›Hermosillo‹ bedeutet zwar soviel wie ›hübsch‹, war aber in diesem Fall gänzlich unpassend. Trotzdem hatten sich viele Amerikaner hier niedergelassen. Ständig sahen wir sie in großen Autos mit Anhängern oder unglaublich langen Wohnmobilen Richtung Süden fahren.

Bis jetzt hatte es nie Probleme gegeben, wenn wir Autofahrer um Wasser baten. Standen wir mit Platten am Straßenrand, dauert es nie lange, und irgendein Mexikaner hielt an, um uns zu helfen. Und hier war es plötzlich anders. Die monströsen Wohnmobile rauschten an uns vorbei, der aufgewirbelte Sand flog uns ins Gesicht. Keiner von denen gab uns Wasser. Es war schwer zu begreifen, aber ihre Angst vor Banditen und Tagedieben war wohl so groß, daß sie in jedem einen vermuteten.

Dreimal mußten wir hinter der Stadt halten und fragen, bis wir Cola an einem Familienstand zu halbwegs vernünftigen Preisen kaufen konnten. Wir weigerten uns wie immer, Englisch zu sprechen, weil wir nicht für ›Gringos‹ gehalten werden wollten. Es half nichts. Schließlich machten wir unserem Unmut über die ›Gringos‹ Luft, und das Eis zwischen der mexikanischen Verkäuferin und uns war gebrochen. Wir kosteten außerdem ihre Tortillas, und die schmeckten hervorragend.

»Mm, lecker«, nuschelte ich.

»Was?« fragte ›unsere Spitzenköchin‹. »Lecker? Und ich dachte, meine Tortillas schmecken nicht und deshalb halten so wenige Leute bei mir.«

Es stellte sich heraus, daß jeden Tag Hunderte ›potentieller Kunden‹, US-Amerikaner auf dem Weg in den Süden eben, am Stand vorbeifuhren.

»Noch nie hat einer aus den Staaten hier gehalten«, erzählte sie.

Uns kam es so vor, als seien sich die Herrschaften aus dem Norden zu fein für ein gut schmeckendes mexikanisches Nationalgericht. Unsere Abneigung wuchs.

Mit etwas Rückenwind kamen wir gut voran auf den Asphaltstraßen. Wie sonst wollten wir in dieser Nacht im Freien schlafen, aber die Bewohner des nächsten Dorfes warnten uns.

»Hier gibt es giftige Spinnen, Skorpione und riesige Schlangen.«

»Auch Wölfe?«, vergewisserte ich mich schmunzelnd.

»Gefährliche Wölfe«, war die energische Antwort.

»Wie sieht es mit Vampiren, Banditen und Pumas aus?«, hakte nun auch Axel nach. Nun wollte er es ganz genau wissen.

»Die gibt es auch, aber nicht so viele.«

Wir waren aufgeklärt worden und verbrachten unsere Nacht trotzdem im Busch. Es schlief sich wunderbar. Zwar sahen wir manchmal in der Dämmerung Skorpione, doch konnten sie uns nicht wirklich Angst machen. Axel hatte im Schlaf sogar mal einen mit seinem bloßen Kopf plattgedrückt. Wir wußten zwar, daß gerade diese Art ungefährlich war, ein Latino, dem wir die Geschichte erzählten und den platten Skorpion zeigten, sah dies jedoch anders.

»Das ist genau die Art«, meinte er, »die nicht nur sticht, sondern mit dem Stachel auch noch Eier unter die Haut legt! Falls, wie gesagt, falls du den Stich überlebst, hast du anschließend das ganze Haus voll junger Skorpione.«

Ähnlich gern wurde übertrieben, wenn es um Höhen- oder Entfernungsangaben ging.

»Ihr werdet zwei wahnsinnig lange und steile Anstiege zu überwinden haben.«

Der ›wahnsinnig steile‹ Anstieg war drei Kilometer lang und überwand dabei einen ›gigantischen‹ Höhenunterschied von gerade einmal zweihundert Metern. Wenn dagegen die Leute in den Bergen sagten, alles sei ›plano‹, ›eben‹, dann mußten wir uns auf Steigungen bis tausend Meter einstellen.

Als die Halbwüste noch trockener wurde, tauchte ganz unverhofft das glitzernde Wasser des Golfs von Kalifornien vor uns auf. Ich mußte anhalten und erst einmal verdauen. Es war, als ob wir ein großes Etappenziel erreicht hätten.

Ein Erdhörnchen huschte schnell in sein Loch. Ein letzter Blick, um die Farben der untergehenden Sonne zu bewundern, dann schliefen wir. Die Schlafmöglichkeiten im Freien – eine schöner als die andere. Wenn man nicht gerade wegen eines Kaktusstachels sofort wieder hochfuhr, hatte man einen perfekten Platz erwischt. An das Geheul der Kojoten hatten wir uns gewöhnt. In diesen Tagen versuchten wir geradezu, den morgendlichen Aufbruch hinauszuzögern. Eigentlich wollten wir nicht weg aus diesem Land. Wir wollten diesen

Teil der Erde nicht verlassen – Lateinamerika. Kulturen, in denen wir uns mehr als zwei Jahre aufgehalten hatten.

Ein riesiger Geländewagen mit US-amerikanischem Kennzeichen fuhr vorbei. Arizona war der erste Staat der USA, der uns nach so langer Zeit in der Zweiten und Dritten Welt zurück in die westliche Industrielandschaft bringen würde.

Ich hatte Angst vor der Grenze. Angst, sie zu überqueren. Ich liebte Mexiko, die Mexikaner und war sicher, eine Landung mit dem Flugzeug in Frankfurt würde mir jetzt leichter fallen, als diese Trennlinie zu den Vereinigten Staaten von Amerika zu überqueren. Nie hatte ich einer Grenze soviel Bedeutung beigemessen. Ich war voller Vorurteile und hatte Angst, in der Welt auf der anderen Seite nicht mehr zurechtzukommen. In Gedanken spann ich mir etwas zurecht. Vielleicht würde ich versuchen, Axel zu überreden, mit mir nach Süden zurückzufahren. Einfach so umkehren, jetzt sofort. Zurück nach Salvador in Brasilien. Die Freiheit, das zu tun, hatten wir. Doch war das sinnvoll?

Ich brauchte Zeit und Ruhe. Ich konnte nicht einfach so bis zur Grenze durchbrettern, ohne mich vorher noch einmal mit der Veränderung, die mich erwartete, zu beschäftigen.

Gleich links neben der Straße erstreckte sich ein Nationalpark. Der Parkplatz war wie ausgestorben, kaum ein Besucher begegnete uns. Ich sah Axel an und sagte leise:

»Genau der richtige Ort für mich.«

»Ich will auch nicht weiter.«

Das war alles, was wir uns in diesem Moment sagen konnten.

Schweigend holperten wir auf den schlechten Pisten zehn Kilometer tief in den Park hinein. Ließen das Meer gelber Sanddünen weit links liegen, mit ihm einen großen, lavabedeckten Vulkan und radelten über sandige Ebenen immer weiter, bis wir fühlten, daß wir angekommen waren. Wir schlugen unser Lager auf. Beide hatten wir die Ruhe hier nötig, um unsere Gedanken und Gefühle zu sammeln. Ich mochte nicht nur Mexiko. Ich hatte mich in ganz Lateinamerika verliebt.

Wir kletterten auf einen nahegelegenen Berg, zogen unzählige Kakteenstacheln aus unseren Füßen und genossen die Aussicht. Ich konnte mich kaum auf die Schönheiten des Parks konzentrieren. Aber ich fühlte den Frieden und die Schönheit in mir, genoß die Farben, die die tiefstehende Sonne in die Landschaft malte und den Blick auf das Lagerfeuer, auf dem wir Quesadillas und Kaffee zubereitet hatten. Eigentlich komisch, daß die kriegerischen Seri-Indianer ausgerechnet von hier stammen sollen. Von hier, wo es so idyllisch ist. Vielleicht waren sie nur zu oft in Kakteenstacheln getreten.

Kapitel Zwölf

Herausforderung USA

Wir hatten einen großen ›Auftritt‹ vor uns. In Sonoita, Mexiko, wuschen wir uns an einem Brunnen und zogen uns um. Vielleicht würde uns das an der Grenze helfen. Der zitterten wir schon seit Tagen voller Respekt entgegen. Wir kämmten unsere Haare, zogen weiße Socken und saubere Sachen an! Bei all dem verfolgte mich das Bild, das uns meiner Vorstellung nach an der Grenze erwarten würde.

»Ich weiß, wie die nächsten Minuten ablaufen werden«, phantasierte ich. »Der skeptische Blick der Grenzer wird langsam von unseren gutmütigen Gesichtern zu unseren heruntergekommenen Rädern schweifen, und schon sind all unsere Mühen, wie herkömmliche Touristen auszusehen, zunichte gemacht. Vermeintliche Tagediebe und mögliche Schwarzarbeiter wie uns zwei läßt man nicht so ohne Weiteres ins Land.«

»Ich würde dir ja gern widersprechen und sagen, daß du übertreibst.« meinte Axel. »Aber ich bin selbst unsicher. Vielleicht sind wir echte Grenzen nicht mehr gewöhnt?«

»Nein, es hat etwas mit dieser besonderen Grenze zu tun. Im Prinzip gehören wir nicht in das Land auf der anderen Seite. Zumindest nicht im Moment.«

Ich hatte in meinem Kopf eine ungeheuer hohe Barriere gegen die USA errichtet. Und die Angst davor war der Preis, den ich nun zahlte.

Innerlich also auf größte Komplikationen gefaßt, flirteten wir schließlich ein wenig mit der Zöllnerin. Wohl aus purer Verzweiflung. Sie wog mindestens hundert Kilo und machte einen furchtbar resoluten Eindruck. Ihre dunklen Augen wanderten jedoch geradezu gleichgültig über unsere Ausrüstung. Ihr Gesicht blieb ausdruckslos. Unverständlicherweise schienen wir ihr keineswegs rauschgiftverdächtig und wir mußten nicht eine Tasche öffnen. Vielleicht hatte sie vorgehabt, unser Gepäck zu kontrollieren und war angesichts des Zustandes unserer Ausrüstung davor zurückgeschreckt. Das konnte ich nachvollziehen. Unsere Taschen standen vor Dreck. Was hatten sie nicht alles mitgemacht in den vergangenen Jahren? Als Zollbeamtin hätte ich wohl auch keine Lust gehabt, hineinzugreifen.

»You may pass, Sie dürfen passieren«, nuschelte sie monoton und winkte uns durch.

Die erste Hürde hatten wir geschafft. Einfach so. Unsere Anspannung hatte sich ein wenig gelöst. Wir folgten einem Beamten in ein sauberes, hochmodernes Büro, um den formellen Teil hinter uns zu bringen. Wir mußten wider Erwarten nirgends unsere Unterschrift setzen noch wie in Australien unterschreiben, daß wir weder Drogen schmuggeln, noch Aids haben und auch nicht geisteskrank sind. Anstandslos erhielten wir unsere Aufenthaltsgenehmigungen über sechs Monate. Die von uns mit Bangen erwartete Frage nach unserer finanziellen Situation, die wir durch Arbeit in den Staaten erst noch verbessern wollten, erwarteten wir wie in Trance. Was würden wir antworten? Das Problem wurde nicht einmal angeschnitten. Ich liebte diese Grenze!

Mit Mühe konnten wir unsere Freude über den frisch erworbenen Einreisestempel verbergen. Wir waren in ›Santa Gringonia‹, im gelobten, viel beschriebenen Land, das uns hoffentlich mit unbegrenzten Möglichkeiten in seine Arme schließen würde. Wir waren im Land der absoluten Freiheit – und sahen so viele Verbots- und Gebotsschilder wie zuletzt in Deutschland.

Ein dicker Amerikaner mit Wohnwagen und zusätzlichem Pkw – solche ›US-Urlauber‹ kannten wir schon von Mexiko – hatte Probleme, seinen Wagen hinten am Wohnmobil anzukoppeln. Er rief seine Frau zu sich, die ihm jedoch offensichtlich auch nicht helfen konnte. Nun sah er sich dazu veranlaßt, sie in quäkendem Südstaatendialekt anzubrüllen und in Grund und Boden zu schimpfen. Wie ungeschickt sie doch wäre, und ob sie nicht ein einziges Mal das machen könne, was er ihr sage. Ein Mexikaner, von den Amerikanern oft als Macho verschrien, würde so mit seiner Frau niemals umgehen. Das war also nun mein erster Eindruck, meine erste unfreiwillig unschöne Begegnung mit diesem Land.

Lange wollten wir hier, so nah an der Grenze, nicht bleiben. Nach einigen Meilen fanden wir eine nicht einsehbare Stelle hinterm Besucherzentrum eines Campingplatzes. Wir waren weit davon entfernt, Geld für einen Stellplatz auszugeben. Dollar waren in unserer Zeit in Lateinamerika für uns genauso wie für die Lateinamerikaner zu einem Lebenselixier geworden. Dort hatten die Scheine mehr als nur reinen Geldwert. Sie sind etwas, das man sich notfalls mit Waffengewalt beschafft. Das galt zwar nicht für uns, aber wir würden sie nicht für so ›banale‹ Dinge wie einen Campingplatz vergeuden. Am Morgen verschwanden wir, ehe der erste Ranger auftauchte. Vielleicht würde den gar nicht interessieren, daß wir die Grenze schon längst legal überquert hatten.

Die einfache Piste wurde irgendwann so hervorragend, daß sie mit den meisten guten Asphaltstraßen mithalten konnte. Kakteen wurden allmählich seltener. Zwischen den Büschen wuchs grünes Gras! Es war nicht allzu dicht, aber es war Gras. So etwas hatten wir ewig nicht mehr gesehen. Im Grünen lagerte es sich natürlich noch viel besser als auf bloßer Erde, auch wenn die Temperaturen nachts unter null Grad sanken, die Kojoten heulten und der Vollmond mich wahrscheinlich die ganze Zeit über aufdringlich angriente.

Ajo war genau der richtige Ort, um langsam aber sicher in den USA anzukommen. Ein kleiner Ort mit spanischem Ambiente, ohne viel Hektik oder Autos. Im Supermarkt deckten wir uns mit Lebensmitteln ein und gaben weit mehr aus, als nötig gewesen wäre. Etwas Ähnliches war uns in den vergangenen zwei Jahren in Lateinamerika nicht ein einziges Mal passiert. Wir mußten uns erst an die vollen Supermärkte gewöhnen. Nun hatten wir sogar noch etwas für den nächsten Tag übrig und die Erfahrung gemacht, daß sparsame Fernradler in den USA weniger Geld brauchen als erwartet, um über die Runden zu kommen.

Der ›American Way Of Life‹, die US-amerikanische Lebensweise, wird mit ihren Autos, Klimaanlagen und Softdrinks aus der Büchse fast überall auf dem ganzen Doppelkontinent kopiert. Dort reicht sie an manchen Orten aber nicht einmal über winzige Ansätze hinaus, weil schlicht und einfach das nötige Geld fehlt. Die ›Urfassung‹ dieses Lebensstils erschlug mich beinah. Was wollte ich als Radler in einer Gegend, in der alles nur für Autos angelegt und ausgerichtet war? Nicht einmal in der Wüste hatten wir unsere Ruhe, weil sich ganz in der Nähe die ›Air Force Bombing and Gunnery Range‹ niedergelassen hatte, deren Düsenjäger Tag und Nacht im Tiefflug über das Land hinwegschossen und Raketen abfeuerten. Ich mußte nur an das viele Geld denken, das hier scheinbar ohne Nutzen verfeuert wurde und an die gewaltigen Flächen, die man der Übungen wegen nicht betreten durfte.

Der Verschwendungswahn sollte lange nicht aufhören. In typischem Farmland begleiteten uns entlang der Straße riesige künstlich bewässerte Felder. Die hohe Luftfeuchtigkeit war regelrecht zu spüren. Die

Farmer können sich diese Art der Bewässerung leisten, sie werden vom Staat subventioniert. Es kommt deshalb oft vor, daß extrem ›durstige‹ Pflanzenarten angebaut werden. Ein Irrsinn, dachte ich. Ein Irrsinn, der Mitschuld daran trägt, daß der Colorado River an seiner Mündung nur noch ein jämmerliches Rinnsal ist. Ein Fluß, der einmal so groß war, daß er den Grand Cañon schaffen konnte. Von meinen Gedanken wurde ich wieder mit einem dieser bilderbuchschönen Sonnenuntergänge abgelenkt, auf die ich mich jeden Abend freute. Die Felsen leuchteten in Farben, die genauso intensiv waren wie die des Ayers Rock in Australien.

Eigentlich gehörten schon die letzten Ortschaften, durch die wir gekommen waren, zu Arizonas Hauptstadt Phönix. Litchfield ist eine dieser Siedlungen, die meinen lange gehegten Vorstellungen entsprach. Die Menschen wohnen in Fertighäusern, die per Bahn oder Lastwagen hierher gebracht werden. In ihrem Aussehen, ihrer Form erinnerten mich die Häuser stark an Wohnmobile. Vor allem, weil sie erhöht stehen, als würde sich unter ihrer Verkleidung eine fahrbereite Karosse befinden. Unmittelbar neben jedem Haus steht ein Überdach für die zwei Autos, die wohl jede Familie hat. Die kleinen eingezäunten Gärten hinter den Häusern unterschieden sich kaum voneinander. Ich hatte meine Probleme mit dieser Art ›Häuser‹, die für die meisten Amerikaner im Süden die endgültige, zufriedenstellende Form des Wohnens darstellt. Im Garten hinter so einem Trailerhaus stellten wir unsere Räder ab.

»Hier stiehlt niemand«, versicherte uns Miss Hamilton, eine kräftige dunkelblonde Frau mit unglaublich großen, weißen Zähnen.

Es klingt eigenartig, aber ich glaubte es sofort. Auch wenn das, was uns Miss Hamilton dann erzählte, nicht so recht zu dieser Überzeugung zu passen schien.

»Wir leben schon drei Jahre in Litchfield. Die Nachbarschaft ist freundlich und ruhig. Bloß richtig kennengelernt haben wir noch niemanden. Aber man grüßt sich natürlich.«

Man grüßt also wenigstens. Fragt, wie es dem Gegenüber geht, ohne die Antwort abzuwarten. Aus lauter Höflichkeit ist ein ›Gut‹ selbstverständlich. Aber Stehlen? Nein. Das würde wohl die ganze friedliche Biedermeierei auf den Kopf stellen.

Die gesamte Familie Hamilton entsprach dem, was ich von den Staaten kannte, gelesen und im Fernsehen gesehen hatte. Wir wurden freundlich, teilweise übertrieben höflich behandelt. In der Küche sprangen mir von überall Lebensmittel in die Augen, auf denen stand ›kein Fett‹, ›wenig Kalorien‹, ›light‹. Und trotzdem blieb Mutter Hamilton die einzige, die nicht unter starkem Übergewicht litt. Der Fernseher lief den ganzen Tag. Werbung, Polizeieinsätze live, Werbung, Vermißtmeldungen, ein kurzer Nachrichtenblock.

Weil man sich in der Nachbarschaft und darüber hinaus kaum kennt, kaum freundschaftliche Beziehungen gepflegt werden, sind die Köpfe der Menschen voller Vorurteile.

Besonders schlecht kommen ›the blacks‹, die Afroamerikaner, weg.

»Fahrt ja nicht in dieses Stadtviertel! Da leben nur Farbige. Ich würde dort nicht einmal am Tag einen Fuß hineinsetzen.«

Das Fernsehen weiß leider, was sich verkauft und haut deshalb in dieselbe Kerbe. Ein Verbrecher mit schwarzer Hautfarbe paßt zu den bekannten Vorurteilen.

Genauso wenig kann man sich mit den ›snowbirds‹, den Schneevögeln, anfreunden. Sie werden höchst argwöhnisch beobachtet. Es sind meist ältere Menschen, die aus den kälteren, nördlichen Staaten im Winter hierher in den warmen Süden kommen.

»Die halten auf offener Straße, stecken ihre Köpfe aus den Autofenstern und sehen sich die Landschaft an. Ohne Grund. Einfach so.«

In den kalten Staaten werden sie übrigens ›sunbirds‹, Sonnenvögel, genannt. Wir lernten zwei von denen kennen. Alvin und Nadin aus Idaho, beide waren um die siebzig Jahre alt und erstaunlich rüstig. Auch sie bewohnten in Arizona eines dieser Fertighäuser. Junge Leute fehlten in ihrer Siedlung völlig. Ich vermißte das Bunte und Vielfältige bei den Menschen, wie ich es von Südamerika gewohnt war. Wir begleiteten Alvin und Nadin zum Golf, Bowling, Schwimmen, Basteln, Tennis. Eben zu allen Dingen, mit denen sich die Senioren hier beschäftigen. Unser altes Ehepaar war nett, das war ohne jeden Zweifel. Wir kamen auch mit vielen ihrer Bekannten ins Gespräch. Richtige Freundschaften entstanden daraus nicht, was wohl an der amerikanischen Mentalität lag, mit der ich noch nicht zurecht kam. Alles war ›nice‹, ›great‹ und ›wonderful‹. Dieser Hang zur Übertreibung war verbunden mit einer schier unzerstörbaren Liebe zum Vaterland Amerika. Patriotismus, wo man hinsah. Gehißte amerikanische Flaggen auf Plätzen und vor vielen privaten Häusern. Das änderte sich in keinem der US-amerikanischen Staaten, die wir beradelten.

Hier im Süden war Frühling. Die Wüste hinter Phönix blühte. Aber es dauerte nicht lange und wir kamen in eine waldige Gegend. Kakteen und andere Wüstenpflanzen wuchsen hier nicht mehr. Das deutete auf häufige Regenfälle hin. In Payson begann ich zu frieren und auch Axel zitterte vor Kälte. Noch etwa acht Meilen sollten es bis zur nächsten ›Rest Area‹, einer Art Picknickplatz sein. Das Hinweisschild hatte überdachte Rastplätze versprochen. Wir kauften noch etwas zu essen und verließen Payson. Gerade rechtzeitig, um in den einsetzenden Dauerregen zu kommen. Unter einer Brücke war es uns zu windig und zu naß. Also kämpften wir uns weiter durch das nasse Wetter. Nach acht Meilen waren wir bis auf die Haut durchnäßt. Die Dunkelheit brach ein. Der Regen verwandelte sich zuerst in Schneeregen, dann plötzlich in Schnee. Es herrschte eine eisige Kälte. Nach weiteren acht Meilen bergauf entdeckten wir die ›Rest Area‹ – ohne ein einziges Dach. An ein Feuer war längst nicht mehr zu denken. Wie konnten wir wieder trocken werden? Trocken – was für ein Wort. Wie angenehm mußte sich das anfühlen. Zum Glück lag der nächste Ort, Pine, nicht mehr weit. Ich übersetzte ›Pine‹, die Kiefer, mit ›Qual‹. Denn ›Pein‹, das deutsche Wort wird genauso gesprochen wie der englische Ort. Die Qual setzte sich fort, weil wir von sämtlichen Leuten abgewiesen wurden, die wir darum baten, unter ihrem Vordach zu schlafen. Gerade in den Staaten sollte man eben nicht nach Einbruch der Dunkelheit bei fremden Leuten aufkreuzen.

Weil fast jeder eine Waffe besitzt, hat wohl jeder vor jedem Angst. Und aus dieser Angst heraus werden die Waffen auch genutzt. Das hat schon so manchen das Leben gekostet. Zum Beispiel den Japaner, von dem wir erst vor kurzem in einer Zeitung gelesen hatten. Er wollte auf einem Privatgrundstück nach einer Adresse fragen und wurde vom Besitzer aufgefordert, die Hände zu heben. Das englische ›Hands up, Hände hoch‹ verstand er nicht sofort und wurde erschossen. Auch die Hamiltons hatten Schußwaffen im Haus, wie fast jeder in Arizona. Nur zur Verteidigung, wie sie sagten. Falls jemand einbricht. Natürlich würden sie nur schießen, wenn auch der Einbrecher bewaffnet ist oder sie bedroht. Ich wußte schon damals aus Statistiken, daß die meisten aus übertriebener Angst, Panik oder aus dem Affekt heraus erschossen werden. Das spricht, wie ich meine, für sich. Ohne all die Waffen wären viele Staaten wohl um einiges sicherer.

Zurück zu uns. Zu Kälte, Nässe, Schnee. Jemand gab uns den Tip, bei der Feuerwehr zu fragen. Mit Erfolg. Drinnen im Feuerwehrgebäude war es warm. Trotzdem dauerte es noch drei oder vier Stunden, ehe wir uns wieder richtig aufgewärmt hatten und unsere Sachen getrocknet waren.

Pine lag knapp unter der Schneefallgrenze. Als wir losradelten, waren wir gleich außerhalb des Ortes in einem verschneiten Kiefernwald. War das schön! Machte das Spaß! Selten war mir so bewußt geworden, wie lange ich schon Schnee, die vier Jahreszeiten überhaupt, vermißt hatte. Nur, daß hier alles viel zu schnell ging. Gestern waren wir aus dem Frühling in den Spätherbst gefahren. Heute morgen war Winter. Es ging bergig weiter und so fuhren wir den ganzen Tag mal über, mal unter der Schneegrenze. Das Wetter blieb angenehm sonnig. Nur zweimal kamen wir durch kleine Ortschaften. Nicht einmal führte die Piste an diesem Tag aus dem riesigen Wald heraus. Ein Kojote huschte davon. Er hatte helles, dichtes Fell. Winterfell. Ein Hirschrudel suchte zwischen den Nadelbäumen nach Nahrung.

Wegen der Übernachtung machte ich mir immer noch Sorgen. Sollte es schneien, hätten wir ein Problem, etwas Geschütztes zu finden. Vielleicht müßten wir uns ein Zelt besorgen. Doch am Lake Mary fanden wir einen Picknickplatz mit Feuerstelle und behindertengerechten, also großen Toiletten. Das mußten wir ausnutzen. Auf Neuseeland war ja nur Omi in den Genuß gekommen, in einem trokkenen Klohäuschen zu schlafen.

»Du bei den Damen, ich bei den Herren?« fragte mich Axel grinsend. Nein, es ging nicht um den Gang zur Toilette, sondern um die Übernachtung darin. Ich fühlte mich so richtig wohl, als ich mich schneesicher und trocken in meinen Schlafsack legte. Die Räume waren sauber, fast schon steril. Wir wußten, daß sie täglich komplett gesäubert wurden.

Unsere Reise führte uns von Arizona in den äußersten Westen. Zuerst nach New Mexico, dann nach Colorado, Utah und Kalifornien. Auch Las Vegas in Nevada ließen wir nicht aus.

In New Mexico blieben wir nur einen Tag. Der Schnee fiel nur noch als Regen, und vor uns breitete sich eine riesige Ebene aus, eine buschlose Wüste. Die spärlichen gewachsenen, verkümmerten Gräser hatten den Regen bitter nötig. Aus der endlos scheinenden Wüstenebene ragten einzelne, mehrere hundert Meter hohe, steile Felsen. Nichts konnte schöner sein und doch so fehl am Platz erscheinen wie diese Laune der Natur. Zu einem dieser Felsen wanderte ich hin. Der leichte Nieselregen störte mich nicht, denn von oben hatte ich einen herrlichen Blick auf all die Felsformationen, die sich hier gebildet hatten. Kilometerweit konnte man über die Wüste sehen. Kaum mehr sichtbar erhoben sich schneebedeckte Berge in der Ferne. Genauso hatte ich mir den Wilden Westen vorgestellt. Unglaublich kahl und doch so unglaublich schön. In diesem Land lebten Navajo-Indianer. Mir gefiel der asiatische Einschlag in ihren Gesichtern. Erst in Colorado verließen wir das riesige Reservat, das sich über die Grenze der beiden Staaten erstreckte. Ursprünglich bewohnten die Indianer Boofen, die Höhlen in den Felsen, die sie zu Wohnräumen ausgebaut hatten. Das Schönste an diesen Behausungen ist wohl ihre Lage. Meist findet man sie im oberen Teil der Steilwand eines Cañons. Wie Schwalbennester verstecken sie sich im Innern. Manche sind so klein, daß sie ihrer Winzigkeit und Enge wegen höchstens als Vorratslager geeignet scheinen. In anderen verbergen sich dreistöckige Häuser mit mehreren hundert Räumen.

Für uns ging es immer weiter nach Norden. In Utah besuchten wir einige der schönsten Nationalparks unserer Reise. Den Arches National Park, Cañonlands, Capitol Reef, den Zion Nationalpark und den Bryce Cañon. Ich bin zwangsläufig vorsichtig geworden mit Superlativen. Bis jetzt sind sie immer auf irgendeine erstaunliche Weise übertroffen worden. Unsere Fotos, Fotos im allgemeinen, können gar nicht beschreiben, wie schön viele Flecken auf dieser Erde sind. Wie auch, wenn sie doch nur einen Teil davon zeigen, und die Landschaft ringsherum in jede Richtung bis weit in die Ferne so unglaublich aussieht? In diesen Parks gab es nicht einen einzigen Fleck, der mich nicht wegen seiner Schönheit beeindruckt hätte. Wie soll man so eine gewaltige, majestätische Landschaft wie hier im Westen Nordamerikas beschreiben. Wenn einem der Atem stillsteht, weil jeder Ausblick aufs neue überwältigt. Wenn man beinah erdrückt wird von Felsmassen oder sich winzig klein vorkommt in der unendlichen Weite der Wüsten und Steppen. Selten war das Spektakuläre oder Außergewöhnliche der Landschaften der Grund dafür. Es war eher die Art und Weise, in der sie sich erstreckten. In einer Großartigkeit und Großzügigkeit, einer selbstverständlichen Harmonie. Das war der Reiz, der all das hier ausmachte. Logisch, daß die Amerikaner ihr Land als das der unbegrenzten Möglichkeiten und als besonders ›frei‹ preisen.

Auf den Grand Cañon hatte nichts, kein Schild, keine kleine Schlucht, hingewiesen. Die Landschaft Arizonas hatte sich lange Zeit ziemlich flach hingezogen, von einem Mischwald bewachsen. Und plötzlich stürzten neben der Straße die Felsen hinab. Irgendwo hinunter in die Tiefe. Wieder so ein unwirklich scheinender Fall von einem Naturwunder. Nichts hatte ihn angekündigt und nun wirkte der Cañon auf einmal so großartig und viel gewaltiger als auf jedem Bild, das ich kannte. Ein Cañon von diesem Ausmaß in dieser flachen Gegend. Unglaublich. Dreißig Kilometer lang und etliche Kilometer breit. Schön! Wild! Einfach großartig. Der Cañon war trocken, fast wüstenhaft kahl. Es war April, sieben Grad, und der Himmel schickte ein leichtes Schneetreiben. Gerade an den obersten Rändern der Felswände hielten sich Schnee und Wald. Überwältigt wanderten wir hinunter bis zum Fluß, kühlten unsere Füße und wanderten einen anderen Weg wieder hinauf. Was wir dabei alles sahen, läßt sich vielleicht in Worte fassen, aber das Gefühl, das Umwerfende läßt sich kaum vermitteln. Nicht umsonst ist dieser Cañon so berühmt. Fast sechs Stunden wanderten Axel und ich, ohne eine Pause. Felsplateaus, Felswände, Schichten von Erde und Gestein in den unterschiedlichsten Farben, Tafelberge, blühendes Grün und ganz unten der wilde, hier ungebändigte Colorado River. Alles nur Fragmente. Selbst der Name, das ›Grand‹ schien mir sonderbar unvollständig. Es war ja nicht einmal ein Superlativ.

›Naturwunder‹ in Nationalparks sind etwas, das Nevada kaum zu bieten hat. Allein in Utah und Arizona sind wir über zweitausend Kilometer geradelt, um soviel wie möglich zu sehen. In Nevada sollte es nicht einmal die Hälfte werden.

Mit der Grenze mußten wir unsere Uhren eine Stunde vorstellen. Wir hatten eine Zeitzone passiert, einfach so. Schon im ersten kleinen, wirklich unbedeutenden Nest protzte ein Spielkasino am Straßenrand mit ›Your chance to make a million, Deiner Chance, eine Million zu gewinnen‹. Ganz Nevada scheint eine Metropole des Glücksspiels zu sein. Ein riesiges Kasinoland. Nachts sah ich einen breiten Lichtschein am Horizont, im Südwesten. Dort lag Las Vegas und wartete darauf, auch uns zwei zu verschlucken. Wohl in der Hoffnung, wir würden Geld in die Rachen seiner Spielautomaten werfen.

Die großen Kasinos teilen sich den Platz entlang einer einzigen langen Straße, sozusagen der Hauptverkehrsader Las Vegas'. Dort rieb ich mir zuerst Mal die Augen. Wahrscheinlich vertrugen sie den Kitsch nicht, der sich hier breitmachte. Zunächst blendete mich die blaue, verglaste Fassade einer Kasinopyramide, vor dessen Toren die goldenen Augen der riesigen Sphinx funkelten. Diese hier war eindeutig eine Nachbildung – keine Spur von Altersschwäche oder drohendem Verfall. Auch Cäsar wandelt zumindest im Geiste in dieser Stadt – sein Palast sollte wohl so altrömisch aussehen wie möglich, im Innern barg er ein endlos langes Einkaufszentrum und natürlich die obligatorischen Kasinos. Überall das Flimmern von Lichtern, Werbetafeln, Schriftzügen. Drinnen wie draußen. Und die Sonne stand im Zenit.

Wir hatten nicht ohne Grund einen ganzen Tag lang gefastet, ganz bewußt und mit Absicht. Denn hier gab es ein ›All-You-Can-Eat-Restaurant‹ neben dem anderen. Man bezahlt einmal einen festgelegten Preis und kann dann alles essen, was das Buffet zu bieten hat. Solange man will und natürlich, solange der Magen mitmacht.

Unsere Mägen knurrten schon seit einiger Zeit hartnäckig. Etwas orientierungslos überquerten wir die Straße und verschwanden im ›Circus, Circus‹, einem Kasino. Wie sollte es auch anders sein? In seinem Innern fanden wir, wonach wir suchten. ›All you can eat, soviel Sie essen können‹. Da wollten wir hin. Axel und ich waren noch vor Mittag gekommen und bezahlten so etwas wie den Frühstückspreis – sagenhafte drei Dollar siebzig. Das Buffet und seine Leckereien waren unser. Wir aßen viel, und wir ließen uns Zeit. Nur so konnten unsere nicht gerade verwöhnten Mägen die Unmengen von Fleisch, Salat, Kartoffeln, Pommes, Gemüse, Pudding und Eiskrem verkraften. Die Getränke nicht zu vergessen. Vier Stunden lang schlugen wir uns die Bäuche voll und forderten alles von ihnen. Der Preis, den unsere Körper dafür zahlten: drei Tage Bauchschmerzen. Der Lohn: ebenso lange ein befriedigendes Völlegefühl. Wir hatten uns gnadenlos überfressen.

Aber in den Kasinos konnten wir uns nicht von der himmelschreienden Energieverschwendung erholen. Lichter, blinkende Spielautomaten, Hunderte einarmiger Banditen. Überwiegend ältere Leute saßen auf hohen Barhockern und steckten ihre Münzen immer aufs neue in die Geldschlitze und drückten die Hebel nach unten. Das ständige Geklimper der Münzen nahm ich bald gar nicht mehr wahr. Alle zwei Sekunden spuckte irgendein Automat irgendwo irgendwas aus. Vielleicht hat auch der Klang, das monotone Geklimper hier etwas mit der Spielleidenschaft zu tun, die hier so viele packt.

Eine Dame, sicher schon weit über siebzig Jahre alt, spielte nur mit der rechten Hand, über die sie einen weißen Gummihandschuh gezogen hatte. In der Handfläche war der Handschuh schon ganz schwarz vom Hebel. Mit der linken Hand griff sie immer wieder leicht zitternd nach ihrem Kaffee. Ich sah nur kurz hin und hatte doch alles gesehen. Ein so typisches Bild, daß es in der Masse der Menschen und Automaten unterging.

Das Zuschauen reichte mir. Beim ständigen Verlassen und Betreten immer neuer Kasinos hatten wir gar nicht bemerkt, daß es längst dunkel geworden war. Am Morgen darauf waren wir beide wie erschlagen. Unsere Kater, die wir wohl der kurzen Nacht auf einem Parkplatz zu verdanken hatten, versuchten wir im Kaffee zu ersäufen. Eine ältere Frau hatte uns beobachtet.

»Nehmt das und kauft euch noch Kaffee davon«, sagte sie und hielt mir eine Fünf-Dollar-Note unter die Nase.

Verdutzt wollte ich klarstellen, daß wir nicht mehr Kaffee bräuchten.

»Nein, danke. Aber wir haben wirklich genug.«

»Dann kauft euch eben Orangensaft«, beharrte die Dame und streckte die Hand mit dem Schein erneut aus. »Ich habe gerade gewonnen!«

»Oh, aber wir sind Touristen. Wir haben selbst genügend Geld«, versuchte ich mich aus der Affäre zu ziehen. Es war mir unangenehm, das Geld anzunehmen.

Aber nicht einmal dieser Einwand fruchtete. Wir nahmen den Schein und kauften Orangensaft. Typisch Las Vegas.

Kalifornien – nach nur 351 Kilometern in Nevada ein neuer Bundesstaat, unser fünfter. Man sah es ihm zunächst nicht an. Die Wüste nahm auch hier kein Ende. Unsere Straße führte lange bergauf, zu einem Paß, der mindestens tausend Meter hoch lag. Die Vegetation wurde noch spärlicher. Auf der folgenden Abfahrt passierten wir die ›Grenze‹ zum National Park Death Valley, dem Tal des Todes. Zum Glück waren wir im Frühjahr hierher gekommen. Im Sommer heizt die Sonne die Luft im Tal bis auf 48 Grad auf. Auf weiten Flächen sind dieses Tal und die angrenzenden Flächen völlig vegetationslos. Death Valley ist wirklich tot. Das einzige, was lebt, sind die Touristen. Und Jesus, ein dicker hünenhafter Amerikaner. Ganz ohne Zweifel und auf den ersten Blick eindeutig ein Althippie. Er arbeitet im Death Valley.

»If you want to stay overnight, you can stay at my house. It's open to everyone. Wenn ihr hier übernachten wollt, könnt ihr bei mir schlafen. Mein Haus steht jedem offen.«

So lernten wir Jesus kennen. Und mögen. Vier Tage blieben wir bei ihm. Jesus, vor einigen Jahren noch als Saxophonspieler quer durch alle Staaten unterwegs, hatte den Job im ›Tal des Todes‹ angenommen, um seinen Eltern zu helfen. Sie waren krank geworden, und ohne Krankenversicherung und Geld kommt man in den USA nicht weit. Einem Rausschmiß ist er im ›Tal‹ nur knapp entkommen. Er wollte nicht befördert werden. Mit seiner Arbeit als Toilettenputzer ist er vollends zufrieden. Ebenso mit seiner Bezahlung.

»Ich habe keinen richtigen Boss über mir, der mich kommandiert. Alle sind froh, daß ich die Arbeit erledige und dabei nicht murre. Niemals würde sich jemand bei mir darüber aufregen, wenn die Toiletten mal nicht ganz so sauber sind. Im Gegenteil, mein Chef würde versuchen, mir so etwas ganz schonend beizubringen, damit ich ja nicht kündige.«

Nach diesen ersten Tagen und Nächten waren wir noch mehrmals bei Jesus. Jedesmal sah seine Wohnung anders aus, andere Möbel, anderes Geschirr. Jeder, der zu ihm kommt, bringt etwas ins Haus. Viele nehmen auch wieder etwas mit, das Jesus nicht mehr braucht.

»Alles ist vergänglich. Die Dinge kommen und gehen.«

Das ist Jesus' Theorie. Er lebt sie auch, und ist davon so überzeugt, daß ihn irgendwie immer eine großartige, gewinnende Aura umgibt, die ihn vor Unheil bewahrt.

Zum Abschied schenkten wir Jesus ein Taschenmesser, in das ich eine Widmung für ihn eingraviert hatte. Wir fuhren davon. Keine zehn Kilometer weiter lag am Straßenrand exakt das gleiche Taschenmesser, ohne Gravur. Jemand hatte es verloren. Die Dinge kommen und gehen. Wir nahmen das Taschenmesser mit. Irgendwie bestätigte sich auf diese Weise Jesus' Theorie.

Die nordamerikanische Hitze plagte vor allem mich bis weit nach Kalifornien hinein. Ich stieg immer wieder ab und schob mein Rad, weil ich meinem Kreislauf anmerkte, daß er kurz vor dem Zusammenklappen war. Drei Dinge kamen zusammen. Die große Hitze, die intensive Sonne, deren Strahlen nicht von einer einzigen Wolke geschwächt wurden und die stickige, stehende Luft. All das war ich nicht mehr gewöhnt. Und wieder dachte ich: Zum Glück fahren wir im Frühling hier entlang. Die Ebene um uns flimmerte in der Hitze.

Wieder dieses Wort. Hitze! Es geisterte mir den ganzen Tag in meinem schmerzenden Kopf herum. Der mit Schnee bedeckte Berg, viele Kilometer vor mir, schien mich verhöhnen zu wollen. Erst in der abendlichen ›Kühle‹, bei immerhin noch 24 Grad kam ich wieder etwas in Schwung.

In einem heruntergekommenen Trailerpark, einer Ansammlung von Wohnmobilen, lernten wir einen ebenso heruntergekommenen, übergewichtigen alten Mann, eine Hure und einen Dealer kennen. Viele Leute waren in dem Park, der aus alten, verschlissenen Wohnmobilen bestand, nicht übrig geblieben. Die meisten waren während einer Razzia der Polizei geflüchtet und nie wieder gekommen. Unser Gastgeber, der Trinker, kam mit seiner spärlichen Rente gerade so über die Runden. Stark angetrunken, ein Zustand, der ihn anscheinend nie verließ, hatte er uns einen Schlafplatz angeboten. Irgendwie tat er mir leid. Sein größtes Problem war die Einsamkeit hier. Er hatte keine Freunde, konnte nachts nicht einmal mehr durchschlafen. Zweimal erhob er sich zitternd aus seinem Bett und stolperte zum Kühlschrank, um Bier zu holen.

Am anderen Morgen wurden wir von einem Lasterfahrer geradezu genötigt, unsere Räder aufzuladen und uns die nächste Steigung hochfahren zu lassen. Nicht ganz oben angelangt hielt der Lkw plötzlich.

»Ihr habt drei Möglichkeiten«, sagte der Fahrer. »Ich kann euch bis hoch bringen. Ihr könnt bei einem Freund von mir, der ganz in der Nähe wohnt, frühstücken. Oder ihr helft mir jetzt gleich beim Bäumefällen und verdient euch ein wenig Geld«.

Wir mußten nicht lange überlegen.

»Wir fällen die Bäume«, sagte ich, als machten wir beide so etwas jeden Tag.

Es ging um einige Kiefern, die auf ein Wohnhaus zu stürzen drohten. Stück für Stück mußten wir sie mit Steigeisen und Seil gesichert erklettern und von den Spitzen Schritt für Schritt absägen. Das gesägte Holz mußte weggeräumt werden. Ständig war etwas zu tun. Wir dachten nicht an Pausen und merkten gar nicht, wie schnell die Zeit verging. Am frühen Nachmittag stand keine der Kiefern mehr.

Am Ende gab Doug jedem von uns sogar 45 Dollar, obwohl anfangs nur von dreißig die Rede gewesen war.

»Damit habe ich euch nur testen wollen«, lachte er. »Ich konnte ja nicht wissen, daß ihr so mit zupackt«.

Es hatte sich für beide Seiten richtig gelohnt.

Ich muß zugeben, daß sich mein Verhältnis zu den Amerikanern in eine zwiespältige Richtung entwickelte. Sie waren freundlich und hilfsbereit uns gegenüber, verschafften uns gute Jobs, gaben uns mehr, als wir brauchten. Das schätzte ich an ihnen. Und trotzdem hatte ich tief in mir Probleme mit ihnen, obwohl ich mich mit fast allen, die ich kennengelernt hatte, gut verstand. Ich konnte doch nicht fortlaufend sagen: Die Amis sind nicht zum Ausstehen, bis auf diesen und diesen und jenen. Würde ich mich in den nächsten Monaten daran gewöhnen?

Unseren Geldbeuteln ging es also langsam aber sicher wieder recht gut. Beim nächsten kleinen Job, bei dem wir eine verdreckte, heruntergekommene Kneipe aufräumen und säubern mußten, drückte uns der Besitzer auch mehr in die Hand, als er versprochen hatte. So ließ es sich leben. Auch unsere Armbänder aus Leder und Leinen verkauften sich nicht schlecht. So machten wir extra noch mal etwa sechs Dollar am Tag. Indianer hatten uns beigebracht, wie man sie knüpft.

Überhaupt haben wir bei unseren Jobs während der Weltumradlung allerhand gelernt. Wir arbeiteten auf einer Farm in Australien, auf einem Boot in der Türkei, als Filmstatisten in China, Fabrikarbeiter in Venezuela, Maler in einer ganzen Handvoll Länder. Als wir am Ende unserer Tour nachrechneten, kamen 36 Jobs in 32 Ländern zusammen. Alles in allem verbrachten wir etwa ein Drittel unserer Reisezeit damit. Nicht nur, um Geld zu verdienen, sondern auch um die Menschen kennenzulernen. Nirgends ist man ihnen so eng und intensiv zusammen wie bei der Arbeit, nirgends wird man schneller akzeptiert, nirgends ist das Erlernen einer Sprache leichter.

In diesen Tagen machte sich Axel Sorgen über unsere Räder. Bei ihm drohte die Gabel zu brechen, dic ich schon mehrfach wieder zusammen geschweißt hatte.

»Ich denke, daß zumindest mein Rad ausgedient hat«, meinte er. »Ich hatte wirklich gehofft, ich könnte damit wieder bis zurück nach Hause fahren. Aber es ist wohl nicht ganz meiner Meinung. Ich werde mich um ein neues kümmern müssen«.

Ein wenig würde sein Rad aber noch durchzuhalten haben.

Der Kiefernwald verschwand langsam. Die Straße führte weiter hinunter ins Flachland. Farmen und große Weideflächen bestimmten die Landschaft. Am Wegrand huschten Erdhörnchen im Gebüsch herum und gaben ihre seltsamen Pfeiftöne von sich.

Wir kamen ins riesige flache Tal von Kalifornien. Alles war bepflanzt, bewässert, besiedelt. Es war nicht mehr weit bis zum nächsten Nationalpark, aber wir hatten vorher einen gewaltigen Höhenunterschied zu überwinden. Alle, die uns sahen, schüttelten verständnislos mit den Köpfen. Vor uns lag ein zweitausend Meter hoher Anstieg. Das sind für Amerikaner immerhin sechstausend Fuß, was natürlich gleich um einiges gewaltiger klingt. Der Weg führte hinauf zu den Giganten, den größten Landlebewesen unserer Erde, den Mammutbäumen vom ›Sequoia Nationalpark‹. Jetzt herrschten Temperaturen um die null Grad. Es regnete und schneite im Wechsel. Im Schnee wirkten die ersten ›sequoia dendron giganteum‹, die Riesenbäume, um so mächtiger. Ihre Wipfel verloren sich irgendwo in den diffusen Nebelschwaden. Bäume mit Durchmessern von fünf Metern standen einfach so an der Straße herum. Ein ›Giant Forest‹, ein wahrhaft gigantischer Wald. Jeder von diesen Riesen war vielleicht so groß wie ein Gebäude mit 16 Stockwerken. Es ließ sich schwer schätzen.

Wenn die Kälte nicht langsam in unsere Sachen gekrochen wäre, hätte ich ohne Probleme stundenlang stehen und den Anblick der Bäume in mich aufsaugen können. Der Park rund um den King Cañon grenzt fast nahtlos an den der Sequoias. Veränderungen in der Landschaft hätten wir wegen des starken Nebels, der alles in ein deprimierendes Grau tauchte, ohnehin kaum bemerkt. Das Wetter wurde richtig schlecht. So schlecht wie schon lange nicht mehr. Wir fuhren also einfach durch den Park hindurch, ohne ihn eines Blickes zu würdigen. Später konnten wir die großen Bäume bei Sonnenschein noch einmal richtig genießen. Die Big Trees in Calaveras sind ähnlich groß. In diesem State Park befindet sich ein Baumstumpf, der von Zeit zu Zeit auch als Tanzbühne genutzt wird. Das sagt einiges über die Ausmaße der grünen Riesen. Und auch die Redwoods, in denen angeblich der höchste Baum der Erde steht, genossen wir im Sonnenschein.

In den Staaten radelten wir nicht nur zu zweit. Gunnar aus Norwegen schloß sich uns für einige Wochen an. Vor vier Jahren hatten wir ihn in der Türkei kennengelernt, damals noch als segelbegeisterten Pauschalurlauber, der kurzerhand sein Boot gegen einen Drahtesel eintauschte und ein Stück mit uns fuhr. Inzwischen war zu unserem Schrecken ein wahres Kraftpaket aus ihm geworden. Wir freuten uns auf eine gemütliche Tour und hatten jetzt alle Mühe, mit ihm mitzuhalten. Straffes Radeln war angesagt, so wie es Gunnar mittlerweile gewohnt war – von mehreren norwegischen Radrennmeisterschaften und jeder Menge Training.

In San Francisco angekommen, suchten wir uns den kürzesten Weg zur Golden Gate Bridge. Der geradewegs durch ein ›Schwarzenviertel‹ führte.

»Seid ihr verrückt?« Ein weißer, alter Mann tippte mit dem Zeigefinger an seine Stirn. »Die Schwarzen rauben euch aus und knallen euch anschließend ab!«

Seine Frau nickte zustimmend mit dem Kopf. Wir ließen es dennoch darauf ankommen und machten uns auf den Weg.

Der erste Schwarze, den wir trafen, hatte zugegebenermaßen etwas Ungläubiges in seinem Blick. Wir fuhren wortlos vorbei. Der Zweite fragte entgeistert:

»Was macht ihr hier?«

Er sprach diese Worte, als hätte er hier noch nie einen Weißen gesehen.

»Wir fahren hier durch«, antwortete ich wahrheitsgemäß.

»Das macht man nicht als Weißer«, stotterte er weiter.

»Wieso?« fragte Axel.

»Kein Weißer macht das.« Genau das schien das Problem zu sein.

»Doch, wir !« pflichtete Gunnar uns bei.

Damit war das Gespräch beendet. Auf der ›anderen‹ Seite angekommen, blickten uns ein paar Weiße an.

»Ihr seid da durch gefahren?«, deutete einer mit dem Finger auf die Straßen hinter uns.

»Ja, wieso?«

»Und ihr lebt noch?«

Wir ließen die verwunderte Gruppe stehen. So entstehen also Sagen, Gerüchte und vor allem Vorurteile. Wir wußten nun, was ein möglicher Grund für Vorbehalte dieser Art ist.

Auf der Golden Gate Bridge in San Francisco verloren wir Gunnar kurz aus den Augen – das war der Nebelbank zuzuschreiben, die wie so oft auch an diesem Sommertag über der ›Bay‹, der Bucht, lag. Sie hüllte das mittlere Stück der Brücke fast völlig ein. Vom Ufer aus war dieser Teil des riesigen roten Stahlgerüsts nicht mehr zu erkennen.

Gunnars erste Nacht begann. Wir schliefen am anderen Ufer der Bucht, die Skyline auf der anderen Seite. ›Unser‹ Norweger wollte sein Zelt einfach irgendwo im Freien in einem Stadtpark aufbauen. Das allerdings ist in den Staaten verboten. Wir legten uns in unsere Schlafsäcke und erzählten noch ein bißchen. Plötzlich sah ich, wie aus dem Dunkel der Büsche ein Tier heranschlich. Nicht irgendeines, sondern das gefährlichste der Vereinigten Staaten von Amerika. Ein ›Skunk‹, ein Stinktier. Nicht größer als eine Katze, aber gefährlicher als ein Rudel wilder Löwen. Die Flüssigkeit, die es mit seinen Drüsen verspritzt, riecht erbärmlich. Sie stinkt schier unerträglich! Schon in Mexiko hatte ich die Tiere auf mehrere Kilometer gegen den Wind riechen können. Gegenstände oder Stoffe, die einen Spritzer abbekommen, kann man wegwerfen. Der Gestank bleibt für ewig an ihnen haften.

Gunnar griff nach einem Stein, um es zu verjagen. Das Schlimmste, was man überhaupt in so einer Situation tun kann.

»Ja nicht, Gunnar!«, flüsterte ich energisch. »Nicht bewegen!«

Wir hatten einen ›aromatischen Schutzengel‹. Der Skunk schnüffelte interessiert. Und zog wieder ab. Ich atmete aus! Das war noch einmal gut gegangen. Den Gestank des Tieres hätte ich nicht auf die weitere Reise mitnehmen wollen.

An der Küste ging es bis in den äußeren Norden der Staaten hinein nach Oregon. Axels Rad machte immer größere Probleme. Der Rahmen brach unterhalb der Sattelstange. Weil die Strecke uns so begeisterte, hatten wir keine Lust, die nächsten Kilometer per Lastwagen zu überbrücken. Die Landschaft mit ihrer felsigen Steilküste war genau das, was man sich unter unberührter Natur und Romantik vorstellt. Wir hatten Rückenwind und genossen das Radfahren. Also stellte ich kurzerhand die Sattelstange tiefer, die jetzt den Rahmen noch einigermaßen zusammenhielt. So konnte Axel weiterradeln. Er erinnerte mich nun zwar irgendwie an ein kleines Kind auf dem Dreirad, weil er viel tiefer saß als gewohnt. So lustig, wie das Ganze für mich aussah, war es wohl aber doch nicht. Diese Haltung muß ihn unheimlich angestrengt haben. Aber ich glaubte fest an ihn. Bis nach Kanada waren es schließlich ›nur‹ noch knappe 500 Kilometer. Dort wollte Axel endgültig von seinem Fahrrad Abschied nehmen. Der Drahtesel hatte unheimlich gelitten, war unzählige Male repariert, geschweißt, ausgebessert worden. In Nanaimo auf Vancouver Island gab er schließlich nach 65.000 Kilometern endgültig auf. Auch mir tat es weh, vor dem verschlissenen Rad kapitulieren zu müssen. Bis jetzt hatte ich jeden Schaden irgendwie reparieren können.

Aber auch Axel hatte seine Probleme. Allerdings eher mit dem neuen Rad, an das er sich jetzt gewöhnen mußte. Seine Achillessehnen entzündeten sich in den ersten Tagen auf dem neuen Transportmittel in der besseren Sitzposition. Vier Jahre lang war er mit einem Rad gefahren, dessen Rahmen viel zu klein für seine langen Knochen war. Seine Beine hatte er beim Fahren nie ganz durchstrecken können. Die Sehnen hatten sich in der Folge verkürzt, die Muskeln aber waren trainiert. Und nun saß er endlich in der ›richtigen‹ Position, auf einem Rad mit dem für seine Größe ausgerichteten Rahmen und kämpfte mit einer deftigen Entzündung.

Hier oben, kurz vor Alaska, kamen wir nur noch per Fähre voran. Die Strecke erinnerte uns beide an die Fährfahrt durch die Fjorde kurz vor Feuerland. Seltsam, daß wir im Norden dieses Doppelkontinents eine Landschaft erlebten, durch die wir schon im Süden gefahren waren. So sehr ähnelten sie sich. Selbst Robben und Wale tummelten sich, genau wie damals, rund um unser Fährschiff. Nur die Pinguine fehlten. Draußen regnete und stürmte es. Alaska würde uns mit Schnee, Gletschern und Minusgraden empfangen und trotzdem zu einem weiteren Höhepunkt unserer Reise werden. Vor allem landschaftlich. Wunderbare Herbstwälder, saubere Flüsse und ein einmaliges Naturschauspiel im Nachthimmel – das war für uns Alaska!

Axel hatte beim Pinkeln im Wald eher zufällig in die Sterne geschaut und einen entsetzlich lauten Schrei ausgestoßen. Mit offener Hose kam er zum Lagerfeuer gerannt und deutete immer wieder mit dem Zeigefinger in die Nacht.

»Dort! Da! Oben!«

Warum er nur so erstaunt schrie? Ich jedenfalls konnte nichts erkennen, bis sich meine Augen an die Dunkelheit gewöhnt hatten. Dann sah auch ich das Nordlicht. Nicht irgendein Schimmer, sondern ein hell leuchtendes Licht, das seine Farbe und seinen Standort blitzschnell wechselte. Es spielte mit uns, mehrere Lichtspiralen formten sich und rasten auf uns zu, drehten kurz vor uns um. Einfach unglaublich. Absolute Stille herrschte jetzt. Axel hatte aufgehört zu schreien. Wir standen mit steifen Nacken da und hatten Tränen in den Augen.

In der Nacht kamen wir in unseren Schlafsäcken erst spät zur Ruhe, weil wir den Himmel so genossen und unsere Augen einfach nicht schließen wollten.

Mitten in Alaska wartete ein Freund auf uns. Mit ihm hatten wir uns vor fünf Jahren in Deutschland verabredet. Nun kamen wir mit fast zwei Jahren Verspätung und es gab Frank trotzdem noch – er wohnte in einer Blockhütte in Tanana, hatte zehn Schlittenhunde und offenbar keinen Grund, jemals wieder aus dem kleinen Dorf fortzugehen. Nicht einmal hundert Menschen lebten in der näheren Umgebung. Es ging ihm gut dort. Tanana sollte unsere weitere Tour auf eine besondere Weise begleiten.

In den zehn Tagen dort bekamen wir einen tiefen Einblick in das Leben der Menschen, das sich fast ausschließlich um Fische und Schlittenhunde drehte. Jeder, der hier wohnte, hatte mindestens zehn dieser Alaska-Huskys, die nicht so sehr für ihre Reinrassigkeit berühmt sind, dafür aber für ihre außergewöhnliche Zugkraft und die Lust zu ziehen. Bei der Zucht wird frei weg gekreuzt, um die für einen schnellen Schlitten so nötigen Eigenschaften eines Schlittenhundes zu erreichen. Ist eine Rasse zu langsam, wird sie kurzerhand mit einem Windhund gekreuzt. Ist sie nicht wild genug, wird die Hündin nachts draußen angebunden, damit die Nachkommen ein wenig wildes Wolfsblut in den Adern haben. Es zählt eben nur eines: Schlittenhunde müssen gut und gerne ziehen.

Den Tieren merkte man tatsächlich den unbändigen Willen zum Ziehen an. Wurde ihnen das Geschirr angelegt, spielten sie regelrecht verrückt. Die Zurückgebliebenen sprangen wütend, wild und winselnd an ihren Leinen herum.

Schlittenhunde werden auf den Grundstücken ihrer Besitzer angepflockt und fast ausschließlich mit Lachs gefüttert, der hier mit einer Art Schaufelradbagger aus dem Wasser gezogen wird. Es ist ein Leichtes für die Fischer, die Lachse aus dem Wasser zu ziehen, die zu Tausenden zu ihren Laichplätzen schwimmen.

Wir hatten uns mit einem Husky-Welpen angefreundet und ausgerechnet der sollte erschossen werden, weil der Züchter ihn und seine Geschwister nicht mit nach Hause in die Stadt nehmen konnte. Zu schwach, wie er war, hätte er es wohl nie zu einem Schlittenhund gebracht. Axel wollte das schwarze Fellknäuel mitnehmen.

Immer wieder hatten wir uns seit dem Erlebnis mit einem Hund an der Grenze von Thailand zu Malaysia über die Möglichkeit unterhalten, mit einem Hund zu reisen. Es gab ebenso gute Argumente dafür wie dagegen. Noch einmal waren wir in Bolivien ins Wanken geraten, als uns ein schöner Hund kilometerweit nachlief. Er ließ sich einfach nicht verjagen. Zwar hielt er nach ein paar angedeuteten Steinwürfen respektvollen Abstand, ließ uns aber nicht aus den Augen. Nach etwa dreißig Kilometern ging es bergab. Wir beschleunigten, machten richtig Tempo, um den Hund abzuhängen. Es funktionierte. Eine Serpentine weiter unten sah ich, wie sich das Tier fünfzig Meter über uns in vollem Lauf überschlug, seinen Mageninhalt in Sekundenschnelle ausspie und weiterrannte. Er tat mir leid. Aber damals waren wir noch nicht bereit, einen Hund mitzunehmen.

In Venezuela hatten wir dann von einem Fernradler gehört, der mit Hund und Hänger reiste. Ich war immer noch skeptisch, als Axel den Vorschlag machte, den Husky-Welpen mitzunehmen. Zu Unrecht, aber das sollte sich erst ein paar Monate später herausstellen. Wie sollten wir einen Hund ernähren? Wie sollten wir ihn transportieren, wenn er größer würde? Würden wir nicht Probleme an Grenzen bekommen? Wir würden unsere Tagesetappen drastisch reduzieren, vieles vom Hund abhängig machen müssen. Irgendwie fürchtete ich, der kleine Husky würde uns einschränken.

Täve steckte dann doch in einer der Taschen an Axels Rad und glotzte mich zufrieden an. Sein Name kam nicht von ungefähr. Er sollte kurz sein, etwas mit unserer Heimat und vor allem mit Radfahren zu tun haben. Der Ex-Radsportler und Friedensfahrt-Idol, dessen Spitznamen ›Täve‹ wir für unseren Husky auserkoren, hatte sicher nichts gegen diese Patenschaft einzuwenden.

Ab sofort waren wir also zu dritt.

Kapitel Dreizehn

Mit Täve durchs Reich der Mitte

Der Landeanflug in Hongkong sollte einer der spektakulärsten unserer gesamten Tour werden. Mitten in der Nacht setzte unser Flieger zur Landung an. Plötzlich riß die Wolkendecke auf und vor uns lag die Stadt. Nicht ein Lichtermeer, wie wir es aus den Staaten gewöhnt waren. Auch nicht so weitläufig. Nein, hier wohnten die Menschen übereinander. Die Straßen wirkten aus der Luft wie tiefe Schluchten, deren Grund beleuchtet ist. Dort unten pulsierte das Leben. Wir hatten den Eindruck, daß die Boeing extra eine Kurve flog und die Flügel abkippte, um zwischen den dreißigstöckigen Wolkenkratzern durchzupassen. Im allerletzten Augenblick wichen die Hochhäuser zurück und das Rollfeld tauchte auf. Wir landeten sicher.

Am Zoll gab es Probleme mit Täve. Wir hätten vorher eine Einreisegenehmigung für Tiere einholen müssen, hieß es. Wir redeten uns mit ›Transit nach China‹ heraus und bekamen eine zehntägige Frist, um eine Genehmigung von China einzuholen. Täve kam in einen Quarantänezwinger, in dem eine Nacht teurer war als eine Hotelunterkunft für uns. Ohne die Genehmigung würde er nach Ablauf der Frist erschossen, machten uns die Zöllner klar. Natürlich auf unsere Kosten. Ich war sauer. Das war nicht mein erwarteter Einstieg in Hongkong.

Wir mieteten uns ein Zimmer in einem Hochhauskomplex, der vorwiegend von Indern bewohnt wurde und kümmerten uns um die notwendigen Papiere für Täve. Was schwieriger als erwartet war. Erst hieß es, Hunde dürften überhaupt nicht in China einreisen, dann wieder, es gebe gar kein Formular, da Hunde keine Einreisegenehmigung benötigten. Irgendwann trieb Axel einen Festlandchinesen auf, der aus alter Feindschaft zu Hongkong per Computer das nötige Formular entwarf, das es überhaupt nicht gab. Damit war Täve gerettet. Allerdings hatte ich mir schon vorsorglich eine Möglichkeit angeschaut, in die Quarantänestation einzubrechen, um Täve notfalls auch ohne die erforderlichen Papiere zu befreien. Er war dort täglich mit einem Schlauch abgespritzt worden und hatte nach diesem Erlebnis große Angst vor Wasser.

Erst jetzt, mit den nötigen Papieren, hatten wir ein Auge für die angenehmen Seiten der britischen Kronkolonie. Wir genossen das asiatische Flair und die vielen hübschen Mädchen. Schlanke und gut gekleidete Schönheiten mit asiatischen Mandelaugen. Sie sahen wirklich außergewöhnlich hübsch aus. Besser noch als auf Tahiti.

Schon damals hatte jeder Zweite in Hongkong ein Mobiltelefon. Dennoch wirkte die reiche Stadt arm und schmutzig. Womit wir nie gerechnet hatten: Hongkong erwies sich als denkbar ungünstig für Fahrradfahrer. So hatten wir Riesenprobleme, einen Radanhänger für Täve zu kaufen. Wir brauchten ihn aber dringend, da unser kleiner Husky damals kaum mehr als zwanzig Kilometer pro Tag mitlaufen konnte. Nach längerem Suchen fanden wir den vermutlich einzigen Fahrradanhänger Hongkongs - wir kauften ihn einem englischen Triathleten ab. Unser Geld war somit weiter geschrumpft. Den Hänger hatte Axel freilich allein bezahlt. Schließlich war es sein Hund.

Doch wieder mal blieb uns das Glück treu. Gerade in diesem Moment sprach uns ein Kanadier an, ob wir mit ihm zwei Tage nach China reisen würden, um an Filmarbeiten mitzuwirken. Die Chinesen wollten den zweiten Teil des angeblichen Erfolgsfilmes ›Der Drachen‹ drehen. Sie brauchten große weiße Männer, die als Leibwächter eines Drogenbosses mitwirkten. Da sie uns eine Hotelunterkunft und fünfzig Dollar pro Drehtag zahlen wollten, überlegten wir nicht lange.

Das Hotel, in dem wir untergebracht wurden, sollte das luxuriöseste unserer gesamten Tour werden. Wir wohnten in einer Suite mit Schaltpult am Bett, versiegelter Toilette und einem Bad, das allein dreimal so groß war wie unser Zimmer in Hongkong. Im Hotel gab es eine Nachtbar, einen Club, eine Schwimmhalle. Überall standen im Hotel angestellte Mädchen in leichter Bekleidung herum, die nach Schönheit und Größe ausgesucht schienen. Doch überall wachte das strenge Auge staatlicher Ordnung. Näherer Kontakt war den Mädchen streng verboten. Sobald man sich länger mit einer unterhielt, wurde sie plötzlich ›abberufen‹. Allein, um die strengen, unsichtbaren Augen zu strafen, fingen wir sofort mit dem nächsten Mädchen an zu flirten.

Die Kameraaufnahmen am nächsten Tag waren so kitschig und primitiv wie die Filmgeschichte: Ein sechsjähriger Waisenjunge aus Korea lernt in einem Kloster Kung-Fu und bekämpft nun Drogenbanden auf Hawaii. Dabei hatte es der kleine chinesische Hauptdarsteller mit aus den USA eingeflogenen, aus dem Fernsehen bekannten Catchern zu tun. In den Drehpausen entpuppten sich die Muskelprotze als sehr gutmütig. Sie fluchten über die chinesischen Regisseure, die den kleinen Jungen wahnsinnig herum scheuchten.

»Nie«, meinte einer »würde es so etwas bei uns zu Hause geben. Kinder dürfen nur ganze wenige Stunden schauspielern. Es ist einfach zu anstrengend. Fast für jeden Kinderfilm werden deshalb Zwillinge eingesetzt«.

Hier gab es so ein rücksichtsvolles Arbeiten nicht. Der Junge, der bei allen Szenen im Mittelpunkt stand, drehte rund zehn Stunden am Stück, wurde durch die Luft gewirbelt, ließ sich von den Catchern herumschleudern und attackierte uns als ›Leibwache‹. Die chinesischen Filmleute scheuchten ihn mächtig. Der Regisseur schimpfte, schrie, forderte. Er erteilte sogar ›Weinverbot‹, als der Kleine von einem Muskelprotz aus Versehen etwas derb angefaßt wurde.

Wieder in Hongkong, mußten wir erneut ein Chinavisum beantragen. Weil wir das Einreisevisum schon für die Filmaufnahmen benutzt hatten, mußten wir diesmal den alten, ungültigen Paß einsetzen. Zudem zahlten wir kräftig Schmiergeld. Und schon standen wir vor einer neuen Hürde. Fahrräder durften nicht über Land nach China eingeführt werden, der Hund nicht im Flugzeug. Nach etlichen Diskussionen bekamen wir beides auf ein Schnellboot. Wir fuhren über eine Bucht und waren in China. Ein alter Traum von mir. Doch der Traum bekam einen Knacks, kaum daß wir dort ankamen.

Die grünen chinesischen Uniformen, leb- und farblose Gestalten und der kalte, unfreundliche Betonbau der Grenzbehörde erinnerte uns daran, daß wir nun im sozialistischen China waren. Diesmal waren wir als ›Wessis‹ in einem rigorosen sozialistischen Land. Wider Erwarten waren unsere Erlebnisse aus dieser Perspektive viel drastischer als vermutet. Mit dem für bürokratische Länder üblichen Papieraufwand wechselte ich Geld.

Auf der Straße bildete sich sofort eine Traube Neugieriger um uns, wie wir sie noch öfter in China erleben sollten. Allerdings sprach kein Mensch Englisch. Wir kamen uns etwas hilflos vor und radelten ziemlich orientierungslos davon. Sämtliche Karten, die wir bekamen, schienen nicht auf dem neuesten Stand. Zudem waren die Ortsnamen nur in lateinischer Schrift eingetragen, mit der die Chinesen so viel anfangen konnten wie wir mit ihren Schriftzeichen auf den Straßenwegweisern. So waren wir auf die richtige Aussprache der lateinischen Buchstaben angewiesen. Wir waren weder in der Lage, die Silbentrennung richtig hervorzuheben, noch die vier unterschiedlichen Tonhöhen und Tonfolgen auszusprechen, die für die chinesische Sprache so elementar sind. Unser Kommunikationsvermögen war quasi auf Null gesunken.

Irgendwie fanden wir trotzdem den Weg und fuhren nach Guilin. Da wir in China offiziell nur drei Monate bleiben durften und der Weg nach Alma-Ata in Kasachstan unendlich lang ist, waren wir ständig in Zeitnot. Dazu kam, daß unser Tagesschnitt durch den Hänger mit Täve unter hundert Kilometer gerutscht war. Vor allem in den Bergen und bei Schlammpisten wurde der Hänger zum quälenden Ballast. Gerade in der ersten Zeit, als ich den Hänger noch nicht gewöhnt war, machte er mir zu schaffen. Axel hatte weniger darunter zu leiden, weil er ihn mir immer wieder aufschwatzte.

Was nicht nachließ, war die Neugier der Chinesen. Nicht selten umstanden an die hundert Leute unsere Fahrräder, wenn wir irgendwo anhielten. Weil das Land erst seit wenigen Jahren für Individualtourismus geöffnet wurde, waren wir in vielen Gebieten eine regelrechte Attraktion. Die Neugier trieb die Leute zum Abbau unserer Packtaschen und Thermometer. Die Tagebücher wurden genauestens inspiziert. Stundenlang sahen sie uns beim Schreiben zu. Gestohlen wurde nie etwas. Gegen zu viel Nähe erwies sich unser kleiner, verspielter Hund als wirksam, den wir kurzerhand für bissig erklärt hatten. Nur durch Gesten ließ sich das wunderbar verständlich machen.

Das Erbe der Kulturrevolution war vor allem in den Dörfern spürbar. Einheitskleidung, wohin man sah. Offenbar hatte jede Kommune, jeder größere Betrieb seine eigene Uniform, die von Maos Erben ständig in einer Art freiwilligem Zwang getragen wurde. Wer keine Uniform gestellt bekam, konnte sie sich in jedem Bekleidungsgeschäft zusammenstellen. Offiziersuniformen gab es selbst in Kindergrößen. Ein uniformsüchtiges Volk, schien es. Ob das vor Mao auch schon so war? Auch in der Farbe waren die Uniformen ausgesprochen uniform: blau die Arbeits-, grün die Militäruniformen. Darüber trug man blaue und grüne Mützen. Die grünen nannten wir ›Maomützen‹, weil ich mir so die Mützen auf dem ›Langen Marsch‹ vorstellte. Diese einheitliche Kleidung machte mich genau so mißmutig und depressiv, wie die grauen Betonbauten und farblosen, auswechselbaren Menschen.

Meist waren die Chinesen sehr höflich zu uns. Eine distanzierte Höflichkeit, die keine Herzlichkeit verriet, sondern nur das Bemühen, nicht ›sein Gesicht zu verlieren‹. Diesen Eindruck hatte ich jedenfalls sehr oft. Wir spürten einfach nie die Wärme, die wir in anderen Ländern so oft empfanden.

Jedoch hatte die Mentalität hier auch einen Vorteil. Nirgendwo auf der ganzen Welt kamen wir uns, was Diebstahl anging, so sicher vor wie hier. Die Lehre des Konfuzius, die die Erziehung des Einzelnen durch die Masse predigt, ist sicher eine Ursache dafür. Jeder Dieb würde wohl aus seiner Sozialstruktur gerissen, zumindest aber für ewig gebrandmarkt sein und seiner ganzen Familie Schande bereiten. Das kann sich einfach niemand erlauben. Jedenfalls nicht in einem Dorf. In großen Städten oder Touristengegenden mag das anders sein. Die Chinesen achteten außerdem sehr aufs Geld und waren in der Lage, fast arabischen Verhandlungsgeist zu entwickeln.

Allerdings stimmt der Mythos vom ewig lächelnden Chinesen ebensowenig wie die weit verbreitete Ansicht, Fahrradfahrer hätten hier generell Vorfahrt. Wir sahen die Menschen traurig, herzhaft lachend, wütend. Eben genau wie anderswo auch. Einmal mußten wir dazwischen gehen, als ein Mann vom Mob gesteinigt werden sollte.

Wir waren nun zehn Tage in China unterwegs und hatten die Karstlandschaft am Quilinfluß erreicht. Hier verbrachten wir unser fünftes Weihnachtsfest. Täve konnte nach Herzenslust herumtollen und hätte uns beinahe Ärger mit einem Kormoran-Fischer beschert, weil er auf dessen Jagdvogel scharf war.

Täve hatte es bei den Chinesen ohnehin schwer. Des öfteren wurden wir gefragt, ob wir ihn als Proviant mit haben.

»Is that your lunchbox, ist da euer Mittagessen drin?« wurden wir zuweilen mit lüsternem Blick auf den Fahrradanhänger gefragt, wenn jemand Englisch konnte.

Hunde landen hier normalerweise im Kochtopf. Daß man sie für andere Dinge nutzen oder als Schoßhund halten kann, schien gänzlich unbekannt. Auf den Märkten werden Hunde genau wie Ratten oder Schlangen ganz selbstverständlich als Nahrung gehandelt.

Das Wohlgefallen am Essen äußerte man, indem die Speisereste auf dem Tisch verteilt wurden. Nebenbei wurde der Nasenschleim hochgezogen und anschließend unter den Tisch gespuckt. In besseren Restaurants befand sich ein Spucknapf in der Tischmitte. Nach dem buddhistischen Glauben steckt das Böse im Schleim und muß demzufolge raus.

Groß war die Angst der Einheimischen vor bösen Geistern aller Art und Unart. Über vielen Hauseingängen sahen wir kleine Spiegel, die so angebracht waren, daß man sich beim Eintreten ins Haus selbst sehen konnte. Böse Geister – und vielleicht auch barbarische Langnasen wie wir – sollten so von ihrem eigenen schrecklichen Spiegelbild in die Flucht geschlagen werden.

Speziell mußten natürlich kleine Kinder, insbesondere die wegen der Erbfolge ›wertvolleren‹ Jungen vor bösen Geistern beschützt werden. Da die feigen Wesen nun mal eine Heidenangst vor Tigern haben, setzte man den Kindern Mützen aus Tigerfellimitation auf. Zwei Tigerohren und zuweilen noch Augen machten die Abschreckung perfekt. Zumindest glauben viele Chinesen an solche und ähnliche Abschreckungsmethoden. Weder Mao noch 55 Jahre chinesischer Sozialismus haben daran etwas ändern können.

Mit oder ohne bösen Geist erreichten wir am vorletzten Tag des Jahres 1994 Hunan, jene Provinz, in der Mao Tse Tung geboren wurde und die für ihren Regen und Schlamm bekannt war. Es sollte ein Unglückstag für uns werden.

Auf schlechter Straße und ohne Frühstück im Magen rollten wir bei Kälte und Nieselregen voran. Es war die typisch chinesische Vormittagsstimmung. Leute auf den Feldern, Leute am Straßenrand, Leute auf der Straße. Zu Fuß, per Rad, Traktor oder Bus. Die tägliche Völkerwanderung des Milliardenvolkes. Irgendwo dazwischen eine Horde von etwa zwanzig kleinen Kindern auf dem Weg zur Schule. Ein keilriemengetriebener Traktor überholte erst uns, dann sie. Plötzlich fing der größte Teil der Kinder an, wie wild hinter dem Traktor her zu rennen. Ein Haufen unüberschaubarer Pendelbewegungen über die gesamte Straßenbreite.

Dann geschah es. Ein Junge lief kurz vor mir auf die Straße und mir direkt vors Rad. Ich brüllte ihn an, bremste. Zu spät. Die rechte Vorderradtasche hatte ihn schon getroffen. Er fiel in den Schmutz und weinte. Passiert war weiter nichts.

Binnen einer Minute drängten sich hundert Leute um uns. Alle schrien auf uns ein. Einige hielten uns fest. Es kam uns vor, als sollten wir gelyncht werden. Wir sahen zu, daß wir wegkamen und radelten ein paar Kilometer. Immer wieder wurden wir von Leuten angehalten, die uns mit Motor-Rikschas oder Bus verfolgten. Aber wir wollten keinen Auflauf, keinen Mob, vor dem wir uns nicht einmal hätten rechtfertigen können. So erreichten wir die nächste Kleinstadt und steuerten die nächste Polizeistation an, wo uns die Eltern des Kindes schon erwarteten. Im Gegensatz zum Mob waren sie ruhig und gelassen. Sie schrien auch nicht herum und schienen wirklich an einer Klärung des Vorfalls interessiert.

Die Eltern bekamen aber aus irgend einem Grund, der uns verschlossen blieb, mächtigen Ärger mit der Polizei. Sie wurden angeschrien, dann jagte man sie davon. Nun waren wir an der Reihe. Nach einigem Verhandeln gab es ein Freundschaftsfoto mit uns und den Polizisten. Der Ärger hatte sich gelegt. Wir atmeten auf. Bis ein Offizier in Zivil, der sogar ein paar Worte Englisch sprach, auf die Idee kam, daß wir uns in einem für Touristen verbotenen Gebiet befinden würden. Kein Schild, nichts warnte vor solchen Gebieten, die völlig willkürlich über das Land verstreut waren.

Nun war guter Rat sprichwörtlich teuer. Wir sollten eine Geldstrafe in Dollar zahlen oder ins Gefängnis gehen. Summe und Haftdauer schwankten im Verlaufe des Gespräches gewaltig. Axel handelte die Summe wie im Basar auf eine von ihm festgelegte Mindeststrafe runter. Aber noch immer durften wir nicht gehen, denn nun ging es um diesen und noch einen weiteren Unfall, den wir angeblich verursacht haben sollten. Wir sollten weitere Dollar für das ›arme Kind‹ zahlen, das im Hospital behandelt werden müßte. Wir waren uns keiner Schuld bewußt und befürchteten zudem, daß das Geld nie im Dorf des Kindes ankommt. Der Betrag hätte sich wunderbar durch die acht anwesenden Polizisten teilen lassen. Wir spielten auf Zeit und kamen nach einem Tag auf für uns mysteriöse Weise frei.

Durch den Schlamm der Bergwege kämpften wir uns ins nächste kleine Dorf der Dong-Minderheiten. Die Dörfer waren umgeben von kunstvoll angelegten Reisfeldern mit ausgeklügelten Bewässerungssystemen. In den Trommelturm, Kommunikationszentrum und religiöser Treffpunkt, führte eine überdachte Brücke. Ein Dong-Chinese lud uns zum Abendbrot ein. Mit Reisschnaps spülten wir den Ärger über den Zwischenfall hinunter.

Am Silvestertag erreichten wir Guizhou, unsere vierte Provinz in China und verbrachten den Jahreswechsel mit Plätzchen, Mandarinen und Bier in einer offenen, aber wenigstens trockenen Werkstatt. Viereinhalb Jahre waren wir nun schon unterwegs.

Auf dem landschaftlich schönen Weg zur Provinzhauptstadt Guiyang sahen wir den ersten Schnee des kommenden Winters. Ich fotografierte Terrassenfelder im Schnee. Es hätten auch Palmen sein können. So unwirklich kam mir das vor.

In den Städten hatten wir ein anderes Problem. Die chinesischen Toiletten, zumindest die öffentlichen, hatten wir nicht als ›Ort der Ruhe und Konzentration‹ kennengelernt, sondern sie sind, besonders zu Axels Leidwesen, eher ›Kommunikationszentrum‹. Ähnlich wie die Hühner auf der Stange hockt man in Reihe über einer Rinne. Wenn dann noch ein ›Barbar aus dem Westen‹ kommt, ist die Toilette voller Zuschauer. Schließlich will man ja erkunden, ob das ›Geschäft‹ bei den Ausländern genauso funktioniert.

Ein hoher Polizeibeamter nötigte uns, so schnell wie möglich seinen Distrikt zu verlassen. Das Gespräch bei ihm war dennoch interessant. Der Dolmetscher war ein pfiffiger Bursche. Er muß sich ziemlich sicher gewesen sein, daß sein Chef ihn nicht verstand. Er erklärte uns nämlich in Englisch, daß die positiven Veränderungen Chinas erst beginnen und wir zu früh dieses Land bereisten. Ist erst einmal der ›alte Mann‹ an der Spitze gestorben, würde es aufwärts gehen, erhoffte er sich.

Dann entschuldigte er sich für seinen verknöcherten Chef, der mit seinen sechzig Jahren sicher aktiv die Kulturrevolution der Regierung durchgesetzt hatte. Sonst hätte er jetzt nicht diesen Posten. Trotz unserer Wut konnten wir ein Grinsen kaum unterdrücken, denn während der junge Dolmetscher diese unkonventionellen Gedanken darlegte, saß uns der Offizier mit allen seinen Orden und Ehrenzeichen gegenüber und nickte ernst und nachdrücklich zu allem, was gesagt wurde.

Als wir in Lanzhou, im nördlichen Bergland ankamen, lag die Temperatur acht Grad Celsius unter Null. Im Büro der Ausländerpolizei erreichte Axel tatsächlich eine Verlängerung unserer Visa. Für jeden einen weiteren Monat. Wir waren erleichtert, hatten wir doch von Menschenrechtsdemonstrationen während des Deutschlandbesuches des chinesischen Regierungschefs gehört, die als Anlaß dienten, restriktiv gegen Deutsche in China vorzugehen.

Wir jedenfalls hatten unsere Visaverlängerung. Damit müßte die Zeit bis Ürümqi reichen. Zweitausend Kilometer auf der Seidenstraße lagen vor uns. Wir wollten dem alten Karawanenweg aus ›Tausend und einer Nacht‹ folgen.

Bereits die erste Stadt auf der Seidenstraße war geprägt vom Orient. Moscheen, Eselskarren, typische Moslemviertel. Weil der Huang

He, der Gelbe Fluß, auch gleichzeitig als Heizungstrennlinie zu bewerten ist, fanden wir hier in den Häusern auch Öfen vor. Nicht, daß die Öfen viel gebracht hätten. Dazu hätten ja die Türen geschlossen werden müssen. Dann jedoch wäre der Qualm aus den Kohleöfen und Kohleschüsseln nicht auszuhalten gewesen. Nur um steifgefrorene Finger oder Füße wieder aufzutauen, waren diese Öfen gut. Für unsere aber sowieso schon angekratzten Lungen war der Qualm Gift.

Nie zuvor hatte ich solchen Husten. Ich dachte schon, ich hätte mir die Lungenflügel angefroren. Jede Nacht krümmten wir uns beide vor Hustenanfällen, die oft zehn Minuten anhielten. Wir husteten, bis wir Kopfschmerzen bekamen. Tagsüber mußten wir beim Radfahren anhalten, wenn uns so ein Hustenanfall schüttelte.

Zu allem Überfluß bemerkte ich, daß ich nicht wach wurde, wenn im Schlaf meine Füße vor Kälte taub wurden. Das bedeutete, ich mußte fürchterlich aufpassen, damit sie nicht erfroren. Um die tauben Gliedmaßen morgens in Gang zu bringen, haben wir die Räder oft einfach geschoben. Doch immer wieder gab es Tage, an denen unsere Glieder auch davon nicht so warm wurden, daß wir sie wieder spürten.

Durch zehn Zentimeter hohen Neuschnee radelten wir im Qilian-Shan-Gebirge. Wir begegneten nur selten Menschen. Eisiger Wind kam von Sibirien, trotzdem war es nicht unangenehm. Unsere Ausrüstung bewährte sich tagsüber. Die Nächte blieben erbärmlich kalt. Ich hatte in den letzten Tagen eine bestimmte Technik entwickelt, mich anzuziehen. Direkt auf den Körper zog ich ein T-Shirt, dann einen Pullover, wieder ein T-Shirt, noch einen Pullover. Bei viel Wind kam außen die atmungsaktive Jacke dazu. Sonst reichte auch ein drittes Shirt. Bei den Hosen reichte eine Fleece und eine windabweisende Überhose. An den Händen trug ich meist dünne, wollene Fingerhandschuhe und Überhandschuhe. Wenn mir kalt wurde, hatte ich noch Fleece-Fäustlinge sowie einen Pullover und eine Hose aus dem gleichen Material in Reserve.

Erstmals sahen wir in dieser Gegend die Reste der ›Großen Mauer‹. Sie zog sich für fünfzig Kilometer in unmittelbarer Straßennähe entlang bis zu ihrem westlichsten Punkt bei Jiayugan. Sie war enttäuschend. Oft war von ihr nicht mehr als ein langgezogener Erdhaufen übrig. Aber auch wenn die Mauer noch stand, machte sie nicht den Eindruck, als könnte sie wütende Mongolenhorden aufhalten. Was sie ja auch nie tat.

Die ›Große Mauer‹ war hier maximal vier Meter hoch und zwei Meter breit. Überall gab es offene, mauerlose Stellen. Das ganze Bauwerk wirkte kümmerlich. Ich denke nicht, daß man diesen Teil der Mauer vom Mond aus sehen kann. Zumal sie genauso grau wie der Boden und die Berge war. Eindrucksvoll ist sie wahrscheinlich nur auf einem restaurierten Abschnitt westlich von Peking, wo ›Mauertouristen‹ gern hingeführt werden. Aber hier, an der Seidenstraße, machte sie nicht viel her.

Wir fuhren auf der Seidenstraße von Massenunterkunft zu Massenunterkunft, von billigem Hotel zu billigem Hotel. Oft schliefen wir auf einer Pritsche in rauchigen Räumen mit Hunderten von Leuten zusammen. Selbstverständlich beherrschten wir längst das Stäbchenessen. Es ißt sich leicht, wenn die Stäbchen möglichst parallel und nicht verkrampft gehalten werden. Lange Stäbchen oder solche, die sich beim Trocknen verbogen haben, erleichtern die parallele Haltung. Ich mochte diese Art zu essen. Erstens hatte man dabei die linke Hand frei und zweitens schmeckte das Essen vom Holz der Stäbchen besser als von kaltem Stahl oder gar Aluminium. Man ißt bewußter, muß man sich doch laufend entscheiden, was gerade aufgespickt werden soll. Am liebsten benutzte ich die Stäbchen aus meiner Lenkertasche. Die waren sozusagen ›eingegessen‹. Frische Stäbchen tunkte ich immer erst in Öl oder Soße, damit sie angenehmer im Mund schmeckten.

Tee, den es in Gaststätten meist kostenlos gibt, wird regional sehr unterschiedlich zubereitet. Im Süden ist er einfach grün, im Westen gibt es ›Ziegeltee‹. Das ist schwarzer, zu Ziegeln gepreßter Tee, von dem einfach ein Stück abgebrochen und dann aufgekocht wird. Er ist billig und schmeckt auch so. Den besten Tee auf unserer Route gab es um Lanzhou. Schwarzer Tee mit einem Dutzend Zutaten. Getrocknete Kirschen, ein großer Klumpen kristallener Zucker, Blütenblätter, getrocknete Früchte. Alles zusammen gab es fertig in Tüten zu kaufen. Übertroffen wird diese Mischung nur noch vom selbst zubereiteten Tee alter Großmütter.

In Wuwei legten wir einen dreitägigen Stopp ein. Wir wollten unsere Erkältung auskurieren, Wäsche waschen, die Räder auf Vordermann bringen. In dem Hotel, das wir uns ausgesucht hatten, tat man von unserer Tour und der Tatsache, daß wir die ersten Ausländer im Haus waren, so begeistert, daß uns der Manager weitere zwei Tage kostenlos in einer Suite einquartierte. Erst als wir früh nicht so zeitig aufstehen mußten, wurde mir klar, wie sehr wir eine Pause nötig hatten.

Abends bekamen wir Besuch von einem recht gut Englisch sprechenden Chinesen, der sich sehr interessiert zeigte:

»Ich bin ein Fan von Ihnen. Sie waren lange unterwegs, haben viele Länder gesehen. Wie gefällt Ihnen China?«

Wir waren etwas irritiert, weil wir zwar die Neugier der Chinesen kannten, jedoch hatten sie uns bisher nie auf unsere Tour angesprochen.

Nach einem bis dahin unverfänglichem Gespräch fing der Mann an, komische Fragen zu stellen.

»Ist in China Demokratie?«

»Was fotografieren Sie? Auch Eisenbahnen und Militär?«

»Gefallen Ihnen die Frauen hier?«

»Ja, gut«, antwortete Axel auf die letzte Frage.

»Was machen Sie, wenn sexuelle Begierde Sie überkommt?«

»Ich kann mich beherrschen«, blieb Axel ruhig.

»Wieso können Sie sich beherrschen? Keiner kann das«.

»Doch, wir Europäer können das«, warf Axel ein, »deshalb sind wir auch keine Milliarde Menschen«.

Uns beschlich ein ungutes Gefühl. Axel erinnerte sich daran, daß uns mal jemand erzählt hatte, woran man in China Leute von der Ausländerpolizei oder dem Geheimdienst erkennt. Wenn man sie fragt, als was sie arbeiten, würden sie angeblich immer erklären, sie seien in der Import-Export-Branche tätig. Axel machte die Nagelprobe:

»What do you do, was arbeiten Sie?«

Die Antwort kam prompt.

»Import-Export«

Uns war klar, daß wir nur ausgehorcht werden sollten.

Als der Mann weg war, erinnerten wir uns noch einmal an jede Einzelheit des Gespräches. Zum Glück hatten wir nur über Leute geschimpft, die uns Sachen zu überhöhten Preisen anboten oder über Visaprobleme, ›verbotene Gebiete‹ und den Wahnsinn der Luxusautos von Funktionären. Alles Dinge, die auch im – übrigens stinklangweiligen – chinesischen Fernsehen offen kritisiert wurden. Ein paar Bedenken beschlichen uns. Dennoch nahmen wir uns vor, wie bisher weiterzumachen. Nur wenn man Angst hat, gewinnen solche Leute Macht über einen.

Wir genossen es, mal ohne Räder die Stadt zu erkunden. In der Hauptstraße wimmelte es von Geschäften und Ständen. An einer Ecke saßen vielleicht 50 Schuhmacher, daneben stand eine Karre voll frisch abgeschlagener Schafsköpfe zum Verkauf. Autofahrer wärmten Motoren mit Bunsenbrennern vor. So langsam bereitete man sich auf das chinesische Neujahrsfest vor.

Als es gefeiert wurde, befanden wir uns glücklicherweise abseits der großen Städte. Denn der Lärm, mit dem die bösen Geister vertrieben werden, ist enorm. In kleinen Dörfern wird das Fest zwar auch laut gefeiert, aber es geht familiärer und festlicher zu.

Auf der Seidenstraße gab es immer etwas zu bestaunen. In der Haupthalle eines Tempels war ein ›schlafender Buddha‹ zu sehen. Die angeblich tausend Jahre alte Statue war 35 Meter lang. Auf der Brust war ein großes Hakenkreuz abgebildet. Im Buddhismus gilt es als Glückssymbol.

Mitten in der Wüste bemerkten wir einen eigenartigen Bau. Beim Heranradeln erkannten wir, daß auf der Kuppel ein Halbmond glänzte – eine Moschee mit chinesischen Stilelementen. Der Muezzin bat uns um einen Eintrag ins Gästebuch. Obwohl wir uns als Christen zu erkennen gaben, lud er uns in die Moschee ein und forderte uns zum Fotografieren auf. Aber es sollte noch besser kommen. Der Muezzin forderte uns auf, das Allerheiligste anzufassen: den Schrein, wegen dem die Pilger hierher kommen, wie uns der Muezzin versicherte. Selbst aus den USA kämen immer wieder Besucher. Oft sogar illegal. Den Schrein zu berühren, war normalerweise selbst Moslems verboten. Nun betraten barhäuptige Ungläubige den Raum. Soviel Freizügigkeit kannten wir von Moslems bisher nicht.

Dafür häufte sich der Ärger mit den anderen Chinesen. Erschöpft kamen wir eines Abends in einem kleinen Ort an. Seit nachts die Temperaturen weit unter minus zwanzig Grad sanken und unsere Erkältungen immer noch nicht nachließen, versuchten wir so oft es ging, ein festes Dach über den Kopf zu bekommen. Mehrere Massenunterkünfte waren zwar beheizt, doch einfach geschlossen. Feiertag. Alles war zentralistisch organisiert, die Leute hatten keine Lust zum Arbeiten. Immer wieder hörten wir ›Meiyou‹, was eigentlich ›Habe ich nicht‹ heißt, aber auch genauso gut ›Habe keine Lust‹ oder ›Hau ab!‹. Also radelten wir im Dunkeln weiter in eine kleine Stadt, wo wir nach vielem Abweisen in einer Absteige landeten.

Hier gab es neuen Streß. Eine halbe Stunde dauerte das Ausfüllen der Formulare. Bei miesem Niveau verlangte man satte Preise. Eine Quittung bekamen wir nur für die Hälfte des bezahlten Geldes. Axel platzte der Kragen. Er schleppte die Hotelangestellte sogar zur Polizei, wo sie zu heulen anfing.

Irgendwie konnte ich ihn verstehen. Die negativen Erlebnisse hatten sich einfach summiert. Das fing mit den Visaproblemen an, dazu kamen die ›verbotenen Gebiete‹, ständiger Ärger mit der Polizei und die scheinbar allgegenwärtige Geldgier. Dreiste Preisforderungen machten den Alltag aus. Das, was überall auf der Welt gilt, daß ein einmal vereinbarter Preis beibehalten wird, war den Chinesen völlig egal. Immer wieder schraubten sie die Preise für Hotelzimmer, für Essen, für Einkäufe nachträglich hoch. Hinzu kam der alltägliche Beschiß. Originalverpackungen in Geschäften waren zum Beispiel bei Schokolade mit billigen Imitationen gefüllt oder wie bei Kaffeeinstantpulver nur zur Hälfte voll. Und wenn man abends die Hoteltür hinter sich zugemacht hatte und in Ruhe ein Bier genießen wollte, gab es den nächsten Reinfall. Es zischte nicht, war schon geöffnet und mit Wasser nachgefüllt worden. Der große Frust, der uns in China ergriff, war die Summe aus vielen kleinen Frustrationen. So extrem hatten wir es nirgends auf der Welt erlebt.

Am 3. Februar zeigte das Thermometer unseren Kälterekord an. Als wir am Morgen losfuhren, waren es minus 23 Grad. Nachts hatten wir bis zu 28 Grad unter Null. Das Öl, mit dem ich unsere Ketten ölen wollte, war so dickflüssig, daß es kaum aus der Kanne heraus wollte. Trotz der Kälte ging das Radfahren gut. Bis Mittag hatten wir schon hundert Kilometer geschafft und die Westgrenze der Provinz Gansu erreicht. In einer Kneipe aßen wir zu Mittag ein einfaches Essen mit Hammelfleisch. Nicht nur die chinesische Eßkultur ging hier langsam zu Ende. Die Beschriftungen an den Häusern waren meist zusätzlich in Arabisch, die Menschen wurden wieder aufdringlicher.

Der nächste Tag brachte den nächsten Ärger. Nach ewigen fünfzig Kilometern gegen den kalten Wind erreichten wir am Nachmittag ein Dorf und setzten uns in die erstbeste Kneipe. Nach dem Essen verlangte die Wirtin von uns das Fünffache des anfangs vereinbarten Preises. Wir weigerten uns strikt. Die Frau, eine richtige Furie, versteifte sich auf ihre utopische Forderung und wurde schließlich sogar handgreiflich. Sie hielt Täve fest und drehte ihm mit dem Halsband fast die Luft ab. Das konnten wir natürlich nicht zulassen. Ich bekam Täve los und steckte ihn in seinen Hänger. Der Wirt schlug derweil mit einem Stuhl auf Axels Hüfte, während sich sein Weib auf Axels Rucksack stürzte, in dem sich sein Geld befand. Zu guter Letzt landeten alle in der großen Türscheibe. Das Drama war perfekt, die Polizei gefragt.

Zum Glück befand sich eine Polizeistation gleich dreihundert Meter weiter, so daß es nur knapp eine Stunde dauerte, ehe sich ein Polizist auf dem Motorrad zu der Kneipe bequemte. Er nahm Axel und die Wirtin mit aufs Revier, wo das Wortgefecht weiter ging. Ich kam mit den Rädern nach.

Nach langer Diskussion entschied der Polizist, daß der ›reiche‹ Ausländer – obwohl im Recht – zwei Drittel der Scheibe zu zahlen hat und die Wirtin den Rest. Dafür zahlten wir den reellen Essenpreis und das Ehepaar sollte sämtliche Arztkosten von Axel tragen, falls er sich bei dem Schlag auf die Hüfte etwas getan hätte. Falls sich Axel röntgen läßt und nichts kaputt ist, sollte er selbst das Röntgen zahlen. Ein weiser Spruch, fand ich. Wir gingen natürlich nicht zum Röntgen, nahmen uns aber vor, von nun an nur noch Kneipen mit arabischen Schriftzeichen aufzusuchen.

Einen Tag später als geplant erreichten wir Hami. Wir waren nun in der Provinz Xinjiang, in Deutschland besser als Turkestan bekannt. Um den alten Ärger zu vergessen, redeten wir uns ein, es als eigenständiges Land zu betrachten und hatten prompt ein paar nette Erlebnisse. Plötzlich begriffen die Menschen trotz unserer spärlichen Chinesischkenntnisse, was die ignoranten Han-Chinesen nie schnallen wollten. Wir bekamen sogar Antworten, wenn wir uns nach dem weiteren Weg erkundigten! Herzliche Begegnungen, die wir so lange vermisst hatten, gehörten plötzlich wieder zum Alltag. Oft wurden wir eingeladen. Die Wunden in unserer Psyche, die schon am Eitern waren, begannen zu heilen.

Wir bestaunten Kamele, kamen durch tote Wüstenabschnitte und näherten uns der berühmten Turpan-Senke. Kurz davor wurden wir vom turkmenischen Wirt einer Kneipe mit ›Heil Hitler‹ begrüßt, was wir gar nicht toll fanden.

»Ihr seid aus Deutschland. Das hier ist Deutschland«, verkündete er.

Ein anwesender chinesischer Polizist machte zwar ein betroffenes Gesicht und hielt dem Wirt scherzhaft die Faust unter die Nase, doch mehr traute er sich nicht. Die bärtigen Turbanträger dagegen lachten herzhaft.

Die Erklärung dieses Zwischenfalls ist in der Geschichte zu finden. Turkestan war Anfang des Jahrhunderts teilweise an Rußland gefallen und kämpfte dagegen an. Als Hitler später nach Osten vordrang, sahen viele Turkmenen in einem Bündnis mit Deutschland die Möglichkeit, sich endgültig von jeder Fremdherrschaft zu befreien. Wie wir wissen, ging das schief und Turkestan fiel wieder an China. Der vertanen Chance trauerten viele noch immer hinterher. Ohne das Wissen aus dem Geschichtsteil des Reiseführers hätten wir weder die Äußerung des Kneipers, noch die Reaktion des Polizisten verstanden.

Die Oasenstadt Turpan, hundertfünfzig Meter unter dem Meeresspiegel gelegen, schien für eine längere Rast wie geschaffen. Durch die tiefe Lage fiel das Thermometer nur nachts unter null Grad. Dies tat unserer angeschlagenen Gesundheit und den teils erfrorenen Zehen sehr gut. Zumindest bekam ich seit über einem Monat wieder Gefühl in alle Zehen, was mich sehr beruhigte. Ich hatte ernsthaft befürchtet, sie eventuell für immer zu verlieren.

Der Salzsee hinter der Stadt dürfte einer der tiefsten Punkte auf der Erde sein. Im Norden ragten hinter den ›Flammenden Bergen‹ die weißen Eisriesen des ›Tien Shan‹ auf. Graue Bäume und erstaunlich viele graue Weinstöcke ließen erahnen, wie grün die Stadt im Sommer sein muß. Für das nötige Wasser sorgten über tausend Brunnen und ein mehr als dreitausend Kilometer langes, unterirdisches Netz von Bewässerungskanälen.

Wir nutzten die angenehme Temperatur, um Räder und Wäsche auf Vordermann zu bringen und genossen das exotisch anmutende Flair vieler Marktstände. Täve war die große Attraktion. Es verging kein Stadtspaziergang mit ihm, bei dem nicht hundert Leute hinterher geschnalzt oder gepfiffen hätten und nicht mindestens fünf den Hund abkaufen wollten. Oft fragten sie gar nicht, ob der Hund verkäuflich ist, sondern fingen gleich an zu handeln. Bis zu einem durchschnittlichen chinesischen Jahresgehalt waren uns hier für das schön und kräftig aussehende Tier geboten worden.

Täve herzugeben, kam natürlich nicht in Frage. Viel zu sehr hatten wir den kleinen Prachtkerl inzwischen ins Herz geschlossen, der nun schon locker fünfzig Kilometer am Tag neben den Rädern her lief und ordentliche Portionen verspeiste. Mehrmals am Tag legten wir

›Gogo-Pausen‹ ein, um Täve verschiedene Dinge beizubringen oder mit ihm zu spielen. ›Gogo‹, oder so ähnlich, heißt Hund auf kantonesisch. Hier hieß er Goa. Seiner Rasse machte unser Husky übrigens nicht nur beim Laufen alle Ehre. Richtig in seinem Element war er jedesmal, wenn wir in Schnee kamen.

Fünf Tage tankten wir in Turpan Kraft. Dann ging es weiter in Richtung der Provinzhauptstadt Ürümqi. Die Industriestadt war mir auf Anhieb unsympathisch. Dreckig, viel Verkehr, naßkaltes, windiges Wetter, unfreundliche Leute und eine Reihe von Mißerfolgen wie bei der Visabeschaffung ließen uns ernsthaft darüber nachdenken, bis nach Kasachstan zu trampen. Wir verwarfen den Gedanken wieder – schließlich sind wir Radler – und verließen die Stadt im Schneefall.

Die Temperaturen bewegten sich zwischen ein und drei Grad unter Null. Der schwarze Asphalt hatte Wärme gespeichert und ließ den Schnee wieder tauen. Der Matsch spritzte unsere Räder voll, wo er im Fahrtwind aufs neue gefror und überall Eisklumpen bildeten. Immer wieder hielten wir an, um Schutzbleche freizuspachteln. Selbst Gangschaltung und Zahnkränze mußten mühsam vom Eis befreit werden. Dennoch ging es immer weiter.

In Shihezi hatten wir noch einmal einige unangenehme Erlebnisse mit der ständig präsenten Ausländerpolizei, wahrscheinlich eine Art Stasi. Wir wurden belästigt, kontrolliert, ausgefragt und sicher auf Schritt und Tritt überwacht. Die Stimmung war wieder merklich gesunken. Zum Glück hatte uns Axel zwei gefälschte Einwochentransitvisa für Kasachstan besorgt. Wir hatten noch sieben Tage, um China zu verlassen. Und wir wollten nichts sehnlicher als das. Also weiter Richtung Kasachstan.

Die Steppe war ausgetrocknet. Wir fuhren bei minus sieben Grad durch Wüstenlandschaft. Zwei Häuser standen einsam in der Wüste. Rund hundert Meter davor lag ein toter Mann am Straßenrand. Die Autos rasten und hupten an dieser Stelle wie verrückt. Seine rechte Gesichtshälfte lag zwei Meter weiter inmitten einer Blutlache. Der Körper war halb abgedeckt. Der linke Arm des Toten ragte steifgefroren in die Luft. In der Hand hielt er ein Pappschild mit chinesischen Schriftzeichen, die wir nicht entziffern konnten. Wir vermuteten, daß es ein Hilferuf war. Vielleicht war der Mann nach seinem Unfall nicht gleich tot. Er trug zerfetzte Lumpen und würde in Deutschland wohl als Penner gelten. Sicher lag er schon einige Tage hier. Das Ganze sah grauenvoll, anklagend aus. Aber auch skurril.

Ein Auto nach dem anderen, darunter ein Polizeiauto, fuhr vorbei. Wir auch. Ebenso wie an der Polizeistation fünf Kilometer weiter. Nicht die Vermutung, das sichere Wissen, daß es Ärger geben würde, hielt uns davon ab, dort anzuhalten und auf die Leiche aufmerksam zu machen.

Wir entwickelten in Gedanken das Szenario einer Anzeige durch uns bei der Polizei. Fachsimpelnde Polizisten umringen uns, bis sie sich in zwei Lager teilen. Die eine Hälfte kriecht förmlich zu Täve in die Kiste, die andere ist überglücklich, wenn sie Axels ›Deutschland‹ in chinesisch auf seiner Packtasche liest. Nach endlosem Kampf begreift jemand, daß wir nicht gekommen sind, um uns anschauen zu lassen, sondern etwas wollen. Nach weiterem Kampf werden wir ins Zimmer des Chefs geführt, der nach neunzig Minuten höchstselbst erscheint und etwas nach Schnaps riecht. Aus der nächsten Stadt wird ein Dolmetscher geholt. Wir wollen gerade erzählen, was uns zu ihm führt, als er uns ins Wort fällt. »Paß!« Wir geben ihm genervt die Pässe, die er aufreizend langsam kontrolliert. Seine Augen leuchten jedesmal auf, wenn es ihm gelingt, einen Stempel mit einem Land in Verbindung zu bringen.

Damit endlich fertig, besinnt er sich, daß es ja eine Ausländerpolizei gibt. Sie wird angerufen und aus einer fünfhundert Kilometer entfernten Stadt her beordert. Den geübten Augen der Geheimpolizei sind wir sofort verdächtig. Radfahren im Schnee, einen ungekochten Hund dabei und ungenehmigter Umgang mit Leichen staatsfeindlicher Elemente. Das muß untersucht werden. Wir können das Datum unserer Einreise nach Kasachstan nicht einhalten, überziehen das Chinavisum und landen entweder in der Nervenheilanstalt, im Armenhaus oder im Gefängnis.

In jedem anderen Land der Welt wäre ich zur Polizei gegangen. Nicht aber hier, in der ›Volksrepublik China‹. Mir wurde mit einem Schlage bewußt, wie unglaublich menschenverachtend dieses System ist, das sich auch hier mit dem Namen ›Sozialismus‹ schmückte. Unser Urteil über China war längst gefällt. Nie würden wir wieder in dieses Land reisen, solange sich das System nicht grundlegend gewandelt hat.

»Was ist nur aus dreitausend Jahren Kultur geworden?«, dachte Axel laut nach.

»Arroganz und Geldgier«, fielen mir als erstes ein.

»Und warum sind die Chinesen so wie sie sind?«

Eine Antwort fiel mir schwer. Ich dachte an Kulturrevolution und das Regime, die für eine völlige Erklärung aber nicht ausreichten.

»Das Land hat sich seit Jahrhunderten gegen äußere Einflüsse abgeschottet. Die ›Große Mauer‹ ist nur ein besonders markanter Punkt dabei«. Mir fielen weitere Gründe ein:

»Auch die Ansicht, daß China oder Peking oder der Kaiserpalast, was weiß ich, das Zentrum des Universums sind, ist bezeichnend für die auf sich selbst gerichtete Betrachtungsweise. Wir sind doch nur die langnasigen, kulturlosen Barbaren. Bestenfalls unser Geld ruft eine gewisse Achtung hervor«.

»Hier herrscht ein staatlich gelenkter Betrug«, sinnierte Axel, und ich dachte unwillkürlich an das Mehl in der verschweißten Milchpulvertüte, mit dem die Milch gestreckt worden war.

»Wirkliche Konkurrenz, Dezentralisierung und Eigenverantwortung könnte ihnen auf die Sprünge helfen«, suchte ich nach einem Lösungsansatz. »Kannst du dich noch an die Chinesen in Singapur, auf Borneo oder in den USA erinnern? Mit denen kamen wir doch super gut aus. Die hatten aber auch die Freiheit, eigenverantwortlich zu handeln. Außerdem sind sie gewöhnt, sich mit anderen Kulturen und Gegebenheiten zu arrangieren.«

»Und was hilft gegen die Kader- und Funktionärskorruption?«, fragte Axel. »Die können sich alles leisten. Der Rest ist arm und wird es bleiben.«

Ich wollte nicht länger darüber nachdenken. Die letzten Monate hatten uns körperlich und nervlich total geschlaucht. Sämtlicher in den USA angesammelter Speck war weg. Ich wog zehn Kilo unter Normalgewicht. Was wir jetzt brauchten, waren einfach mal Zeit, klare Verhältnisse und etwas Wärme. Wahrscheinlich hätte uns schon eines der drei Dinge aufgerichtet. Denn wir waren in den fast fünf Jahren zäh geworden. Sehr zäh. Doch dieses Land hatte uns geschafft.

Ein schwerer Durchfall mit einem Dutzend ›Sitzungen‹ pro Nacht, der von einer Vergiftung herrühren mußte, verleidete mir die letzten Tage in China zusätzlich. So konnte ich auch kaum die Landschaft genießen, die sich als die schönste erwies, die wir in China gesehen hatten. Wir freuten uns über Kleinigkeiten. Kamelherden, einen

Wildwasserbach, grüne Kiefernwälder. Wie hatten wir die Pappeln satt!

Immer deutlicher wurde der Einfluß von jenseits der Grenze. Medverkäufer priesen ihre Waren in kyrillischer Schrift an, ein Gartenzaun tauchte auf. In China hatten wir bisher keine Zäune gesehen. Nur Mauern. Große Mauern. Vor allem in den Köpfen.

Am 27. Februar 1995 erreichten wir kasachischen Boden. Aus China hatten wir nur noch raus gewollt.

Kapitel Vierzehn

Schwerer Weg zurück

Die so heiß ersehnte Ausreise aus China ging unerwartet problemlos über die Bühne. Offenbar wollte man uns nur noch loswerden, so daß weder Täve noch unsere Fahrräder störten. Nur abkassieren wollten sie uns ein letztes Mal. Weil der kasachische Grenzposten rund einen Kilometer entfernt war, mußten wir einen unglaublich überteuerten chinesischen Bus benutzen. Wohin aber mit den Rädern und dem Hänger, der für die Bustüren zu breit war?

Weil auch die chinesischen Grenzoffiziere keine Lösung wußten, nahmen wir die Sache selbst in die Hand. Die Räder packten wir in den Bus, den Hänger banden wir hinten an den Bus an. Ein skurriles Bild: der fette Bus vor unserem schmalen Hänger. Der Busfahrer scherte sich darum wenig und donnerte über die Piste, daß der Hänger mit dem armen Täve darin mehrfach kurz vorm Umschlagen war. Axel befürchtete bereits, das gute Stück würde sich in seine Einzelteile auflösen. Dann waren wir auch schon da.

Die kasachischen Grenzanlagen wirkten frostig. Trotzdem fühlten wir uns wohl. Alle waren plötzlich freundlich zu uns. Die erst einen Tag später anlaufenden, falschen Visa störten niemanden, ein Schild, welches unter anderem die Einfuhr von Hunden und Fahrrädern strikt untersagte, jagte uns einen gehörigen Schrecken ein, störte aber ebenso wenig. Während der Abfertigung mußten wir jede Menge Fragen beantworten. Was für eine Rasse ist euer Hund? Wie viele Länder habt ihr beradelt? Wie viele Kilometer sind zusammengekommen?

Als wir die Grenzstation verließen, fiel uns ein Stein so groß wie der Ayers Rock vom Herzen. Uns war zum Heulen zumute. Freudentränen schossen mir in die Augen, ein Glücksgefühl breitete sich aus, wie man es nur ganz selten erlebt. Kein Geheimdienst mehr, keine Schikanen, kein China.

Vor uns tauchte ein kleines russisch anmutendes Dörfchen mit Gänsen, Tauben, Holzkaten und alten Bäumen auf, wie man es aus den russischen Märchen kennt. Am Lattenzaun verkaufte ein Mädchen mit buntem Kopftuch an einem winzigen Stand ein paar Sachen. Ich mochte sie sofort. Diese angenehme, weibliche Art hatten wir in China vermißt. Wir kauften einen Importschokoriegel. Ob wirklich drin ist, was draußen drauf steht? Nach dem ersten Biß entschwebte ich in den siebten Himmel. Daß etwas so gut schmecken kann!

In der ersten Stadt hatten wir kaum Verständigungsprobleme. Unser Schulrussisch machte sich bezahlt, sehr viele Leute sprachen auch Deutsch. Nachdem wir Geld getauscht und dabei wie auf dem Basar um den Kurs gefeilscht hatten, kauften wir richtig ein. Gutes, knuspriges Brot, eine herzhafte Wurst und viel Schokolade. Wir mußten feststellen, daß Kasachstan extrem billig ist.

Am nächsten Tag fuhren wir gut gestärkt durch die weite kasachische Steppe bis auf 1400 Meter hinauf. Es war ein anstrengender, aber genußreicher Radeltag.

»Du wirst es nicht glauben. Ich habe den Eindruck, selbst die Vögel zwitschern hier schöner als in China«, sagte ich am Abend zu Axel, als wir in einer unbenutzten Sauna schliefen, die als Toilette mißbraucht wurde.

»Mir geht es nicht anders«, antwortete Axel. »Ob das Hirngespinste sind?«

»Denke ich nicht. In China gibt es ja außer Pappeln kaum andere Bäume. In einer Nutzpappel würde ich als Vogel auch nicht nisten wollen«.

Die Menschen hier besaßen nicht mehr die typisch chinesischen Gesichtszüge. Es gab große Blonde, Kirgisen mit ihren typischen Schlitzaugen und andere Völker aus der Region. Einmal kamen uns drei Tschetschenen achtzig Kilometer mit dem Lada nachgefahren, weil sie am Straßenrand einen Wodka mit uns trinken und einen Plausch halten wollten. Einer von ihnen war ein wahrer Hüne. Über zwei Meter groß, mit einem riesigen Brustkorb und gigantischen Pranken. Solch einen Bär von Mensch hatte ich schon ewig nicht mehr gesehen. Ich kam mir plötzlich winzig vor. Nachdem wir zu fünft fast zwei Flaschen Wodka geleert hatten, benötigten wir beim Radeln die gesamte Straßenbreite.

Anfang März erreichten wir die kasachische Hauptstadt Alma-Ata, heute Almaty. Noch dominierte an den Gebäuden das sozialistische Grau. Das Grün in Parks, Gärten und Alleen versöhnte uns aber. Wir blieben zehn Tage bei einem jungen Konsul und erholten uns prächtig. Einmal machten wir einen Ausflug auf die Skipiste oberhalb des berühmten Eisstadions ›Medeo‹. Als er im Schnee herumtoben konnte, war auch Täve überglücklich.

In Alma-Ata erfuhren wir, daß ein Filmteam Mitte April hier auftauchen wollte, um uns ein Stück zu begleiten. Außerdem sollten wir da sein, wenn Bundespräsident Roman Herzog Alma-Ata besucht. Um die Zeit zu überbrücken, sahen wir uns ein bißchen in Mittelasien um.

Die erste Station war Kirgistan. Weil draußen Schneesturm war, zogen es die Grenzer vor, in ihrer warmen Bude zu bleiben. Uns sollte das recht sein. Wir hatten keine kirgisischen Visa. Die Hauptstadt Bischkek, das frühere Frunse, liegt nur 20 Kilometer hinter der Grenze. Die allgegenwärtige bunte Werbung machte deutlich, daß man sich schon mehr dem Westen geöffnet hatte als Kasachstan. Mich faszinierte die Unmenge von Bäumen. Nahezu jede Straße schien eine Allee zu sein. Auch hier hielten wir uns knapp eine Woche auf und erlebten das Hereinbrechen des Frühlings. Plötzlich konnten wir bei Sonne und Temperaturen über 20 Grad Celsius wieder in T-Shirt und Sandalen radeln. Der Schneesturm und die minus 18 Grad wenige Tage zuvor erschienen wie ein Alptraum. Einfach unwirklich.

Gut gelaunt kauften wir in einem Dorf Lebensmittel ein.

»Ot kuda? Von wo seid ihr?« fragte der Verkäufer freundlich.

»Aus Deutschland«, sagte Axel.

»Aus Deutschland«, wiederholte der Mann nachdenklich.

In einem Anfall von Übermut fiel ihm Axel ins Wort:

»Du waren zwei Jahre in Ostdeutschland Soldat.«

Diesen Spruch hatten wir bis dahin an die hundert Mal gehört.

Der Mann jedenfalls war baff und meinte wohl, Axel sei ein Wahrsager:

»Ja, in Deutschland. In Saalfeld«, antwortete er.

Diesmal war Axel baff. Ein Gespräch kam dennoch kaum zustande, denn der Mann hatte zwar in den Kasernenblöcken von Saalfeld gelebt, Axels Heimatstadt aber nie kennengelernt.

Unser nächstes Ziel war Usbekistan. Immer wieder wurde uns bewußt, wie sehr wir noch chinageschädigt waren. Wir genossen es, mit den Leuten zu reden, mit jungen Frauen zu flirten und dabei zu wissen, daß keine Gefallensbekundung unsererseits an Gesprächen, Mädchen oder Essen gleich mit einer unverschämten Preiserhöhung quittiert werden würde. Vereinbarte Preise waren wieder Ehrensache. Aber die Angst, daß es doch anders sein könnte, saß tief.

Je näher wir an Usbekistan kamen, desto deutlicher wurde der moslemische Einfluß. Männer trugen schwere Fellmäntel und viereckige Kappen auf dem Kopf. Frauen hatten bunte Kopftücher auf und trugen bunt geblümte Kleider, unter denen goldglitzernde Hosenbeine hervorschauten.

Abends wollten wir abseits der Straße auf einem Feld schlafen. Axel, der wegen einer Verletzung an meinem Fuß immer noch den Hänger zog, fuhr dabei durch ein gewaltiges Loch, wobei die Deichsel des Hängers abbrach. Wie nun weiter? Axel wußte keinen Rat und nervte mich mit seinen Fragen. Ich wollte erst einmal eine Nacht darüber schlafen. Wir stritten uns. Im Halbschlaf kam mir eine Idee, die Axel am nächsten Morgen verblüffte. Wir banden den Hänger rückwärts an die große chinesische Luftpumpe und zurrten diese wiederum auf dem Gepäckträger fest. Der Bruch der Deichsel war so quasi geschient. Die Konstruktion war etwas wackelig, aber sie hielt. Selbst mit Täve in der Box.

Mitten in einem kleinen, staubigen Dorf fuhren wir über eine Brücke und waren in Usbekistan. Der Schlagbaum war halb hochgezogen, der Grenzer schlief. Über die Hauptstadt Taschkent radelten wir wieder zurück nach Kirgistan. Wir umrundeten den berühmten Jisyk-Kul-See, einen traumhaften Bergsee fast von der Größe des Titicacasees in Südamerika.

Zurück in Alma-Ata erwarteten uns das Filmteam zu Drehaufnahmen und der Empfang des Bundespräsidenten. Etwas deplaziert standen wir neben Konsuln, Ministern und Vertretern der Wirtschaft herum. Damit wir nicht ganz so auffielen, hatte uns ein Botschaftsangehöriger mit Jacketts und Schuhen ausgeholfen. Weiße Hemden, Krawatten und gute Hosen hatten wir selbst in der Satteltasche. Vor dem Botschaftsgebäude kam es zum Gespräch mit Roman Herzog.

»Also sie sind die Weltumradler aus dem Osten?«, fragte der Bundespräsident etwas irritiert. »Ich dachte, ich treffe zwei junge Leute im Radlerdreß«.

Axel war nicht auf den Mund gefallen.

»Zum Empfang war man nur im Anzug zugelassen. Und für Essen, Herr Bundespräsident, tun wir einfach alles«.

Herzog lachte herzhaft und wünschte uns eine gute Heimreise.

»Wenn sie zurück sind, melden sie sich mal. Irgendwas geht immer«, gab er uns mit auf den Weg. Tatsächlich spendete er später fünftausend Mark für unser Bolivienprojekt.

Nach unserer Heimkehr schickten wir dem Bundespräsidenten eine Broschüre über unsere Tour. Was uns total überraschte: Der Mann las sie wirklich. Bei einem Besuch ein paar Jahre später in Saalfeld sprach ich ihn an und er konnte sich sofort an Details der Reise erinnern. Nie hätte ich gedacht, daß ein so beschäftigter Mann sich ernsthaft für eine Weltumradlung interessieren würde.

Nach diesem Ereignis nahmen wir endgültig Abschied von Alma-Ata und fuhren in die graue Hungersteppe am Syr-Darja-Fluß. Weil es keine natürlichen Wasservorkommen gibt, wird sie seit Jahrtausenden bewässert. Der Kampf gegen lockeren Sandboden, Wanderdünen, Wind, Trockenheit, Salz und Erosion wurde halbwegs erfolgreich mit der Aussaat des Salzsteppenstrauches geführt. Er bildet auch die Ernährungsgrundlage für die Karakul-Schafe, die wegen ihres feinlockigen Fells so kostbar sind.

Die Sowjetunion versuchte, durch eine intensivere Bewässerung die alten Trockenkulturen durch Wasserverbraucher wie Reis und Baumwolle zu ersetzen. Nach kurzem Boom aber trocknete der Aralsee aus, weil der Syr-Darja ebenso wie der Amur-Darja sein Gletscherwasser statt in den See in die Wüste abgeben mußte.

Über Shymkent fuhren wir nach Kzyl-Orda. In der Stadt empfingen uns stillgelegte und kaputte Industrieanlagen, durch die der Sandsturm fegte. Es gab kein Fleckchen, wo man essen konnte, ohne daß es zwischen den Zähnen knirschte. Kein Restaurant, keine Teestube, nicht einmal ein Laden lud zum Verweilen ein. Statt dessen bildeten Ölpipelines und Stromleitungen ein nicht zu entwirrendes Netz. Eine abstoßendere Stadt konnte ich mir nicht vorstellen. Ich fragte mich ernsthaft, warum hier Menschen lebten. Warum sind sie nicht längst weggezogen?

Was wir nicht für möglich hielten: Schon am nächsten Tag steigerte sich die Abscheu, die wir gegenüber dieser Stadt empfanden. Links der Straße tauchte plötzlich die Silhouette eines Atomkraftwerks auf. Ein buntes Netz kleiner und großer, neuer, alter und bereits umgestürzter Stromleitungen breitete sich von dort aus und überzog die Landschaft wie eine Meduse mit einer unüberschaubaren Anzahl von Tentakeln.

Die Straße war beidseitig von kilometerlangen Schutthalden umgeben. Es war wie nach einer gewaltigen Explosion, die es schaffte, die Trümmer mehr oder weniger gleichmäßig zu verteilen. Unwillkürlich kam mir der Begriff ›The day after – der Tag danach‹ in den

Sinn. Problemlos hätte man hier ohne Kulisse jeden apokalyptischen Film drehen können.

Am nächsten Ortseingangsschild dachten wir an einen Scherz. Das sollte Leninsk sein? Die Stadt, in der die Elite der russischen Wissenschaft an Weltraumprogrammen arbeitete? Nein, es war kein Irrtum. Ein Wegweiser zeigte nach rechts in das dreißig Kilometer entfernte Baikonur, die Raketenabschußrampe des Ostblocks.

Auch in Leninsk sah es aus, als hätte eine Bombe eingeschlagen. Die schlimmsten Alpträume können einem solchen Ort nicht gerecht werden. Er übertraf alles, was ich bisher gesehen hatte. Auf dem Basar gab es quasi nichts zu kaufen. Die Limonade schmeckte so wie sie aussah: giftgrün. Wir sahen zu, daß wir schnell weiter kamen. Selbst wenn die Mägen leer waren, war es angenehmer, hungrig zu radeln, als auch nur einen Moment länger in der Stadt zu bleiben.

Aralsk, die Stadt am einstigen Nordufer des Aralsees, wirkte fast schon wieder versöhnlich. Hier gab es Bäume, russische Katen, Hühner und Gänse auf der Straße. Der ehemalige Ferienort für Besucher aus dem Mutterland aller Werktätigen, der einst vom Ferienbetrieb und einer Handvoll Fabriken lebte, war wirtschaftlich längst tot. Die Waggonfabrik geschlossen, das Kleiderwerk kämpfte ums Überleben, nur die Salzfabrik arbeitete noch.

Der Hafen war längst versandet. Schiffe lagen hier nicht auf Reede, sondern auf dem Trockenen. Hier sahen wir die wirklichen ›Wüstenschiffe‹. Es war frustrierend, an der einstigen Uferpromenade zu stehen. Wasser, Möwen und Segelboote waren auf den Uferzaun stilisiert und wirkten wie bitterer Hohn angesichts der dahinter liegenden Salzwüste. Wasser gab es weit und breit nicht mehr zu sehen. Das Einzige, was es hier ausreichend gab, war Schnaps und die dazugehörigen Alkoholleichen.

Als wir Aralsk verließen, wartete die Wüste auf uns. Von hier führt der Verkehr üblicherweise auf der Schiene weiter in Richtung Rußland. Die einzige Straßenverbindung Europas direkt nach Mittelasien wurde zur Staub- und Sandpiste. 380 Kilometer ohne Trinkwasser, fünfhundert Kilometer bis zum nächsten kleinen Basar. Würden unsere Vorräte reichen?

Mit 25 Litern Wasser – recht wenig für zwei Leute und einen Hund, aber viel zum Schleppen – sechs Broten, Zwiebeln, mit Fischmehl angereicherter Wurst, kiloweise Schafskäse, Importketchup aus Bulgarien und Schokoladenriegeln zogen wir los. Über hundert Kilometer rüttelten und holperten wir mit den überladenen Rädern gen Nordwest, immer gegen den Wind ankämpfend. Vor allem bei Axels Rad brachen die Speichen durch die Belastung reihenweise. Zum Glück gab es unterwegs einige Nomaden, die uns Stuten- und Kamelmilch gaben. In Höhe des Uralgebirges endete die Tortur in einer Stadt mit Springbrunnen, grünen Bäumen und einem Basar. Ein Grenzschild mit der Aufschrift ›Republik Kasachstan‹, irgendwo in der endlosen Felderlandschaft hatte uns gezeigt, daß wir dahinter in Rußland sein mußten.

In der Nähe von Erchow lud uns eine armenische Familie zu einem Gang in die russische Sauna ein, nach der wir uns so wohlig fühlten, daß wir diesmal den Wodka nicht ablehnten. Das ›Wässerchen‹ hatte uns seit Kasachstan begleitet. Immer wieder waren wir zum Anstoßen mit den bewußten ›Sto-Gramm-Gläsern‹, Hundert-Gramm-Gläsern aufgefordert worden. Wer weiß, wie der Alkohol beim Radfahren in die Beine geht, kann sich vorstellen, daß wir manchmal regelrecht ausgerissen sind, wenn wieder mal jemand mit der Flasche winkte.

Die Armenier bewirteten uns mit Essen, Trinken und guten Ratschlägen. Auf der Blümchentapete hing eine Ikone neben einem Abreißkalender, der im vorigen Monat stehen geblieben war. Unter einer Wärmelampe stand in einer Ecke des Wohnzimmers auf zwei Stühlen ein großer Kasten mit zwei Dutzend Küken. Trotzdem wirkte alles irgendwie vertraut, europäisch, altertümlich. Selbst die Zimmerantenne auf dem Schwarz-Weiß-Fernseher. Als er angeschalten wurde, lief ein Showprogramm zum 50. Jahrestag des Kriegsendes. Es war der 8. Mai 1995.

Als wir uns verabschiedeten, bedankte ich mich mit einem ganzen Satz Maulschlüssel bei unseren Gastgebern. Das Werkzeug hatte ich am Straßenrand aufgelesen. Weil ständig ein Auto kaputt ging, wurde entsprechend oft am Straßenrand repariert. Dabei blieb immer etwas liegen. Daran konnte ich doch nicht vorbei fahren. Mit Werkzeug konnten wir immer irgendjemandem eine Freude machen und mir war es keine wirkliche Last. Ich merkte es beim Fahren nicht einmal, ob die fünf Wasserflaschen voll oder leer waren. Dabei sind das fünf Kilogramm Unterschied!

Drei Tage später erreichten wir die Wolga. Engel's, einst die Hauptstadt der deutschen Wolgarepublik, war in der Bedeutung längst von dem auf der anderen Flußseite liegenden Saratov überholt worden. Wir radelten über die drei Kilometer lange Brücke. Ich schaute auf den Fluß und überlegte mir, daß ich seit dem Orinoco keinen so gewaltigen Strom mehr gesehen hatte. Die großen chinesischen Flüsse kamen da nicht ansatzweise heran.

In Saratov fragte Axel einen der hier äußerst raren Radfahrer nach dem Weg zum Konsulat. Der ältere Mann ließ es sich nicht nehmen, uns dorthin zu begleiten. Auf dem Weg fragte er uns, wo wir überall gewesen waren. Axel zählte die Kontinente auf.

»Nein, wo genau?« wollte der Mann wissen.

Gemeinsam zählten wir die bis dahin rund 50 Länder auf.

»Wo genau?« blieb unser Begleiter hartnäckig.

Nun erläuterten wir die Route, nannten Städte und Landschaften. Als wir über den Abschnitt von La Paz nach Manaus berichteten, verblüffte er uns vollends.

»Seid ihr da auch durch Rurrenabaque gekommen?«

Natürlich kannten wir den bolivianischen Ort. Nun war Axel mit Fragen dran.

»Wer bist du? Was machst du?«

Boris Nikolajewitsch arbeitete als Gießer und war pensionierter Uniprofessor für Geographie und Geschichte; ein wandelnder Atlas, der selbst die Namen von 5000-Seelen-Nestern aus dem Amazonasdschungel kannte und zuzuordnen wußte. Er sollte in der folgenden Woche zu einem wahren Freund werden. Sein Leben lang hatte er von der weiten Welt geträumt und doch kaum etwas von ihr gesehen. Zweimal radelte er von Baku nach Leningrad, wanderte im Kaukasus und vermaß drei Jahre lang Land auf der Tschuktschenhalbinsel.

Immer wieder verblüffte er uns auch mit seinem phänomenalen Zahlengedächtnis. Er kannte die Kilometerabstände zwischen Orten in Kasachstan, wo er noch nie war, wußte, wann sich Russen und Amerikaner in Torgau an der Elbe getroffen hatten oder auch den Tag, an dem er sein Fernglas gekauft hatte.

Mit umgerechnet nicht einmal zehn Dollar Pension im Monat lebte Boris in einer Zwei-Zimmer-Wohnung im neunten Stock eines Plattenbaus in harmonischer Gemeinschaft mit Büchern und Landkarten. Es mutet wie ein Wunder an, daß auch Axel, Täve und ich hier noch Platz zum Schlafen fanden. Boris zeigte uns in den folgenden fünf Tagen die Stadt, stellte uns seine Familie vor und half mir, in seiner Fabrik den gebrochenen Gepäckträger zu schweißen.

Ich mochte diesen Mann rundum. Ruhig, entschlossen, herzlich und eine Spur Wildheit dazu. Es ist eine Schande, in welch bescheidenen Verhältnissen ein so kluger und verdienstvoller Mann in Rußland leben muß. Wir hatten ständig irgendwie ein schlechtes Gewissen, weil wir mit unseren Dollars aus den USA wie die reichen Onkel aus dem Westen daherkamen. Unsere Einkäufe mußten ihm wie Verschwendung vorkommen.

Beim Stadtbummel blieb Boris einmal vor einem Buchladen stehen und seine Augen leuchteten, als er eine vierbändige Ausgabe der russischen Geschichte liegen sah. Der Preis entsprach seiner Pension nach Abzug der Miete. Nie hätte er dafür soviel Geld ausgegeben. Also kauften wir ihm diese Bände zum Abschied. Er war fast beleidigt. Uns hatte die Geste nicht einmal fünf Dollar gekostet. Der Kurs stand gerade eins zu fünftausend.

Der Abschied fiel wieder einmal besonders schwer. Boris hatte uns immer wieder mit Tränen in den Augen gebeten, doch wenigstens noch einen Tag zu bleiben. Oft genug hatten wir ihm nachgegeben. Doch irgendwann mußten wir weiter.

Gerade das ewige Abschiednehmen von Leuten, die wir garantiert nie mehr wiedersehen würden, gehörte zu den wenigen Dingen, an die wir uns nie gewöhnen konnten. Es nahm uns mit wie kaum etwas anderes, stürzte uns in Selbstzweifel, ließ uns am Sinn des ganzen Unterfangens zweifeln. Manchmal haben wir Rotz und Wasser geheult, wollten zurückfahren, alles hinschmeißen. Doch irgendwie ging es immer weiter. Am Ende der Reise hatten sich in unserem Adreßbuch 680 Adressen von überall auf der Welt angesammelt.

Trotzdem fühlten wir uns oft einsam und ausgegrenzt. Besonders in Augenblicken, in denen wir bei kaltem Wetter und im Nieselregen durch eine Ortschaft fuhren und durch die Fenster eines Hauses eine glückliche Familie sahen, fragten wir uns, ob die Reise das alles wert war. Hat nicht auch ein ganz normales, zufriedenes Leben daheim seinen Reiz? Arbeiten gehen, eine Familie gründen, Kinder aufwachsen sehen, vielleicht ein Haus bauen – waren das nicht auch erstrebenswerte Ziele? War unser Zigeunerleben tatsächlich das richtige, das wahre Leben, für das wir es vor der Reise hielten? Wir hatten in fünf Jahren so gut wie nichts geschaffen, außer daß wir um die Welt getourt waren. Wir waren zwar Exoten, die immer wieder bewundert wurden, doch dafür hatten wir einen hohen Preis gezahlt. Tief im Inneren hatten wir unsere Heimat, unsere Wurzeln verloren.

Unser nächstes Ziel war die Ukraine. Bis Kiew lagen rund 1500 Kilometer vor uns. Am dritten Tag verließen wir die große Landstraße und wechselten auf eine Nebenstraße. Von hier aus konnten wir ausschließlich auf kleinen Straßen bis nach Deutschland radeln. Nur hier in Europa gab es die Möglichkeit, auf Nebenstrecken auszuweichen.

»Weißt du, daß ich mich seit Alma-Ata auf diesen Moment gefreut habe«, sagte ich zu Axel. »Lieber nehme ich ein paar Kilometer mehr, ein paar Hügel und unsinnige Kurven in Kauf«.

»Mir geht es genauso«, stimmte Axel zu. »Ich will die Dörfer pur erleben und nicht die Landstraße runterreißen«.

Ein Glücksgefühl machte sich breit. Wir genossen beide die friedlichen Bilder dörflichen Lebens. Angler an einem Teich, der Erpel auf der Straße, der Bursche, der mit seinem Mädel zum nächsten Dorf schlenderte, strickende, auf Klappstühlen im Kreis zusammensitzende alte Frauen, Männer in einer Bushaltestelle vor einem Brettspiel.

Abends reparierten wir in einem Dorf Axels Rad. Eine längere Reparatur war angesagt. Wir setzten uns vor einem Haus auf die Wiese und fingen an. Im Nu hatte sich eine Schar Neugieriger versammelt. Eine Frau brachte uns eine große Tüte frischer Radieschen. Ich aß gleich zwei. Sofort wurde ein Kind ins Haus geschickt, um Salz zu holen. Ein Junge brachte einen Eimer Trinkwasser und eine Tasse. Wir füllten unsere Flaschen auf und wuschen uns. In der Zwischenzeit brachte ein Mann einen Teller mit Brot und Speck. Täve bekam Knochen und Brot. Als wir den Wodka ablehnten, bekamen wir ein Einweckglas voll selbstgebrauten Biers.

Wir empfanden solche freundlichen Erlebnisse nicht als Nassauerei, sondern als Tauschgeschäft. Denn natürlich mußten wir bei diesen Gelegenheiten den Gastgebern Auskunft über unsere Tour geben, Geschichten von der Reise erzählen, den Hauch der großen weiten Welt ins kleinste Dorf bringen. Wir taten es zumeist gern. Mehr und mehr wurde uns bewußt, daß wir nicht nur Kultur, Landschaft, Erfahrungen und Erlebnisse in uns aufnehmen konnten, sondern wir hatten auch eine Verpflichtung, anderen davon etwas abzugeben.

Bei Belgorod passierten wir die Grenze von Rußland zur Ukraine. Ein typisch russisches Phänomen hatte uns in den letzten Tagen das Radeln erschwert. Die Straßen waren oft mit nicht ausgehärtetem

Asphalt geteert, der in der Sonne so weich wurde, daß unsere Räder eine Spur hinterließen. Zuweilen klebten wir regelrecht fest und mußten die doppelte Kraft beim Fahren aufwenden.

Täve war immer mehr zum Liebling der Leute, vor allem der Kinder und Frauen geworden. Da letztere zumeist den Haushalt führen, fiel für unseren Alaska-Hund immer etwas ab. Ich mußte ihn dann ziehen, während er im Hänger seine Siesta hielt. Das Rein und Raus im Hänger hatten wir schon in China mit ihm so trainiert, daß es keine Probleme gab. Ich brauchte nur das Tempo zu drosseln, aber nicht mehr anzuhalten. Zudem wurden die Strecken, die er lief, immer größer. Deshalb machte ich mir auch bei guter Nahrungslage keine wirklichen Sorgen, Täve könnte seine athletische Schlankheit einbüßen. Wir hatten ihm inzwischen als Zeichen der Begrüßung gelehrt, wie er im Sitzen auf Kommando eine Pfote gibt, um ihn als besonders lieb einzuführen. Bei manchen Grenzern war das nötig.

Die Ukraine wirkte auf Anhieb noch provinzieller als Rußland auf uns. Es gab mehr Kinder und tratschende Großmütter auf der Straße, aber auch mehr Geflügel. Die Versorgungslage hingegen war noch katastrophaler. Die Läden waren weitgehend leergefegt, die Straßenhändler einfach verschwunden. Jene Ansätze von Marktwirtschaft, die in Rußland ihre Waren nach dem Bedarf der Leute kauften und verkauften, fehlten hier gänzlich. Statt dessen gab es große Geschäfte mit vielen unfreundlichen Verkäuferinnen, die über ein wahrhaft beeindruckendes Sortiment wachten: Brot, eingeweckter Salat, trockene Kekse. Ende. Oft gab es nicht mal das und wir fuhren hungrig weiter.

Auf dem Weg nach Kiew brach die Hängerdeichsel erneut. Der Chef eines kleinen Betriebes reparierte sie fachmännisch und nahm uns anschließend mit zu sich nach Hause. Wir sprachen über viele Themen. Über die Neonazis im neuen Deutschland, und darüber, daß aus seiner Familie viele Menschen im Zweiten Weltkrieg umgekommen waren. Die deutsche Geschichte lastete plötzlich auf uns.

Uns wurde mit einem Mal klar, wie gut wir als Deutsche durch die Welt gekommen waren, obwohl dieses Volk weiß Gott eine Blutspur durch die halbe Welt gezogen hatte. Vorbehalte gegen uns Nachgeborene spürten wir nur in Israel und den ehemaligen GUS-Staaten.

»Vielleicht sind es wir Deutsche selbst, die Probleme mit unserer Geschichte haben«, dachte ich laut nach.

»Gut möglich«, sagte Axel. »Genau genommen sind wir überall gut aufgenommen worden. Feindschaft gegen Deutsche habe ich nirgends gespürt. Du?«

Ich ließ die Länder noch einmal Revue passieren und konnte mich nicht erinnern.

Nach unserer Ruckkehr wurden wir oft gefragt, durch wie viele Länder wir genau kamen. Obwohl wir exakte Statistik führten, läßt sich die Frage schwer beantworten. Zählt Jugoslawien, eine unserer ersten Stationen, als ein Land oder fuhren wir durch Slowenien, Kroatien, Makedonien und Serbien? Gehört die DDR, die vier Monate nach unserer Abreise zu existieren aufhörte, in die Statistik oder nicht? Irgendwann einigten wir uns auf die Zahl von sechzig Ländern.

Die Last der deutschen Geschichte oder ein innerer Schweinehund trieb uns dazu, unserem Gastgeber keinen Wodka abzuschlagen, bis wir ausreichend betrunken waren. Dem Betriebsleiter ging es nicht viel anders, nur mußte er wieder arbeiten. Also, Räder auf die Ladefläche und rein in den Lkw. Mitten auf der Kreuzung schlief unser wackeres Chefchen hinterm Lenkrad ein. Zum Glück behielt er seinen Fuß auf der Kupplung. In höchster Konzentration und ständig bereit, ihm ins Lenkrad zu greifen, hielt ich ihn bis zu seinem Betrieb wach.

Dabei schoß mir ein beängstigender Gedanke durch den Kopf:

»Wie viele ähnliche betrunkene Fahrer werden uns hier wohl täglich passieren?«

»Garantiert nicht wenige«, zeigte sich Axel überzeugt und fügte an:

»Allerdings müssen wir ganz ruhig sein. Viel weniger Promille als er dürften wir auch nicht im Blut haben«.

»Weshalb ich dafür bin, für heute Schluß zu machen«.

»Die Sonne ist eh zu heiß«, bestätigte Axel, dem man ansah, daß auch ihn der Wodka müde gemacht hatte.

Noch am nächsten Morgen hatten wir mit den Folgen der Wodkaorgie zu kämpfen. Wir konnten nicht verstehen, wie man solche Exzesse Tag für Tag wiederholen kann. Gerade hier im europäischen Teil der ehemaligen Sowjetunion war Alkoholismus ein Problem, dem man nicht aus dem Weg gehen konnte. Überall stieß man auf wankende, gestützte, den Rausch ausschlafende, oder sich gerade einen antrinkende Männer. Bier trinkende Jugendliche auf der Parkbank waren ein völlig normales Bild.

Je näher die Heimat rückte, desto öfter glitten unsere Gedanken nun zu unseren Familien und Freunden. Was kommt auf uns zu? Was erwarten wir? Und was wird von uns erwartet? Diese und ähnliche Gedanken begleiteten uns den restlichen Weg nach Kiew. Die Hauptstadt der Ukraine kannten wir noch aus Vorwendezeiten, und wir waren ganz überrascht, wie sich die Stadt mittlerweile zum Positiven verändert hatte. Aber der nächste Gedanke war schon wieder zu Hause: Wie mußte sich erst dort alles verändert haben?

Nachdem wir Kiew verlassen hatten, kehrten wir gänzlich in unseren alten Kulturkreis zurück. Alles mutete an wie zu Hause – nur eben hundert Jahre früher. In Polen half uns abermals ein Schriftstück mit chinesischen Buchstaben, um zu erreichen, daß Täve mit einreisen durfte. Sämtliche notwendigen Impfungen gegen Staupe und ähnliche Krankheiten seien darauf vermerkt, erklärten wir den Grenzern mit dem Brustton der Überzeugung.

Gegenüber den letzten Ländern wirkte Polen reich. Es gab neue Häuser, gute Straßen und eine reichliche Auswahl Lebensmittel. Sogar Hundefutter, das Täve übrigens erst gar nicht zu würdigen wußte. Er war so an Brot, Wasser und Speisereste gewöhnt, daß er das teure Futter aus der Drei-Kilogramm-Tüte zunächst ignorierte.

In der Slowakei genossen wir die Fahrt durch die Waldkarpaten: Burgen thronten auf Bergkuppen, liebliche Dörfer mit kleinen Kirchen lagen im Tal. Genau so hatten wir dieses Land noch in Erinnerung.

Bei einer katholischen Prozession fiel uns auf, wie traurig unser christlicher Glauben zelebriert wird. Die Meßdiener und Blumenmädchen im weißen Gewand sahen zwar recht feierlich aus, aber der Gesang, der langsam wiegende Schritt, erinnerte eher an eine Beerdigung. Lateinamerikanische und afrikanische Christen singen und tanzen, malen Blumen auf das Kreuz und freuen sich im und mit dem Glauben. Vielleicht, so sinnierten wir, kommen die herabhängenden Mundwinkel vieler älterer Mitteleuropäer von dieser Mentalität. Woanders beschert das Alter den Menschen lustige Lachfalten.

In Ungarn gab es ein großes Hallo, als wir Bekannte von Axel besuchten. Schon seit der Ukraine hatte es keine nennenswerten Sprachbarrieren mehr gegeben. Wir gebrauchten unsere Hände und Füße immer weniger, um uns verständlich zu machen.

In Budapest überholten wir noch einmal unsere Fahrräder mit ordentlichen Ersatzteilen. Seit Hongkong hatten wir dazu keine Gelegenheit mehr gehabt. Der Besuch von Fischerbastei und Gellertberg, ein Muß für jeden DDR-Touristen, geriet äußerst kurz. Waren wir übersättigt oder gar müde geworden?

Lange, sehr lange saßen wir zu dritt auf einer Donaubrücke zwischen Buda und Pest und dachten über die Zukunft nach. Wir waren drauf und dran, noch ein Jahr Afrika dran zu hängen. Der schwarze Kontinent war am Anfang der Reise tatsächlich viel zu kurz gekommen. Doch irgendwann begriffen wir, daß es nicht die Sehnsucht nach Afrika war, die uns zu solchen Gedanken trieb, sondern die Angst, nach Hause zu kommen. Würden wir uns zurechtfinden? Wie würden wir aufgenommen werden? Was sollten wir dort? Wovon leben?

Nichts von dem war klar, als wir mit dem Donauradwanderweg ab Budapest die letzte Etappe über Bratislava und Wien nach Deutschland in Angriff nahmen. Ein lächerliches Stück im Vergleich zu den fast 80.000 Kilometern davor. Plötzlich war alles klar abgesteckt. Die Fragen, die uns jahrelang beschäftigt hatten: ›Wohin morgen? Welche Strecke? Reichen die Vorräte und das Wasser noch? Hält das Rad noch durch?‹ Sie waren nebensächlich geworden. Mit einer Mischung aus Angst, Freude und Neugier fuhren wir gen Heimat.

In Österreich, wo wir als Penner beschimpft wurden, hatten wir ein interessantes Erlebnis. Wir lagen in der Mittagssonne am Donauufer, als sich ein älteres Ehepaar uns näherte. Sie gingen Hand in Hand, strahlten schon von weitem Ruhe und Liebe aus. Als sie auf unserer Höhe waren, sprachen sie uns in Englisch an. Es wurde ein langes, interessantes Gespräch. Wie sich herausstellte, waren die beiden Amerikaner, der Mann Präsident der First National Bank Texas.

Sie hatten hinter unsere, zugegebenermaßen nicht sehr einladende Fassade gesehen und den Menschen erkannt. War dies ein Mitteleuropaproblem?

Kurz darauf regte sich jemand fürchterlich über uns auf. Er wollte uns beim Tierschutzverband anzeigen. Es sei Quälerei, seinen Hund mit in den Urlaub zu schleppen und ihn aus seiner gewohnten Umgebung von zu Hause heraus zu reißen!

Jemand anderes schenkte uns eine Tüte voll der saftigsten Kirschen, die ersten seit fünf Jahren.

Wir feierten den ersten Tag in Deutschland in einem bayerischen Biergarten mit Schweinshaxe und einem Maß Bier. Gerade hatte ich ein paar kleine Fahrräder aus Draht gebogen, die Axel für fünf Mark verkaufte. Unser Erwerb seit Österreich. Ein Mann sprach uns an und fragte, wo wir herkämen. Als er hörte, daß wir gerade von einer fünfjährigen Weltreise zurückkamen, verschwand er wortlos.

Wir hatten noch nicht aufgegessen, da stand er wieder da. Und mit ihm das gesamte örtliche Jägerblasorchester, das uns in zünftiger Tracht ein Ständchen brachte.

Im fränkischen Altmühltal trafen wir eine Familie mit alten DDR-Fahrrädern.

»Seid ihr Axel und Peter?« fragten sie erwartungsvoll.

Es stellte sich heraus, daß sie einem Fahrradclub aus dem thüringischen Jena angehörten. Sie lasen regelmäßig unsere Zeitungsberichte und hatten irgendwie schon fast damit gerechnet, uns zu begegnen.

Die letzte Nacht vor der Ankunft in Saalfeld schliefen wir im Schwarzatal, keine zwanzig Kilometer vom Zielort entfernt. Endlich konnte mir Axel seinen ›Kirchfels‹ zeigen, wo er als Jugendlicher so oft geklettert war. Er hatte mir während der fünf Jahre soviel von dem Kletterfels erzählt, daß ich, ohne je da gewesen zu sein, jeden Griff kannte. Wir erklommen also zum Abschluß der Tour gemeinsam die Schwarzatalkante. Der letzte Traum war erfüllt.

Unseren Schlafplatz schlugen wir neben dem Fluß auf, der abends fünf Meter entfernt war. Gegen drei Uhr morgens kam er an unsere Schlafsäcke. Es störte uns nicht, denn wir hatten sowieso kein Auge zugemacht.

Als wir nach ein paar Kilometern in Bad Blankenburg eintrafen, trauten wir unseren Augen nicht. Obwohl es in Strömen regnete, hatten sich über fünfzig Radler hier eingefunden, um uns die letzten zehn Kilometer zu begleiten. An den Straßen standen die Leute wie zu Zeiten der Friedensfahrt. Sie grüßten uns mit Plakaten, riefen uns ein Willkommen zu. Ein kleiner Mischlingshund am Straßenrand hatte ein Schild um den Hals hängen: Teddy grüßt Täve. Immer wieder mußten wir anhalten, Hände schütteln, Autogramme geben. Die Zeitung schrieb später von einem Triumphzug. Für uns war es das nicht. Dafür waren wir viel zu unsicher.

Kurz vor dem Saalfelder Markt wurde das Gedränge so dicht, daß wir von den Rädern steigen mußten. Was wir dann auf dem Marktplatz sahen, übertraf unsere Vorstellungskraft. An die viertausend Menschen drängten sich um die Bühne. Eine Dixieland-Band spielte ›Ja, mir san mit'n Radl da‹, die Leute sangen einfach mit.

Wir wußten beide nicht, wie uns geschah. Verwandte, Freunde und Offizielle begrüßten uns in der Heimat, mindestens ein dutzend Journalisten wollten Interviews. Wir schrieben in irgendwelche Bücher, beantworteten hunderte Fragen. Es dauerte bis weit in die Nacht, ehe wir halbwegs zur Ruhe kamen. Und auch das nur äußerlich.

Innerlich waren wir so aufgewühlt wie kaum je zuvor. Was war geschehen mit uns in diesen fünf Jahren? Obwohl wir ihr den Rücken gekehrt hatten, waren wir in der Heimat zu Vorbildern, zu Helden geworden. Die tapferen Jungs von nebenan, die den Traum vieler Menschen in die Tat umgesetzt hatten. Die Botschafter mit Pedale, auf die man seine Wünsche und Sehnsüchte projizieren konnte. Waren wir das wirklich?

Wir spürten regelrecht körperlich, welche Erwartungen auf uns lasteten. Würden wir ihnen gerecht werden können?

Eine Journalistin fragte, ob sich das Abenteuer für uns gelohnt habe?

»Ja«, sagte Axel, »weil ich mir einer für mich unbekannten neuen Art von Freiheit bewußt wurde – Freiheit ist, Zeit zu haben«.

Dank

Wir danken den vielen unbekannten Menschen, die uns spontan halfen und uns dabei ein wenig an ihrem Leben teilhaben ließen. Gerade die Einfachsten unter ihnen zeigten, daß auch ein schweres Leben mit ihrer Art von Würde und Fröhlichkeit zu meistern ist. Das hat uns immer wieder Mut gemacht.

Chronik der Weltumradlung

• 30. Juni 1990	– Start in Saalfeld/Thüringen
• Juli 1990	– DDR, BR Deutschland, Österreich, Italien
• Juli /August 1990	– Jugoslawien, Griechenland, Türkei
• August 1990	– Zypern, Israel
• August/September 1990	– Ägypten
• September 1990	– Kenia
• Oktober 1990	– Tansania
• November 1990	– Arabische Emirate, Oman
• ab November 1990	– Indien
• Januar 1991	– Bangladesch
• Januar/Februar 1991	– Thailand
• ab Februar 1991	– Malaysia
• März 1991	– Brunei
• April 1991	– Philippinen
• April/Mai 1991	– Indonesien
• ab Mai 1991	– Australien
• Oktober 1991	– Neukaledonien
• ab Oktober 1991	– Neuseeland
• Dezember 1991	– Tahiti
• Januar 1992	– Osterinsel
• ab Januar 1992	– Chile
• ab März 1992	– Argentinien
• Mai 1992	– Uruguay, Brasilien
• Juni 1992	– Paraguay
• ab Juli 1992	– Bolivien

- ab Oktober 1992 – Brasilien
- ab November 1992 – Venezuela
- Februar 1993 – Kolumbien
- März 1993 – Panama
- ab März 1993 – Costa Rica
- Juni 1993 – Nicaragua
- ab Juni 1993 – Honduras
- Juli 1993 – El Salvador
- ab Juli 1993 – Guatemala
- Oktober 1993 – Belize
- ab Oktober 1993 – Mexiko
- ab Februar 1994 – USA, Kanada
- November/Dezember 1994 – Hongkong
- ab Dezember 1994 – China
- ab Februar 1995 – Kasachstan
- März 1995 – Kirgistan, Usbekistan
- Mai/Juni 1995 – Rußland, Ukraine, Polen, Slowakei
- Juli 1995 – Ungarn, Österreich, Deutschland
- 28. Juli 1995 – Ankunft in Saalfeld/Thüringen

Wir bedanken uns bei den Firmen:

Axel Brümmer & Peter Glöckner

Nachdem sie 1995 wieder von ihrer Weltumradlung nach Deutschland zurückgekehrt waren, erstellten Axel und Peter ihren ersten aufsehenerregenden Diavortrag. Inzwischen entwickelten sich die beiden zu angesehenen Fotojournalisten und Diareferenten, was auch ihre TV- und Druckveröffentlichungen beweisen. Weitere Reisen führten sie nach Australien, in den Oman und in das Amazonasgebiet. Erlebnisse und Fotos dieser Reisen werden in verschiedenen Büchern und Diavorträge gezeigt.

Weitere Informationen über Vorträge, Termine, Expeditionen und das Thüringer Dia- Festival erfahren Sie im Internet unter:

www.weltsichten.de

Bücher

Unterwegs zum Amazonas - Mit Faltbooten zu Goldsuchern und Indianern

Sieben Reisen führten Axel und Peter immer wieder in den Amazonaswald. Bisher fuhren sie per Fahrrad, Schiff und Einbaum auf 20.000 Kilometern zu Indianerstämmen, Urwaldbauern und Einsiedlern. Diese hier geschilderte Faltbootreise stellt in einem spannenden Panorama die Extremerlebnisse einer abenteuerlichen Fahrt quer durch Südamerika dar.

ca. 320 Seiten mit 26 vierfarbigen Abbildungen, Format 13,4 x 21,5cm
Axel Brümmer & Peter Glöckner, Jörg Buhl
Verlag Weltsichten, Saalfeld
ISBN 3-00-004921-5

Amazonas - Reise zum grünen Mittelpunkt der Welt

Kuriose, geheimnisvolle und denkwürdige Begegnungen inmitten einer unvergleichlichen Natur machen diesen schön ausgestatteten Bildband zu einem exklusiven Dokument- zum Staunen, Lesen und immer wieder Ansehen. Die Texte verfaßte Jörg Buhl, der die beiden auf ihrer Reise zum grünen Mittelpunkt der Erde begleitet hat.

ca. 144 Seiten mit ca. 170 Abbildungen und einer Übersichtskarte,
durchgehend vierfarbig, Format 29,3 x 23,5cm
Axel Brümmer & Peter Glöckner, Jörg Buhl
Bruckmann Verlag, München
ISBN 3-7654-3541-4

Diavorträge

Australien - Grenzenlose Weite

Auf einer Radreise durch alle Wüsten Australiens lernen die beiden Fotojournalisten das Innere des fünften Kontinents kennen. Auf ihrer Tour von West nach Ost legten sie 6.500 Kilometer auf Sand- und Schotterpisten in einer großartigen Landschaft zurück. Der Bogen spannt sich vom sportlichen Abenteuer zur ältesten noch lebenden Kultur, von den Aborigines bis hin zu den australischen Cowboys im Outback.

Amazonas - Von den Anden zum Atlantik

Eine eindrucksvolle Faltbootreise führt die beiden Abenteurer durch das gewaltigste Flußsystem der Erde. In authentischen Darstellungen zeigen Axel und Peter das Leben im Urwald, ihr Zusammenleben mit Eingeborenen und spontane Erlebnisse mit dreist neugierigen Krokodilen, wohlschmeckenden Piranhas und lärmenden Papageien.

Weltsichten - Fünf Jahre mit dem Fahrrad unterwegs

Die ganze Welt bereisen, in Gedanken mit Heinrich Harrer und Marco Polo oder den Helden Karl Mays unterwegs sein, auch Axel und Peter träumten diesen Traum. Doch das Reisen in ferne Länder blieb für sie in der DDR bis 1990 ein unerfüllbarer Wunsch. Die Mauer fiel und die beiden packten ihre Fahrräder. Berührende Erlebnisse mit freundlichen und hilfsbereiten Menschen in aller Welt, machen diese Schilderung einer Reise über 80.000 Kilometer in fünf Jahren mit dem Fahrrad um die Welt zu einem nachhaltigen Zuschauererlebnis.

Thüringer Dia- Festival mit Winterlager

Regelmäßig werden in Saalfeld am letzten Januarwochenende jedes Jahres an zwei Tagen die interessantesten Dia-Vorträge der laufenden Saison einem breiten Publikum gezeigt. 5.000 Zuschauer lassen sich jedesmal von ausgesuchten Themen rund um die Welt begeistern. Globetrotterflair erleben die Teilnehmer des Winterlagers zünftig in Zelten und am Lagerfeuer. Dort treffen sich Referenten und Zuschauer zum ausführlichen Gespräch. Manche Reise begann dort mit ihren ersten Schritten. Das Rahmenprogramm neben den Vorträgen bietet verschiedene Informationesstände, Imbiß sowie wechselnde Fotoausstellungen und exotische musikalische Darbietungen in separaten Räumen.

San Franzisko
Dezember '94
La Paz
Juli '92
Osterinseln
Januar '92
geradelte Gesamtkilometer: 80.542
Dauer der Tour: 5 Jahre, 1 Monat
durchschnittliche Tagesetappen: 120 km
maximale Tagesetappe: 304 km
maximale Höhe: 4.672 m ü.d.M.
maximale Tiefe: -398 m u.d.M.